Annemarie Ohler / Norbert Ohler

Töchter Gottes

Annemarie Ohler / Norbert Ohler

Töchter Gottes

Wie Frauen das Christentum prägten

Präsenz

Bibliografische Information der Deutschen Bibliothek

Die Deutsche Bibliothek verzeichnet diese Publikation in der Deutschen Nationalbibliografie; detaillierte bibliografische Daten sind im Internet über http://dnb.ddb.de abrufbar.

Gnadenthal, 65597 Hünfelden

Umschlaggestaltung: Gesine Beran, Sant' Angelo Romano
Druck und Bindung: freiburger graphische betriebe, www.fgb.de

ISBN: 978-3-87630-220-1

www.praesenz-verlag.de

Inhalt

Vorwort

Das Thema „Frauen“ bleibt in den Kirchen aktuell. Deshalb haben wir – die Theologin und der Historiker – gern ein Angebot angenommen, das der Verlag uns machte: ein Buch zu „Heiligen Frauen“ zu schreiben. Von vornherein haben wir nicht nur an die Frauen gedacht, die in der katholischen Kirche als Heilige verehrt werden – nennt doch der Apostel Paulus alle Mitglieder der Kirche Christi „Heilige“.

Als wir die Arbeit fast abgeschlossen hatten, war der endgültige Titel gefunden: „Töchter Gottes“. Der Vorschlag kam vom Verlag, und wir waren davon sehr angetan. Nur ein einziges Mal, nur in 2 Kor 6,18 spricht die Bibel davon, dass Gott *Söhne und Töchter* hat. Es ist ein prophetisches Wort, eine Verheißung, die Hoffnung weckt. Vielfältig und konkret geben die Lebensgeschichten, in die wir uns für dieses Buch eingearbeitet und hineingedacht haben, dieser Hoffnung Gestalt und Kraft.

Angefangen hatten wir unsere Arbeit damit, dass wir Namen bedeutender Frauen aus der Geschichte des Christentums sammelten. Ergänzend haben wir Freunde und Bekannte, auch evangelische Christen, um Vorschläge gebeten. Bald hatten wir eine große Zahl eindrucksvoller Gestalten vor uns.

Bei der Auswahl ließen wir uns von drei Überlegungen leiten: Wir wollten auch weniger bekannte Frauen vorstellen, und vor allem wollten wir von Frauen erzählen, zu deren Leben glaubwürdige Quellen überliefert sind. Ein dritter Gesichtspunkt kam uns in den Sinn, als wir angefangen hatten, solche Quellen zu sichten. Wir entschlossen uns, Frauen aus den zwanzig Jahrhunderten der Kirchengeschichte auszuwählen. Denn angesichts des Mutes, mit dem nicht wenige Frauen sogar in einer zerrütteten Kirche mit ihrem Glauben gelebt haben, können Verzagte, die heute nur Niedergang sehen, Zuversicht schöpfen.

Am liebsten hätten wir aus den letzten fünf Jahrhunderten jeweils zwei Frauen portraitiert: eine katholische und eine aus Kirchen, die aus der Reformation hervorgegangen sind. Doch wir wollten das Hauptgewicht nicht auf die Neuzeit legen. Um wenigstens eine Frau aus einer der Schwesterkirchen ins Blickfeld zu rücken, haben wir uns für eine Anglikanerin entschieden, die christliche Grundüberzeugungen in die weltliche Gesellschaft hineingetragen und dort verankert hat.

Zu unserer Vorgehensweise: Wir haben quellennah gearbeitet; Zitate aus den Quellen haben wir in *Schrägdruck* wiedergegeben. Im Anhang haben wir eine Auswahl der Quellen und wissenschaftlichen Arbeiten genannt, auf die wir uns gestützt haben. Die Titel können Lesern nützlich sein, die gern mehr in Erfahrung bringen möchten. Wir bitten um Nachsicht, dass wir, wenn wir „Leser" schreiben, Leserinnen und Leser ansprechen.

Wir danken Frau Dr. Mathilde Fischer, dass sie unsere Arbeit mit freundlichen Bedenken begleitet und dafür gesorgt hat, dass das Ergebnis gemeinsamen Fragens und Nachdenkens in einer so ansprechenden Form erscheint.

Wir widmen dieses Buch vor allem *den* „Töchtern Gottes", die in den vergangenen zweitausend Jahren treu den Weg gegangen sind, auf den Gott sie gerufen hat, ohne sich durch leidvolle Erfahrungen mit männlichen Amtsträgern der Kirche in ihrem Glauben beirren zu lassen.

Horben, im Dezember 2011 *Annemarie und Norbert Ohler*

Einleitung

Wie stellt die Kirchengeschichte sich dar, wenn man fragt: auf welche Weise haben Frauen dazu beigetragen, dass der Glaube an Christus seit nunmehr beinah zwei Jahrtausenden lebendig ist? Die Lebensbilder, die dieses Buch nachzeichnet, zeigen mit aller Deutlichkeit, dass es Einigkeit über die Rolle der Frauen in der Kirche nie gegeben hat – von Anfang an nicht.

In den ersten Jahrzehnten der Kirchengeschichte reiste Paulus durch das Römische Reich, um den Völkern die Frohe Botschaft zu bringen. Wer jedes Wort aus der biblischen Sammlung seiner Briefe unbefragt so annehmen und im heutigen kirchlichen Leben so wahr machen will, wie es dort zu lesen ist, gerät in unlösbare Widersprüche. Da wird in 1 Kor 14 den Frauen geboten, in der Gemeinde zu schweigen. Es gehöre sich nicht, dass sie reden! Wenn sie etwas nicht verstanden haben, können sie ja zuhause ihre Männer fragen! – Sollte das Paulus geschrieben haben?

Der Apostel hat viele Frauen für ihren Einsatz beim Aufbau der Kirche Christi gerühmt; allein in Röm 16 hat er sich bei neun Frauen für solche Mühen bedankt. An den Anfang dieser Grußliste hat er die Eheleute Prisca und Aquila gestellt; beide nennt er seine Mitarbeiter; in auffälligem Gegensatz zu den Sitten seiner Zeit zuerst die Ehefrau, noch vor ihrem Mann. Für uns war das ein Anstoß, im ersten Kapitel unseres Buches darzulegen, wie eindrucksvoll auch Lukas in der Apostelgeschichte bezeugt, dass Prisca eine kluge Lehrerin des Glaubens war und zusammen mit ihrem Ehemann Gemeinden gegründet hat.

Texte wie 1 Kor 14,33ff oder auch 1 Tim 2,9ff widersprechen den Lehren des Apostels. Doch als historische Quellen sind sie ernst zu nehmen. Die Tatsache, dass sie in Paulusbriefe geraten sind, zeigt an, welch verstörende Uneinigkeit in der Kirche von Anfang an herrschte. Was dürfen Frauen tun, was nicht? Im Laufe der Geschichte hat man sich, auch im weltlichen Bereich, bei der

Zurückweisung und Demütigung von Frauen auf solche Texte der Bibel gestützt. Frauen, die sich berufen wussten weiterzugeben, was Gott durch Christus der Kirche anvertraut hat, mussten nicht selten mit eigensinnigem Mut ungewohnte Wege gehen.

Um so mehr möchte man bedauern, dass nicht schon Paulus so, wie man es heute oft versucht, Redeweisen vermieden hat, in denen Frauen wie ausgelöscht sind. Paulus hat zwar Schranken überwunden, durch die gläubige Juden sich von Nichtjuden absonderten; doch Männer sowohl als auch Frauen seiner Gemeinden hat er als „Brüder" angeredet. Er hat zwar gelehrt, dass in der Kirche gesellschaftliche Unterschiede keine Bedeutung haben: *Da gibt es weder Juden noch Griechen, weder Sklaven noch Freie, weder Mann noch Frau.* Doch unmittelbar zuvor ist zu lesen: *Alle seid ihr Söhne Gottes in Christus Jesus, durch den Glauben* (Gal 3,26).

Wer sich heute am Wortgebrauch des Apostels reibt, muss bedenken, dass Paulus nicht Lehrbücher für künftige Generationen verfasst hat. Aus aktuellen Anlässen hat er Briefe an christliche Gemeinden seiner Zeit geschrieben. Und dort haben die Frauen es gern gehört, dass er auch sie *Brüder* nennt und sie zu den *Söhnen Gottes* zählt. Sie wussten, wie mutig es war, so zu reden. Der Fortbestand einer Familie galt ja bis in die jüngste Vergangenheit nur dann als gesichert, wenn der Vater wenigstens einen Sohn hatte, der den Namen seiner Familie weitertrug. Töchter, so sagt man auch heute noch, erhalten von ihren Eltern bei der Heirat eine Mitgift, eine Aussteuer. Von Söhnen spricht man anders; der Sohn ist Erbe. In der Kirche, erklärt Paulus, haben auch Frauen Sohnesrechte; auch sie sind Verwalter des Erbes, das Gott durch Christus der Gemeinschaft der Christen anvertraut hat.

Die Biographien dieses Buches belegen, wie lebendig diese Lehre geblieben ist. Frauen haben den christlichen Glauben als kostbares Erbe gepflegt und weitergegeben. In Zeiten, in denen die Kirche weit übler darniederlag, als wir es heute erleben, haben immer wieder auch Frauen sich mutig und glaubwürdig für die

Erneuerung kirchlichen Lebens eingesetzt. Sie haben dafür gesellschaftliche Verachtung ertragen und Demütigungen von offizieller kirchlicher Seite. Manche hat es nicht mehr miterlebt, wie sehr sie mit ihren Mühen und Leiden dazu beigetragen hat, dass die Kirche auf neue Weise gedieh und üble gesellschaftliche Vorgaben verschwanden.

Damit rückt eine Frage in den Blick, die sich heute wieder aufdrängt: Wie bleibt die Kirche im Wechsel der Zeiten lebendig, wie kommt sie heraus aus verhärteten Strukturen? Dieses Buch lädt auch deswegen ein zu Wanderungen durch zweitausend Jahre Kirchengeschichte, weil damit sichtbar wird, von welcher Art das Erbe ist, das Gott durch Christus der Kirche anvertraut hat. Es ist nicht ein Schatz von Diamanten, die man nur bewundern darf. Jesus hat das Gleichnis von den Talenten erzählt, die der Herr bei der Abreise seinen Knechten anvertraut. Wehe dem Knecht, der das viele Geld vergräbt und nichts damit anfängt, um es dem Herrn bei dessen Rückkehr auf jeden Fall unverändert zurückgeben zu können! Bonifatius, der Apostel der Deutschen, hat in einem Brief eine befreundete Äbtissin besorgt gefragt, ob er, der große Bischof, mit den Talenten, die er bei Frauen entdeckt hat, so umgegangen ist, dass der Herr bei der Rückkehr an ihm nichts zu tadeln hat.

Dieses Buch erzählt von Frauen, die sich an dem Erbe, das der Kirche anvertraut ist, gefreut haben, doch nicht, um sich im stillen Kämmerlein daran zu erbauen. Fantasievoll, tatkräftig, oft auch wagemutig haben sie das Erbe ihres Glaubens so verwendet, dass es ihrer Zeit und ihrer Umgebung zugute kam. Es bleibt nicht aus, dass es uns heute nicht immer leicht fällt, uns in Frauen aus fernen Jahrhunderten hineinzudenken. Die eine hat sich, um die zur guten Verwaltung des Erbes Christi nötige Unabhängigkeit zu behalten, ins Kloster zurückgezogen; eine andere wurde gedemütigt und zum Rückzug gezwungen und ergriff doch mit Freuden auch diese Chance, dem Grundgesetz christlichen Glaubens gerecht zu werden: der Nachfolge Christi. In Christus ist Gott zu den Niedrigen hinabgestiegen, um den Leidenden nahe zu sein. Zu dem Erbe, das der Kirche anvertraut ist, damit sie es pflege, gehört die Barmherzigkeit. Vielleicht ist es ein besonders Frauen geschenktes Talent, dass sie es verstehen, mit ganzem Herzen bei den Armen zu sein und nicht nur von oben herab für sie zu sorgen.

Da wir uns bei unseren Berichten auf historisch glaubwürdige Quellen stützen wollten, ist manches Kapitel einer Herrscherin gewidmet; denn deren Wirken ist eher von Geschichtsschreibern und in Urkunden bezeugt. Beherzt haben auch diese Frauen sich den Schwachen zugewandt und ihre Macht genutzt, um Sitten und Gesetze einzuführen, die diesen das Leben erleichterten. Wenn es heute schon selbstverständlich ist, dass dieses christliche Erbteil – die Verantwortung der Starken für die Schwachen – auch außerhalb der Kirchen gepflegt wird, so ist das nicht zum wenigsten Christinnen zu verdanken, die mit politischer Klugheit als ihrem Talent gewuchert haben.

Von Anfang an haben kluge Frauen beim Aufbau der Gemeinden wertvolle Arbeit geleistet; in Krisenzeiten der Geschichte haben weltkundige Frauen sich geschickt und geduldig für die Kirche eingesetzt. Auch aus diesem Erbstück christlichen Glaubens hat die Gesellschaft draußen in der Welt Nutzen gezogen. Leider muss man sagen, dass heute Frauen, denen solche Begabung geschenkt ist, im weltlichen Bereich weit mehr Chancen öffentlichen Wirkens haben als in der Kirche.

An dieser Stelle unserer Vorüberlegungen ist es an der Zeit, auf den biblischen Text hinzuweisen, dem der Titel unseres Buches entnommen ist, auf 2 Kor 6,18.

Ich werde euch aufnehmen und werde euch Vater sein,
und ihr werdet mir Söhne und Töchter sein,
spricht der Herr, der Allherrscher.

Mit diesem Vers schließt eine kunstvolle Komposition, wie Paulus sie seinen Gemeinden sonst nie zumutet. Dicht ineinander verflochten sind Anspielungen auf Worte aus der Heiligen Schrift des jüdischen Volkes, lauter Worte, in denen auch im Alten Testament Gott selber spricht. Hochgelehrte Juden, die für Mitjuden schrieben, die ihre Bibel auswendig kannten, haben solche Zitatenketten geflochten. Es ist ein Redestil, wie er in manchen Qumrantexten begegnet.

Doch was an dieser Stelle des Korintherbriefs zu lesen ist, hätten die Gelehrten von Qumran weit von sich gewiesen. Ein Prophet verkündet ein Wort des allmächtigen Gottes, ein Wort aber, mit dem Gott nicht seine Allmacht beweist, sondern zeigt, dass er sich von den Christen in Korinth abhängig gemacht hat. Gott, der Herrscher der ganzen Welt, hofft, dass die Gläubigen dieser kleinen Gemeinde ihm einmal *Söhne und Töchter* sein werden.

Wer das Alte Testament kennt, hört heraus, dass hier eine Verheißung, die Gott einst dem König David gegeben hat, kühn umgebaut ist. Als David einen Tempel bauen wollte, hat der Prophet Natan ihn daran gehindert. Gott will nicht, dass der König ihm ein Haus baut, vielmehr wird Gott dem König David ein Haus bauen; ein Königsgeschlecht soll entstehen, das in Weltzeit nicht untergeht. Sofort will Gott damit beginnen; Salomo, Davids Sohn, wird einen Vater haben, der ewig lebt: *Ich will ihm Vater sein, und er wird mir Sohn sein.* So steht es in 2 Sam 7,14.

So fremdartig diese Umformung alttestamentlicher Worte im Rahmen der Paulusbriefe auch wirkt, sie dient einem Anliegen, das Paulus seinen Gemeinden oft ans Herz gelegt hat: Gott will in einem Tempel wohnen. Unmittelbar vor der komplizierten Komposition hatte er es in eindringlichen Worten wiederholt: *Wir selbst sind doch der Tempel des lebendigen Gottes!*

Die Gemeinde von Korinth hat dem Apostel oft Kummer gemacht; in den Korintherbriefen muss Paulus sich mit manchem Streit unter Christen auseinandersetzen, manchen Angriff abwehren, so auch in 2 Kor 6. Doch immer hat er versucht, die Streitenden zu versöhnen, die Gegner für sich zu gewinnen. Das tut er auch hier. *Ihr Korinther,* so redet er die Gemeinde an, *unser*

Herz ist weit geworden. … Werdet auch ihr weit! Und dann wirbt er mit hoher Gelehrsamkeit dafür, dass diese Christen sich bereit finden, *Tempel des lebendigen Gottes* zu sein.

Als Schüler des bedeutenden Pharisäers Gamaliel hat Paulus gewiss über hohe Gelehrsamkeit verfügt. Doch seine Briefe sollten ja von allen Mitgliedern der Kirche verstanden werden, in der es *weder Juden noch Griechen, weder Sklaven noch Freie, weder Mann noch Frau* gibt. – Waren dieses Mal hoch gelehrte Juden in den Streit der Korinther verwickelt? Wollte Paulus sie dafür gewinnen, dass im *Tempel* der Kirche von Korinth nicht die Vorschrift des aus Steinen gebauten Tempels von Jerusalem gilt, den keine Frau betreten darf?

Der Allherrscher hofft, dass er für das königliche Erbe, das er vergeben will, in der Kirche *Söhne und Töchter* findet – nicht nur in der Kirche von Korinth. Dieses Buch erzählt aus dem Leben von Frauen, die Gott in dieser Hoffnung bestärkt haben.

Prisca und ihr Ehemann

Mitarbeiter des Paulus seit 52 n. Chr.

Die Grußliste, mit der Paulus den Römerbrief abschließt, ist ein bemerkenswertes Dokument. Obwohl der Apostel noch nie in Rom war, kennt er dort 28 Christen mit Namen. Von manchen hat er Gutes gehört; vielen ist er bereits begegnet. Eine aus damaliger Sicht erstaunliche Aussage fällt heutzutage kaum noch auf; der erste Gruß des Apostels gilt einer Ehefrau: *Grüßt Prisca und Aquila, meine Mitarbeiter in Christus Jesus. Sie haben für mein Leben ihren Hals hingehalten. Ihnen danke nicht allein ich, sondern alle Gemeinden der Völker. Grüßt auch die Gemeinde, die sich in ihrem Haus versammelt* (Röm 16,3f).

Üblich war es, zuerst den Mann zu nennen. Bei den anderen Ehepaaren, die er in Röm 16 grüßt, hält Paulus sich daran. *Andronikus und Junia* sind ihm beide (!) als *angesehene Apostel* bekannt. Der Gruß an *Philologus und Julia, Nereus und seine Frau* gilt zugleich *den Heiligen, die bei ihnen sind.* Offenbar teilen diese beiden Ehepaare sich ein Haus, in dem sie zudem noch einer Gemeinde Raum geben. Auch Prisca und ihr Mann haben einer Gemeinde ihr Haus geöffnet.

Einige Zeit zuvor hatten diese beiden in Ephesus dasselbe getan, denn in dem Brief, den der Apostel von dort nach Korinth schickt, gibt er Grüße weiter, die *Aquila und Prisca und die Gemeinde in ihrem Haus* ihm aufgetragen haben (1 Kor 16,19). Hier hält Paulus sich an die übliche Reihenfolge; umso mehr fällt auf, dass er in Röm 16 zuerst Prisca nennt, und sie zudem noch als die erste in der ganzen Grußliste.

Auch Lukas hat das Ehepaar gekannt, zumindest muss er in der Zeit, in der er als Mitarbeiter des Paulus in Ephesus weilte, von den beiden gehört haben. Auf herkömmliche Weise nennt er ihre Namen nur, solange die Leser der Apostelgeschichte noch nicht wissen, wer sie sind. Sobald er anfängt zu erzählen, was die junge Kirche ihnen verdankt, nennt auch Lukas immer zuerst die Ehefrau. Was bewegt Paulus und Lukas, so von den beiden zu reden?

Vertriebene helfen einander

Paulus war dem Ehepaar zum ersten Mal begegnet, als er, tief bekümmert, in Korinth angekommen war. In Thessalonich hatte er bei Juden und Heiden mit großem Erfolg für den Glauben an Christus geworben. Doch als er erfuhr, dass viele Juden in der Stadt darüber in heftigen Zorn geraten waren, hatte er sich davongemacht. Aufruhr wollte er vermeiden.

Als Jude wusste Paulus nur zu gut, wie sehr alle Juden darunter litten, dass ihr Volk weit verstreut war, und welch großer Trost es ihnen war, zum einzig geliebten Volk Gottes zu gehören. Nicht wenige Juden waren zutiefst gekränkt, wenn sie erfuhren, dass ein Jude, nur weil er für diesen Jesus schwärmte, Nichtjuden einlud, sich mit all ihren Unreinheiten Israel anzuschließen. Wer das tut, hat sein eigenes Volk verraten!

Paulus hatte Thessalonich bei Nacht und Nebel verlassen. In Korinth suchte er nach einer Möglichkeit, sich seinen Lebensunterhalt zu verdienen. Zum Glück begegneten ihm Aquila und dessen Frau, ein Ehepaar, das ein Handwerk betrieb, auf das auch er sich verstand. *Sie waren Zeltmacher von Beruf* (Apg 18,3).

Der Name Aquila, „Adler“, passte zu diesem Beruf. Das römische Heer brauchte Zelte, und dort kam ein Mann dieses Namens bestimmt gut an. Juden fielen durch ihre eigenartigen Sitten im Römischen Reich überall auf; nicht wenige jüdische Eltern haben ihren Kinder darum römische Namen gegeben. Auch Prisca, „Altehrwürdige“, ist ein solcher Name; Eltern, die ihre Tochter so nannten, rühmten sich der Familientradition, die in ihrem Kind weiterleben sollte. Lukas verwendet die Koseform Priszilla, die er wohl in Gemeinden gehört hatte, die Prisca als liebenswürdige junge Frau kannten.

Aquila und Priszilla waren, als Paulus ihnen begegnete, selber erst seit kurzem in Korinth; auch sie waren Vertriebene. Lukas deutet das nur knapp an: *Claudius hatte angeordnet, dass alle Juden Rom verlassen mussten* (Apg 18,2). Genaueres schreibt der römische Schriftsteller Sueton in seiner Biographie des Kaisers: *Die Juden vertrieb er aus Rom, weil sie, von Chrestos aufgehetzt, fortwährend Unruhe stifteten* (Leben des Claudius 25,4). Mit „Christus" konnte Sueton nichts anfangen, eher schon damit, dass einer, der Juden aufhetzt, den Sklavennamen Chrestos (Brauchbarer) trägt. Aquila und Prisca waren nach Korinth ausgewichen; dort, in der Hauptstadt der Provinz Achaja, konnten sie damit rechnen, dass es Soldaten gab, Käufer für ihre Zelte.

Das Ehepaar wusste, was es hieß, sich in dieser hektischen Stadt als Fremder durchzuschlagen. Sie gaben Paulus mehr als einen Arbeitsplatz; sie nahmen ihn bei sich auf. Die Arbeit der Zeltmacher war schwer und schmutzig; fettiges Ziegenhaar musste mit Pflanzenfasern versponnen und verwebt werden; hartes Tuch war zu vernähen. Bei solchen Arbeiten kommt man leicht ins Gespräch. Paulus konnte seine Gastgeber fragen, wie es in Rom zu so heftigem Streit unter den Juden gekommen war, dass der Kaiser sie vertrieben hatte. Was er hörte, hat ihn gewiss erregt und gefreut. Die Botschaft Christi war schon bis ins Zentrum des Römischen Reiches gekommen! Den Beweis dafür hatte er vor Augen; Prisca und Aquila waren Christen.

Gute Nachrichten

Schon diese Begegnung wäre Grund genug für die große Dankbarkeit, mit der Paulus in Röm 16 von dem Ehepaar spricht: *Nicht allein ich danke ihnen, sondern alle Gemeinden der Völker.* Der Apostel, der berufen war, den Völkern die Christusbotschaft zu bringen, hatte in Thessalonich erfahren, wie schwer es war, dieser Aufgabe gerecht zu werden. Prisca und Aquila haben ihm mit ihren Erzählungen aus Rom neuen Mut gemacht.

Bald darauf kam gute Nachricht auch aus Thessalonich; die Gemeinde hatte standgehalten. Paulus antwortete mit einem Brief, den man mit besonderer Anteilnahme liest, wenn man sich klar macht, dass er ihn in der Werkstatt von Prisca und Aquila geschrieben hat. Der Apostel gibt weiter, was er dort erfahren hat: *Zuverlässig ist, der euch beruft* (1 Thess 5,26).

Der Bote aus Thessalonich hatte Spenden mitgebracht; Paulus konnte sich nun auch werktags der Verkündigung widmen. Darüber brach in Korinth zwar bald der gleiche Streit aus wie zuvor in Thessalonich, doch dieses Mal wich Paulus nicht aus. Er setzte seine Lehrtätigkeit fort, zwar im Haus eines Nichtjuden, doch unmittelbar neben der Synagoge. Auch bei Juden hatte er Erfolg, sogar der Synagogenvorsteher Krispus ließ sich taufen.

Die Unterkunft bei Prisca und Aquila hat Paulus auch nach dieser glücklichen Wende beibehalten. Als er sich später einmal gegen allzu selbstsichere Mitglieder der Gemeinde in Korinth verteidigen musste, schrieb er: *Keinem von euch bin ich zur Last gefallen* (2 Kor 11,9). Das Geld, das er zum Leben brauchte, hatten Freunde aus Mazedonien gespendet, und gewohnt hatte er bei dem Ehepaar aus Rom.

Eine rätselhafte Trennung

Nach anderthalb Jahren konnte Paulus sich von einer gefestigten Gemeinde verabschieden. Er fuhr hinüber nach Kleinasien, Prisca und Aquila mit ihm. Das war eigentlich eine erfreulichere Abfahrt als die aus Thessalonich; aber man erschrickt, wenn man weiterliest. In Korinth hatte das Ehepaar dem Apostel den Neubeginn nach Kräften erleichtert; in Kleinasien ließ Paulus die beiden allein. *Sie gelangten nach Ephesus. Dort ließ er (Paulus) sie zurück; er selbst ging in die Synagoge und kam mit den Juden ins Gespräch* (Apg 18,19). Wie immer wollte Paulus zuerst seine jüdischen Mitbrüder für den Glauben an Christus gewinnen; aber musste er dafür seine Freunde *zurücklassen*?

Nüchtern, wie es die Aufgabe des Historikers ist, teilt Lukas nur mit, was er weiß. Doch kurz vor dem Aufbruch des Paulus aus Korinth hat er von einem Ereignis berichtet, das vielleicht erklären könnte, warum der Apostel sich vor dem Gang in die Synagoge von seinen Freunden trennte. Kaiser Claudius hatte einen neuen Statthalter in Achaja eingesetzt. Als der Beamte in Korinth eintraf, witterten die Gegner des Paulus eine Chance; müsste dieser Gallio das Edikt seines Kaisers nicht auch in Korinth durchsetzen, müsste er nicht auch hier die Juden vertreiben, die mit ihrem *Christus* Unruhe stifteten? Sie brachten Paulus vors Gericht und erlebten eine doppelte Überraschung. Gallio wies sie ab; jüdischer Lehrstreit gehe ihn nichts an. Und dann ließ er das aufgeregte Publikum auch noch Volksjustiz üben. *Sie verprügelten den Synagogenvorsteher Sosthenes vor dem Richterstuhl. Gallio kümmerte sich nicht darum* (Apg 18,17). Lukas sagt nicht, wer die Schläger waren; waren es vielleicht gar Christen?

Die knappe Erzählweise des Lukas verführt dazu, ein wenig zu spekulieren. Hatten Prisca und Aquila gewagt, den Statthalter um Audienz zu bitten, weil sie wussten, was die Feinde des Paulus vorhatten? Hatten sie ihm dargelegt, dass damals in Rom nicht „Christus" Unfrieden gestiftet hatte, sondern Juden, die Mitjuden nicht das Recht lassen wollten, sich zu Christus zu bekennen? Erklärt sich damit die Gleichgültigkeit des Gallio gegenüber dem Streit unter den Juden? Wenn es so war, darf man sicher sein, dass ganz Korinth von der Audienz des Ehepaars beim Statthalter wusste. Dann wussten die Anhänger des verprügelten Synagogenvorstehers aber auch, wer an ihrer Niederlage schuld war. Niemand anderes als dieses Ehepaar aus Rom! Danach war es wirklich das Beste, dass Priszilla und Aquila mit Paulus zusammen Korinth verließen und ihn in Ephesus nicht in die Synagoge begleiteten. Gerüchte aus Korinth blieben in Ephesus nicht unbekannt; hätte Paulus seine Freunde mitgenommen, wäre der Streit von Korinth wieder aufgeflammt.

Wie die kurzen Sätze in der Apg 18,18f auch immer zu erklären sind, mit dem Abschied von Paulus begann für Priszilla und Aquila ein Lebensabschnitt, von dem Lukas Erstaunliches berichtet.

Der Kreis gebildeter Judenchristen weitet sich

Paulus reiste nach Jerusalem; seine beiden Freunde blieben in Ephesus. Wahrscheinlich hatte Paulus sie gebeten, weiterhin der Synagoge fern zu bleiben. Eines Tages gingen sie dennoch hin; ein Jude aus Alexandrien war eingetroffen und sprach dort über Jesus! Die Christusbotschaft war also bis in die Weltstadt am Nil gekommen, in der mehr Juden lebten als in Jerusalem! Dort lasen Juden ihre Heiligen Schriften auf Griechisch, und jüdische Gelehrte vertieften sich in griechische Philosophie. Mit seinem Vortrag in der Synagoge bewies Apollos, dass er einer dieser Gelehrten war; er erzählte keine Geschichten von Jesus, sondern legte die *Lehre* Jesu dar; begeistert und *genau.*

Als Priszilla und Aquila ihn hörten, nahmen sie ihn zu sich und setzten ihm den Weg Gottes noch genauer auseinander (Apg 18,26). Das griechische Wort für „genau“ ist ins Deutsche eingegangen; mit noch größerer „Akribie“, als Apollos sie aus den berühmten Schulen von Alexandrien kannte, haben Priszilla und Aquila ihm dargelegt, wie Gott die Menschheit leitet. Mit dem Wort *Weg* weist Lukas auf die Bezeichnung hin, die Juden ihren Heiligen Schriften gegeben haben: Torah, das heißt „Wegweisung“. Lukas skizziert das Bild einer Studierstube, in der Gelehrte sich in die heiligen Texte vertiefen. In den Vordergrund des Bildes rückt er Priszilla.

Griechen, Römer und Juden haben über gebildete Frauen gespottet. „Wer seine Tochter die Torah lehrt, lehrt sie Ausgelassenheit“, warnt ein Rabbi im Talmud. Horaz fragt spöttisch, was philosophische Bücher auf seidenen Kissen zu suchen haben. Griechen und Römer hätten über den Unterricht bei Zeltmachern die Nase gerümpft. Cicero verachtet Handwerker; wer für Geld arbeite, mache sich zum Sklaven des Lohns: *Eine Werkstatt kann keinen freien Geist atmen.* Lukas aber meldet, dass Priszilla ihren Schüler entscheidend gefördert hat. Als Apollos nach Ephesus kam, *kannte er nur die Taufe des Johannes*; in Korinth, seinem nächsten Wirkungsort, hat er den Juden *öffentlich aus der Schrift* bewiesen: *Jesus ist der Messias.*

Vierzehn Mitarbeiter des Paulus – darunter eine Frau

Einen anderen Erfolg der Eheleute erwähnt Lukas nur nebenher, so dass man die fast noch bemerkenswertere Tatsache leicht überliest. Als Apollos nach Korinth fahren wollte, schickten *Brüder*, das heißt Frauen und Männer der christlichen Gemeinde von Ephesus, zuvor für ihn einen Empfehlungsbrief an die Christen in Korinth. Da war also, während Paulus nach Jerusalem gereist war, in Ephesus bereits eine Gemeinde entstanden, gegründet von seinen beiden Freunden! Paulus hatte allen Grund, Prisca und Aquila seine *Mitarbeiter in Christus Jesus* zu nennen (Röm 16).

In seinen Briefen hat Paulus insgesamt 14 *Mitarbeiter* mit Namen genannt; Prisca ist darunter die einzige Frau. Der Apostel rühmt viele Frauen für die Arbeit, die sie für Christus auf sich genommen haben, vier allein in Röm 16. Doch die Arbeit, zu der er selber sich berufen wusste, war mehr, als eine Frau bewältigen konnte. Er wollte die Botschaft Christi zu Menschen bringen, die noch nie davon gehört hatten. Darum legte er lange Wege allein zurück und kam an Orte, wo er niemanden kannte. Priszilla und Aquila konnte er unbesorgt in einer fremden Stadt allein lassen; er hatte ja erlebt, was es bedeutete, dass diese beiden einander hatten. Heutzutage kann man von manchem beruflich hart eingespannten Mann hören, seine Frau halte ihm den Rücken frei. Priszilla, die Lehrerin, die den Weg Gottes sogar dem gelehrten Apollos noch *genauer* darzulegen verstand, hatte einen Ehemann, der ihr den Rücken frei hielt.

Es ist nur wenige Jahrzehnte her, dass Heimatvertriebene in Deutschland erfahren haben, in welchem Maß handwerkliche Fähigkeiten helfen, ein Stück selbstbestimmten Lebens zurückzugewinnen. Juden, die als Fremde in griechisch-römischen Städten lebten, haben dieselbe Erfahrung gemacht; mehr noch: sie wussten sich damit auf dem Weg, den Gott ihnen weist. Aus ihren Heiligen Schriften kannten sie manche Szene, in der Gott einen Menschen mitten aus seiner Hände Arbeit in seinen Dienst ruft. Für Apollos war nichts Ehrenrühriges daran, dass seine Lehrerin Zeltmacherin war. Christen haben von Juden die Hochachtung vor Menschen gelernt, die sich mit harter Arbeit Raum für freie Entscheidungen schaffen.

Prisca und Aquila haben ihre Werkstatt von Rom nach Korinth und von dort nach Ephesus verlegt; später, als Paulus den Römerbrief schrieb, arbeiteten sie wieder in Rom, denn Kaiser Claudius war 54 n. Chr. gestorben; sein Edikt war aufgehoben. Was ihnen in Korinth nicht gelungen war, brachten sie in Ephesus und Rom zustande; ihr Haus war groß genug, eine Gemeinde aufzunehmen. Paulus wird seine Gründe gehabt haben, von der Gemeinde in Korinth keine Spenden anzunehmen. Seinem Vorbild sind Prisca und Aquila gefolgt. Sie haben Gemeinden gegründet und beherbergt und die Kosten dafür selber getragen.

Sie haben für Paulus „ihren Hals hingehalten"

In Apg 19 berichtet Lukas von einem für Paulus lebensgefährlichen Aufstand in Ephesus. Die Silberschmiede, die am Tempel der Artemis Devotionalien feilboten, fürchteten um ihr Geschäft; sie fachten die Volkswut an gegen den Fremden, der die große Göttin ihrer Stadt beleidige. Lukas erwähnt Priszilla und Aquila hier ebensowenig wie in seinem Bericht von der Gerichtssitzung des Gallio. Haben sie sich auch beim Aufstand in Ephesus für Paulus eingesetzt? Paulus war oft in höchster Gefahr; *gefährdet durch das eigene Volk, gefährdet durch Heiden, gefährdet in der Stadt* (2 Kor 11,26). Einmal haben Prisca und Aquila dabei für Paulus *ihren Hals hingehalten*; in Röm 16 rühmt er sie dafür.

Keinem anderen seiner Mitarbeiter spricht der Apostel so umfassenden Dank aus, stellvertretend für alle christlichen

Gemeinden in aller Welt: *Ihnen danke nicht allein ich, sondern alle Gemeinden der Völker.* Ist das nicht doch übertrieben? Christliche Gemeinden in Rom, Korinth und Ephesus hatten Grund, Prisca und Aquila dankbar zu sein – aber auch all die anderen Gemeinden, die Paulus in Vorderasien und Griechenland gegründet hatte?

An dieser Stelle lohnt es sich, noch einmal auf die Namen des Ehepaares zurückzukommen. Aquila, der „Adler", der Heereslieferant, stammte, wie Lukas anmerkt, aus Pontus, der römischen Provinz am Schwarzen Meer (Apg 18,2); er mag des Geschäftes wegen nach Rom gekommen sein. Woher kam Prisca? An welche „altehrwürdige" Tradition hatten ihre Eltern gedacht, als sie ihr diesen Namen gaben?

Alteingesessene Römer waren stolz auf ihre Stadt; auf „Griechlein" schauten sie verächtlich herab, erst recht auf all die unzivilisierten, von Rom unterworfenen Völker und auch auf die Juden, die sich nirgends anpassen wollten. Doch jüdische Gottesdienste zogen nachdenkliche Menschen an. Gewiss, Rom war alt; weit ehrwürdiger aber war der Ursprung, auf den diese Juden zurückschauten. Sie verehrten den einen Gott, dem die Menschheit ihr Dasein verdankt. Hat eine gut ausgebildete Römerin bei Lehrvorträgen in den Synagogen zugehört und ihrem Namen Prisca eine neue Bedeutung gegeben? Hat sie in die Ehe mit einem Juden eingewilligt und sein von harter Arbeit bestimmtes Leben geteilt, um sich mit ihm zusammen von der altehrwürdigen „Wegweisung" seines Volkes leiten zu lassen?

Ehelich vereint im Glauben an Christus

In Röm 16 begrüßt Paulus unter den 28, die er kennt, nur fünf Angehörige seines Volkes. Offenbar stammte die Mehrzahl der Christen in Rom aus anderen Völkern. Für viele „gottesfürchtige" Nichtjuden, die gern die Feiern in den Synagogen besuchten, wurden christliche Gemeinden zur Heimat. Hier waren sie als „Brüder" derselben Familie anerkannt; hier war es nicht wichtig, ob sie all die Speise- und Reinheitsgebote einhielten, mit denen sie sich von ihren heidnischen Freunden abgesondert hätten.

Wenn Prisca als gottesfürchtige Römerin zum Glauben an Christus gekommen ist, lässt sich manches, was Lukas von der Freundschaft des Ehepaares mit Paulus in Erfahrung gebracht hat, besser verstehen. Als Paulus von einer Jerusalemreise nach Ephesus zurückkam, hat er sich der Gemeinde, die Priszilla und Aquila gegründet hatten, nicht angeschlossen, sondern ist wieder in die Synagoge gegangen. Denn er wusste sich verpflichtet, die Botschaft Christi *zuerst* den Juden zu bringen (Röm 1,16). Doch natürlich blieb er der Gemeinde verbunden, die sich im Haus seiner Freunde traf. Das sollen auch die Christen in Korinth wissen, bei denen die beiden wohl nie so recht Anschluss gefunden hatten. Darum bestellt er den Korinthern Grüße von *Aquila und Prisca und der Gemeinde in ihrem Haus.* Um unnötigen Streit zu vermeiden, nennt er, wie es sich gehörte, den Ehemann zuerst.

In Röm 16 aber hat er guten Grund, zuerst Prisca zu nennen. Der Römerbrief ist das einzige Schreiben, in dem Paulus einmal unbeschwert von Sorgen um eine konkrete Gemeinde darlegt, auf welchem Weg Gott die Völker der Welt leitet. Sein Gedankengang ist nicht einfach nachzuvollziehen, doch er kannte in Rom eine Person, die schwierige Gedanken erklären konnte: Prisca, die Lehrerin, die sogar einem Apollos den Weg Gottes *noch genauer* erläutert hatte.

Ebenso wichtig war es dem Apostel, mit Prisca zusammen Aquila zu nennen. Prisca war Aquilas Hilfskraft bei der Handwerksarbeit, die ihnen die Unabhängigkeit sicherte, die sie für die Gründung von Gemeinden brauchten. Und Aquila sorgte dafür, dass seiner Frau der Freiraum blieb, auf den eine Lehrerin angewiesen ist. Für Paulus war diese heidnisch-jüdische Mischehe ein Bild der Hoffnung, die ihn erfüllte: Das Volk der Juden und die Völker der ganzen Welt sind berufen, miteinander zu leben wie gute Eheleute.

Perpetua

Zeugin für Christus am 7. März 203

Mit aufwändigen Spielen feierte Karthago, die Hauptstadt der römischen Provinz Africa, am 7. März 203 n. Chr. den Geburtstag Getas, eines Sohnes des Kaisers von Rom. Wer dieser Geta war, wissen höchstens noch einige Historiker; die Kirche aber feiert jedes Jahr den 7. März als den Geburtstag zweier junger Frauen, die vor einem fanatisch aufgewühlten Publikum den Angriffen einer wilden Kuh ausgesetzt und dann mit dem Schwert hingerichtet wurden. Denn an jenem Tag sind Perpetua und Felicitas in das Leben eingetreten, das keinen Tod kennt.

Christen haben Erinnerungen an ihre Märtyrer sorgsam gepflegt. Ein Brief aus der Mitte des 2. Jahrhunderts erzählt vom Martyrium des Bischofs von Smyrna; ein ähnliches Schreiben rühmt die Märtyrer von Lyon, besonders die Sklavin Blandina. Das Protokoll eines Zuschauers beim Prozess gegen Christen von Scili, einem Nachbarort von Karthago, ist als das älteste lateinisch verfasste christliche Dokument erhalten. Das gut zwanzig Jahre jüngere „Martyrium der Perpetua“ enthält das im Gefängnis geschriebene Tagebuch einer jungen Frau.

Eine kleine Autobiographie

Ein hartes Wort Jesu wird in diesem Buch lebendig: *Wer Vater oder Mutter, Sohn oder Tochter mehr liebt als mich, ist meiner nicht würdig* (Mt 10,37). Perpetua setzt sich in langer Haft damit auseinander, dass sie um des Glaubens willen von ihrer Familie lassen muss. Angefangen hat sie ihr Tagebuch, weil es sie schwer getroffen hatte, dass sie die Bitte ihres Vaters, ihren Glauben an Christus zu verleugnen, so hart und kalt abgewiesen hatte, dass er ihr ins Gesicht gefahren war. Schließlich aber versteht sie ihr

Büchlein als ein Zeugnis vom Wirken Christi; darum soll es nicht verloren gehen. Sie schreibt: *Dies habe ich bis zum Vortag des Festspiels getan; was beim Festspiel selber geschieht, schreibe auf, wer will.*

Ein Augenzeuge ihres Martyriums hat diesen Auftrag angenommen und ihr Tagebuch sorgsam ergänzt. Wer es liest, soll verstehen, wie eine junge Frau sich verändert, die um ihres Glaubens willen einen schrecklichen Tod auf sich zukommen sieht.

Perpetua und ihre Mitgefangenen

Perpetua erzählt nicht nur von sich allein; was ihr geschah, haben andere mit ihr zusammen erlebt: *Als wir in Untersuchungshaft waren, ... Während wir frühstückten, ... Als wir gemeinsam beteten, ... Als wir im Eisen lagen.* Der Herausgeber stellt die Mitgefangenen vor. Fünf junge Leute wurden eines Tages plötzlich verhaftet. Sie waren noch Katechumenen; erst im Gefängnis empfingen sie die Taufe. Revocatus war Sklave; seine *Mitsklavin* Felicitas war, wie man später erfährt, hochschwanger. Einzig Perpetua trägt einen Sippennamen: *Vibia Perpetua, ehrenhaft geboren, gut erzogen, standesgemäß verheiratet.* Zu den höchsten Kreisen gehörte sie nicht; sonst hätte der Richter ihren Vater am Ende ihres Prozesses wohl kaum mit Stockschlägen vertreiben lassen.

In ihrem Tagebuch gibt Perpetua sich als gebildete Frau zu erkennen, auch wenn sie im Gefängnis nicht mehr zustande bringt als knappe, unbeholfene Notizen. Sie versteht das Griechische und kennt christliche Bücher; unbefangen nimmt sie auch ein Bild aus der heidnischen Mythologie auf, mit der sie groß geworden ist. Der Herausgeber schreibt ein besseres Latein; umso mehr ist anzuerkennen, dass er in ihr Büchlein nichts hinein korrigiert hat. Zwei Ereignisse, auf die Perpetua seltsamerweise nicht eingeht, trägt er nach. Secundulus ist schon im Gefängnis gestorben, und Felicitas hat kurz vor dem grausamen Festspiel ihr Kind zur Welt gebracht und es einer Frau aus der Gemeinde anvertraut.

Perpetua hat nur einen Mitgefangenen mit Namen genannt: Saturus, ihren Lehrer. Saturus hatte sich freiwillig gestellt, um bei seinen Schülern im Gefängnis zu sein; aber auch das erwähnt Perpetua nur, weil sie ihren Lehrer in einem Traum gesehen hat. Der Herausgeber hat einen Traum hinzugefügt, den Saturus ihm anvertraut hatte: Am Tag vor der Hinrichtung träumte diesem, er wandere durch das Paradies, *Perpetua an meiner Seite.* Die Schülerin ist ihm Gefährtin geworden.

Hilfen auf einem schweren Weg

Nach der harten Auseinandersetzung mit dem Vater ist Perpetua dankbar, dass sie einige Tage lang ruhig nachdenken und ihre Gedanken aufschreiben kann. Bemerkenswert nüchtern erhofft sie von der Taufe, die sie in dieser Zeit empfängt, *Ausdauer des Fleisches.* Die Christen von Lyon haben die grässlichen Folterungen der Blandina als Ruhmestaten einer zarten Frau geschildert; Perpetua dagegen bedenkt nüchtern, wie leicht der Geist versagt, wenn der Körper schwach ist. Ungeschminkt hat sie geschildert, welches Entsetzen sie gepackt hatte, als man sie ins Gefängnis warf: *Ich hatte noch nie eine solche Finsternis erlebt ... gewaltige Hitze wegen der dicht zusammengepferchten Leute, erpresserische Drohungen der Soldaten ... Sorgen um mein Kind quälten mich.* Zwei Diakone, Tertius und Pomponius, haben den Soldaten Bestechungsgeld zugesteckt, damit die Christen bessere Plätze erhielten; für Perpetua sind sie *Segensbringer (Benedicti).* Ihre Mutter und ihr Bruder haben ihr den Säugling gebracht, und sie kann ihr Kind stillen. Andere Märtyrerakten berichten, wie freudig Gefolterte Zeugnis für Christus ablegen; für Perpetua wurde *das Gefängnis zum Palast*, als sie erreichte, dass ihr Kind bei ihr bleiben durfte.

Eigentümlich, durchaus nicht nur triumphal, wirkt ihr vor Gericht abgelegtes Bekenntnis: *Ja, ich bin Christin!* Der Richter hatte sie darauf hingewiesen, dass ihr alter Vater und ihr Säugling sie brauchen. Kann denn einer Frau dieser merkwürdige Christus wichtiger sein als ihr alter Vater und ihr Säugling? Der Richter verurteilt sie. *Ad bestias!* bestimmt er; zu den wilden Tieren mit ihr! Perpetua schreibt, sie habe das Todesurteil kaum wahrgenommen; viel schwerer sei es gewesen, dass der Vater ihr das Kind wegnahm. Doch unerwartet leicht kam sie darüber hinweg: *Weder verlangte das Kind nach meinen Brüsten, noch verursachten die Brüste mir Fieberanfälle.* Unbesorgt kann sie das Kind ihrer Mutter und ihrem Bruder überlassen.

Nicht jeder Abschied gelingt

Man kann Perpetuas Tagebuch lesen als die Geschichte eines schmerzhaften Abschieds von der Familie. Nur über ihren Gatten verliert sie kein Wort, und dabei hat der Herausgeber doch mitgeteilt, dass sie *ehrenhaft verheiratet* war. Eine systematische Christenverfolgung hat es zur Zeit jenes Geta und seines Vaters, des Kaisers Septimius Severus, nicht gegeben. Kaiser Trajan hatte Anfang des 2. Jahrhunderts verfügt: Wer als Christ angezeigt wird, muss sich zu den Göttern des Kaisers bekennen; sonst ist er als Staatsfeind hinzurichten. In Karthago hatten Christen kaum Anzeigen zu fürchten; christliche Freunde konnten die Gefangenen ja sogar ungestraft besuchen. Ist Perpetuas Ehemann wie ausgelöscht, weil er es war, der die jungen Christen angezeigt hatte und darum in Karthago verrufen war?

Ein paar Tage nach dem Prozess, bei dem Perpetua durch ihr Bekenntnis zu Christus ihr Leben verwirkt und ihr Kind verloren hat, kommt ihr beim Beten plötzlich die Erinnerung an ein anderes Kind, das sie seit langem vergessen hat. Sie schreit laut auf: *Dinokrates!* Ihr kleiner Bruder war an einer so abscheulichen Krankheit gestorben, dass keiner ihn anschauen mochte. In der folgenden Nacht sieht sie ihn. Sein Gesicht ist entstellt; er kommt aus heißer Finsternis; er möchte trinken, aber der Brunnenrand ist zu hoch, und sie kann nicht zu ihm hinüber. Doch sie ist gewiss, dass sie bald bei ihm ist und helfen kann. *Ich wusste, dass ich in der Gnade war,* schreibt sie. Tage und Nächte lang betet sie für das Kind. *An dem*

Tag, als wir in Eisen lagen, sieht sie es wieder. Sie selber ist vor der Hinrichtung fest angekettet; ihr kleiner Bruder aber erscheint ihr als schönes Kind, das frei mit dem klaren Wasser spielt.

Gedanken an ihre lebenden Familienmitglieder aber lasten schwer auf ihr; nach einem Besuch ihrer Mutter und ihres Bruders schreibt sie: *Ich zerfloss in Kummer, weil ich gesehen hatte, wie sie zerflossen.* Doch sie tröstet sich mit der Hoffnung, dass beide sich eines Tages über ihr Martyrium noch freuen werden. Denn sie ist überzeugt, dass auch sie zum Glauben an Christus finden werden.

Furchtbar bleibt die Auseinandersetzung mit ihrem Vater. Beim ersten Besuch hatte sie ihm nüchtern erklärt, sie könne nichts anderes sein als Christin, und er war ihr ins Gesicht gefahren. Beim zweiten Besuch wirft der alte Mann sich ihr zu Füßen, nennt sie *Herrin* und fleht sie an, ihn nicht in Schande zu bringen. Sie weiß, was er tut, ist die fromme Pflicht eines Vaters; und doch lässt sie ihn ungetröstet gehen, *in Trauer gefangen.* Als der Richter ihren Vater mit Stockschlägen vertreiben lässt, damit seine verzweifelten Bitten den Prozess nicht länger stören, ist es ihr, als werde sie selbst geschlagen. Und doch schreibt sie schon im nächsten Satz: *Heiter stiegen wir in das Gefängnis hinab.*

Ein unheilbarer Riss hat sich zwischen Vater und Tochter aufgetan. Bei einem letzten Besuch im Gefängnis verflucht er sich, wirft sich zu Boden, streut Erde über sich. *Seine Worte konnten die ganze Schöpfung bewegen,* schreibt Perpetua. Sie beklagt den unglückseligen Greis, doch sie lässt sich nicht bewegen, vom Glauben zu lassen. Meinte sie, den letzten Schritt schon getan zu haben und nicht mehr in der *Schöpfung* zu leben? Ein Traum der folgenden Nacht belehrt sie, dass bis dahin noch ein schwerer Weg zu gehen ist.

Vier Visionen – Perpetuas innere Geschichte

Perpetuas Tagebuch ist oft abgeschrieben worden, denn Christen haben die Traumgesichte, von denen sie schreibt, wie Offenbarungen aus dem Jenseits gelesen. Perpetua selber versteht ihre Träume als Hilfen auf ihrem eigenen Weg. Von zwei Träumen war deswegen schon zu berichten. Nachdem Perpetua ihr Kind verloren hatte, war ihr siedend heiß ihr toter Bruder Dinokrates eingefallen; sie hatte für ihn gebetet und ihn danach als heiter spielendes Kind gesehen. So hatte sie die Aufgabe gefunden, die niemand besser übernehmen konnte als sie, die auf ihren eigenen Tod wartete. Sie wird einem hilflosen Toten helfen; ihr Martyrium wird nicht umsonst sein.

In den beiden anderen Visionen setzt sie sich mit Fragen auseinander, die durch Begegnungen mit ihrem Vater in ihr aufgebrochen sind. Hinabgestoßen in die entsetzliche Dunkelhaft, dann wieder emporgehoben in den *Palast* der Freude an ihrem Kind, war ihr mit aller Schärfe bewusst geworden, wovor ihr Vater sie schützen und was er ihr erhalten wollte. Das Zeugnis für Christus oder das Leben mit ihrem Kind – was soll sie wählen? Ihr Bruder schlägt ihr vor, wie sie Antwort finden könne: *Fordere eine Vision und lass es dir zeigen!*

Auch der Bruder redet sie als *domina* an, als „Herrin", und fast übermütig greift Perpetua dieses Wort auf. Da sie weiß, dass sie sich mit *dem Herrn unterhalten kann,* verspricht sie ihrem Bruder, ihm bald Bescheid zu geben. „Sich unterhalten" heißt bei ihr *fabulari.* Die Vision, die sie dann aufschreibt, ist für sie ein Fabulieren, ein Spiel des *Dominus* Jesus Christus mit der *Domina* Perpetua.

Sie spielt mit Worten aus der Bibel. Eine Leiter ist zum Himmel aufgerichtet, so wie der Erzvater Jakob sie sah (Gen 28). Doch nicht Engel steigen auf und ab; Perpetuas Lehrer Saturus ist schon oben und ruft sie. Eigentlich müsste er vor Schwertern, Messern, Lanzen warnen, die den Weg hinauf verengen; doch er warnt vor einem Drachen, der unten lauert. Bestimmt hat Saturus seinen Schülern die Geschichte von dem Drachen erzählt, den der Erzengel Michael zwar vom Himmel herabgestürzt hat, der dann aber unten *Krieg führt mit allen, die am Zeugnis für Jesus festhalten* (Apg 12,18). Perpetua kennt die Psalmen und weiß, was den Gläubigen verheißen ist: *Auf Löwen trittst du und Drachen* (Ps 91,13). Und so sieht sie, wie der Drache sein schreckliches Haupt flach auf die Erde legt; sie tritt darauf und beginnt ihren Aufstieg.

Als sie oben ankommt, erblickt sie, was ihr aus einem Psalm vertraut ist, den die Gefangenen gewiss oft gebetet haben: *Der Herr ist mein Hirt, mir wird nichts fehlen* (Ps 23). Die himmlische Welt ist eine weite Wiese, auf der Schafe weiden. Der grauhaarige Schäfer begrüßt sie: *Gut, dass du gekommen bist, Kind,* und gibt ihr Käse von der Milch, die er selber gemolken hat. Ihrem Bruder hat sie nach diesem Traum klaren Bescheid gegeben: *Wir haben in dieser irdischen Welt keine Hoffnung mehr.*

Mit allem, was sie danach noch von ihrem Vater schreibt, spielt sie auf diese Vision an; sie sieht ihn als den grauhaarigen Mann, der für sein liebes Kind viel Arbeit auf sich genommen hat. Der Grauhaarige, den sie oben gesehen hat, hat unten ein schwaches, leidendes Ebenbild. Und doch ist die Auskunft, die sie ihrem Bruder gegeben hat – *in dieser Welt keine Hoffnung mehr* – eine Aussage von schier unerträglicher Härte. Die Worte des unglückseligen Vaters können *die ganze Schöpfung* bewegen; seine Tochter bewegen sie nur zu schmerzlichem Mitleid.

Die Vision der folgenden Nacht belehrt sie, dass sie dieser Welt noch nicht entkommen ist. Sie erlebt, wie der Diakon Pomponius sie durch widrige, gewundene Gänge ins Amphitheater führt. Dort erwartet sie ihr Gegner, ein *hässlicher Ägypter.* Wieder wird ihr ein biblisches Motiv zur Traumgestalt. So wie Israel unter Furcht und Schrecken das Sklavenhaus Ägypten verlassen hat, sieht auch Perpetua sich schrecklicher Erfahrung ausgesetzt, bevor sie die Freiheit erlangt. Sie soll mit dem Hässlichen einen Ringkampf ausfechten. Man merkt, dass sie solche Veranstaltungen aus ihrem wachen Leben kannte. Nackt, mit Öl eingerieben und feinem Sand überstreut, gehen die Kämpfer aufeinander los. Aber nackt kann diese junge Frau sich einer Zuschauermenge auch im Traum nicht zeigen. Sie schreibt: *Ich wurde ausgezogen und zum Mann.*

Bis heute gibt es den Topos von der tapferen Frau, die „ihren Mann steht". Eine Szene aus dem tatsächlichen Schauspiel des nächsten Tages zeigt, dass Perpetua falsch verstanden ist, wenn man meint, ihr Traum spiele mit dieser Redensart. In äußerster Not hat sie auf ihre weibliche Würde geachtet. Die wilde Kuh hatte sie zu Boden geworfen und mit den Hörnern ihr Gewand zerrissen; Perpetua schließt den Riss mit einer Spange, bindet ihre Haare hoch und steht auf. – Frau bleibt sie auch im Traum. Der Gladiatorenmeister, der ihr den Siegespreis übergibt, empfängt sie so, wie sie es aus christlichen Feiern kannte: *Er küsste mich und sagte: Tochter, der Friede sei mit dir.*

Der erträumte Siegespreis ist ein Zweig mit goldenen Äpfeln. Bei jungen Frauen aus Karthago war dieses Bild der griechischen Mythologie gewiss beliebt: Am Rande der Welt bewachen die „afrikanischen Schwestern", die Hesperiden, den Baum mit den goldenen Früchten, die Unsterblichkeit verleihen. Mit diesem Zweig in der Hand wird Perpetua zum *Tor des Lebens* geführt. Damit nimmt ihr Traum wieder ein Stück der Wirklichkeit auf, die sie aus dem Amphitheater kannte. Wenn die Zuschauer für einen Gladiator die Daumen hochhalten, darf er das Theater durch das Tor verlassen, das diesen Namen trägt, und weiterleben.

Der letzte Tag

Der Unbekannte, der das Tagebuch ergänzte, hat gesehen, dass Perpetua beim Festspiel tatsächlich durch dieses Tor gehen durfte. Nachdem sie ihr Kleid und ihr Haar in Ordnung gebracht und sich aufgerichtet hatte, sah sie ihre Sklavin Felicitas am Boden liegen und half ihr auf. Diese Geste der Freundschaft zwischen Herrin und Sklavin *besiegte die Grausamkeit des Volkes*; unter begeisterten Zurufen des Publikums wurden beide Frauen zum „Tor des Lebens" geführt. Während andere Märtyrerakten grausame Torturen ausführlich schildern, um zu beweisen, wie fest Christen in ihrem Glauben stehen, hält dieser Berichterstatter einfach fest, was er miterlebt hat. Den Angriff der Kuh hatte Perpetua anscheinend nicht bemerkt, denn am Tor des Lebens fragte sie, wann denn das Schauspiel endlich beginne. Hatte eine gnädige Ohnmacht sie vor dem Schrecken bewahrt, den sie im Traum schon durchgestanden hatte?

Christen waren keine Gladiatoren; das „Tor des Lebens" rettete sie nicht. Das Publikum wollte sich das Schauspiel der Hinrichtung dieser beiden Frauen nicht entgehen lassen. Auch der Herausgeber spricht mit Worten, die den Märtyrerakten fremd sind: Die Leute wollen mit eigenen Augen an dem *Menschenmord* teilnehmen.

Für den Bearbeiter des Tagebuchs ist Perpetua die Hauptakteurin; sie behält das Geschehen in der Hand, zuletzt sogar buchstäblich. – Es war üblich, Todeskandidaten vor der Hinrichtung ein Festmahl zu gestatten; die Christen aber lagen in Eisen, weil man fürchtete, sie könnten sich davonmachen. Mit kluger Ironie hatte Perpetua sich an den Wachtmeister gewendet: *Warum erlaubst du nicht, dass wir uns erholen? Sind wir nicht die vornehmsten Verbrecher, wir gehören doch dem Kaiser!* Vor dem Schauspiel hatte Perpetua mit einem listigen Hinweis auf die Furcht vor christlicher Zauberkunst sich und Felicitas erspart, dass man sie wie für ein heidnisches Opferfest kleidete: *Wir sind freiwillig hierhin gekommen, damit unsere Freiheit nicht verletzt wird.* Als das Publikum verlangte, die Hinrichtung mit anzusehen, verließ sie freiwillig das Tor des Lebens und ging in die Arena zurück.

In der römischen Provinz Africa waren grausame Gladiatorenkünste beliebt. Ein Schwertstreich musste den Todgeweihten von vorn treffen; gelang es diesem, dem Henker in den Arm zu fallen, konnten die Zuschauer ihn begnadigen. Um die Frauen zu verhöhnen, hatte man sie nicht einem Stier, sondern einer Kuh ausgeliefert; nun erwartete sie auf dem Schaugerüst ein ungeübter Gladiator. Er traf Perpetua in die Brust; *sie heulte auf und führte die unsichere Hand des jungen Gladiators selbst zu ihrer Kehle.* In ihrem Tagebuch hatte sie grausame Nöte nicht verleugnet; bei der Hinrichtung ist sie nicht die Heldin, die ihre Schmerzen unterdrückt. Doch den Weg, den sie im Glauben an Christus als den richtigen erkannt hat, geht sie tatkräftig bis zum Ende.

Aus dem Munde ihrer Sklavin Felicitas ist nur ein einziger kurzer Satz überliefert. Als sie im Gefängnis unter Schmerzen ihr Kind zur Welt bringt, spottet ein Wärter: *Was wirst du erst tun, wenn du den Tieren vorgeworfen wirst?* Sie antwortet: *Jetzt leide ich selbst, dort aber wird ein anderer in mir sein, der für mich leidet, so wie ich für ihn leiden werde.* Das lateinische Hochgebet der Messe nennt in der Reihe der Heiligen, mit denen Gott „auch uns Sünder" vereinigen möge, als erste Frau – noch vor ihrer Herrin Perpetua – die Sklavin Felicitas. Christen haben allen Grund, auch sie als Lehrerin des Glaubens zu feiern. Mit ihrem einzig überlieferten Wort hat sie in schlichter Deutlichkeit erklärt, wer es ist, den Christen in ihren Märtyrern ehren.

Helena (248 bis 330)

Wirtsmagd – Mutter eines Kaisers – tatkräftige Christin

Helena war die Mutter Konstantins, des Kaisers, der eine entscheidende Wende in der Geschichte des Christentums herbeiführte. Konstantins Vorgänger Diokletian war fest entschlossen wie kein Kaiser vor ihm, die Christen auszurotten. Konstantin hat dem Christentum im Römischen Reich öffentliche Entfaltung ermöglicht, von Britannien bis Nordafrika, vom Schwarzen Meer bis nach Spanien.

Aus zeitgenössischen Quellen ist zu Helena kaum mehr zu erfahren, als dass sie Konstantins Mutter war. Nur in einem kurzen Abschnitt des Buches, das Eusebius, der damalige Bischof von Caesarea, zum „Leben Konstantins“ verfasst hat, tritt Helena als selbstständig handelnde Frau auf. Wie Eusebius erzählt, hat Konstantin seine Mutter, mit kaiserlichen Vollmachten ausgestattet, auf eine Reise durch Palästina geschickt. Nach allem, was vom Wirken der inzwischen Achtzigjährigen in diesen zwei Jahren, den letzten vor ihrem Tod, zu erfahren ist, war Helena eine Frau von beeindruckendem Format.

Gestützt auf Nachrichten aus sehr verschiedenen Quellen wird im Folgenden versucht, auch frühere Abschnitte ihres Lebensweges nachzuzeichnen. Unseren Lesern wird also einiges zugemutet, zumal von finsteren Machtkämpfen zu berichten ist, bei denen Kaiser für ihre Töchter politische Ehen arrangierten und Ehefrauen von der Bühne abtreten mussten, wenn ein Herrscher sie nicht mehr brauchte. Hätte Helena nicht schließlich noch das Glück gehabt, von ihrem Sohn als seine Mutter anerkannt zu werden, wäre sie nicht die hoch verehrte Heilige geworden.

Helenas Herkunft wird verschwiegen

Einige Daten zur Geburt des Kaisers Konstantin mussten die römischen Geschichtsschreiber selbstverständlich festhalten. In Naissos in der römischen Provinz Illyrien (heute Nisch in Serbien) gebar Helena im Jahr 275 dem römischen Offizier Constantius Chlorus einen Sohn. Constantius nannte ihn Konstantin; durch seinen Sohn sollte sein eigener Name lebendig bleiben. Constantius stammte aus dem Bauernland Illyrien; er war einer der vielen, die sich vom Dienst im römischen Heer ein besseres Leben versprachen.

Gerüchte über die bescheidene Herkunft des großen Kaisers waren noch lange nach dessen Tod im Umlauf. Eutrop, ein Geschichtsschreiber, der den Wegbereiter des Christentums überhaupt nicht schätzte, greift sie auf, weiß aber nicht mehr, als dass Konstantin einer *obskuren Ehe* entstamme. Pure Verleumdung war das nicht. Wenige Jahre später pries Ambrosius, der Bischof von Mailand, in einer Predigt Helena als *die gute Stallmagd (stabularia)*, die *aus dem Mist zur Herrschaft (de stercore ad regnum)* gelangt sei. Das sind gewagte Worte; Ambrosius aber erinnert gleich im nächsten Satz an den Herrscher, der als Kind in einer Krippe lag.

Der Politiker Konstantin musste die niedrige Herkunft seiner Mutter verdecken, wenn er sich Respekt verschaffen wollte. Doch so viel darf man aus den nüchternen Daten zur Geburt Konstantins, aus der verächtlichen Bemerkung des Heiden Eutrop und aus den rühmenden Worten des Bischofs wohl erschließen: Der Tribun Constantius Chlorus mag Helena kennen gelernt haben, als er mit seiner Truppe in einem Wirtshaus rastete, in dem sie als Stallmagd die Pferde der Söldner zu versorgen hatte.

Töchter und Ehefrauen, Spielsteine in den Händen der Mächtigen

Die römische Welt war damals von heftigen Krisen erschüttert. Im Westen waren Germanen, im Osten Perser in das Reich eingedrungen, im Inneren drohten Spaltungen. Als Diokletian im Jahr 284 zur Herrschaft kam, machte er das riesige Reich durch eine neue Aufteilung der Macht wieder regierbar. Er selber blieb nur für den Osten des Reiches der „Allerhöchste“ (lateinisch: *Augustus*); für den Westen setzte er einen anderen *Augustus* ein, Maximian. Um die Nachfolge zu sichern, sollte jedem „Augustus“ ein „Caesar“ zur Seite stehen und sich als künftiger Augustus qualifizieren.

Im Jahr 293 hatte Diokletian endlich zwei tüchtige Caesaren gefunden; für sich selber einen Staatsbeamten namens Galerius, für Maximian den Offizier Constantius Chlorus, Helenas Mann. Jeder Caesar sollte seinen Augustus ehren wie einen Vater. Darum gab Diokletian dem Galerius seine Tochter zur Frau, und Constantius Chlorus musste sich von Helena trennen und Theodora ehelichen, die Tochter Maximians. Dreizehn Jahre lang, bis zu seinem Tod, war Constantius mit Theodora verheiratet; sie hat ihm in dieser Zeit sechs Kinder geboren. Theodora wird Christin gewesen sein, denn sie trug einen Namen, den Christen schätzten: *Gottesgeschenk*.

Wo und wie Helena nach der Trennung von Constantius lebte, hat niemanden interessiert. Anders erging es Konstantin. Diokletian wollte sicherstellen, dass Constantius sich auch von seinem Sohn Konstantin trennte. Er holte den Achtzehnjährigen an seinen Kaiserhof in Nikomedia (bei Byzanz) und hielt ihn dort fest; dessen Vater Constantius entsandte er ins ferne Britannien.

Helena war fast zwei Jahrzehnte lang mit Constantius Chlorus verbunden gewesen. Wahrscheinlich hatte sie ihn in dieser Zeit zusammen mit ihrem heranwachsenden Sohn überallhin begleitet, wo man Constantius als tüchtigen Heerführer brauchte. Jedenfalls hatte Konstantin gelernt, sich in der Weite des Reiches zurechtzufinden. Das zeigte sich, als Diokletian abdankte, weil er meinte, die beiden „Caesaren“, also auch Konstantins Vater, seien nun genügend vorbereitet, die beiden Reichsteile zu regieren. Konstantin floh aus Nikomedia und machte sich auf den Weg zu seinem Vater nach Britannien. Als er dort eintraf, lag Constantius im Sterben. Theodoras ältester Sohn war zehn Jahre alt; sollten die Soldaten sich einem Kind unterordnen? Die Truppe erhob Konstantin zum Nachfolger seines Vaters.

Damit verschwanden Theodora und ihre Kinder aus der Öffentlichkeit. Aber auch Helena blieb weiterhin verborgen. Ihr inzwischen 31 Jahre alter Sohn hatte selber schon einen Sohn, Crispus mit Namen; doch von dessen Mutter löste Konstantin sich so gründlich, dass nicht einmal ihr Name überliefert ist. Konstantin wollte für eine Ehe frei sein, von der er sich viel versprach. Maximian, der nicht vorhatte abzudanken, wie Diokletian es getan hatte, bot Konstantin seine Tochter Fausta zur Frau, wenn dieser ihm dafür die Herrschaft in Italien lasse.

Zwanzig Jahre lang war Fausta Konstantins Ehefrau. Ihr Vater beging im Streit mit Konstantin Selbstmord; Faustas Bruder Maxentius ertrank im Tiber während einer Schlacht, bei der Konstantins Krieger auf ihren Schilden das Zeichen für Christus trugen. Fausta blieb dennoch an Konstantins Seite, gewiss um ihrer Söhne willen, denn deren Namen Constantin, Constans und Constantius zeigten, dass der Vater ihnen eine große Zukunft zugedacht hatte. Konstantin sprach von ihnen als seinen „Caesaren".

Durch den im Zeichen Christi errungenen Sieg wurde Konstantin zum Alleinherrscher im Westen. Von nun an sorgte er dafür, dass christliche Gemeinden sich in seinem Reich ungehindert entfalten durften. Zudem hielt er es für angebracht, seine Mutter Helena zu sich zu holen. Im Jahr 293 hatte Constantius sich von Helena getrennt, um der Caesar des Westens zu werden; zwanzig Jahre später richtete Konstantin ihr einen Palast in Rom ein, damit man wisse, dass an der Spitze seines Reiches eine wohlgeordnete Dynastie stehe. Erhalten hat sich eine Inschrift aus Neapel: *Helena, Mutter Konstantins, Großmutter der Caesaren.*

Helena wird Christin – und ihr Sohn?

Hauptquelle der Geschichte dieser Zeit ist das umfangreiche Werk des Bischofs Eusebius. Dieser schreibt, der Kaiser habe seine

Mutter *gottesfürchtig gemacht*. Falsch ist das nicht; Helena wird Christin geworden sein, weil das zu Konstantins Politik passte. Doch gewiss hat nicht ihr Sohn sie darüber belehrt, was es heißt, an Christus zu glauben. Bewerber wurden als Katechumenen in den Glauben eingeführt, bevor sie die Taufe empfangen durften. Konstantin hat sich einer solchen Belehrung nie unterzogen; erst auf dem Sterbelager wollte er getauft werden. Auch als Sympathisant des Christengottes blieb er der Kaiser, der aus eigener Machtvollkommenheit handelte.

Helena aber hat aus ihrem christlichen Glauben gelebt. Das zeigt der kleine Ausschnitt im Bericht vom Leben Konstantins, in dem Eusebius von ihrer Reise durch Palästina erzählt. Um diese wenigen konkreten Nachrichten aus dem Leben Helenas so gut wie möglich in den Blick zu bekommen, sei zuvor mit einigen Strichen die Politik ihres Sohnes skizziert, in deren Rahmen sie handelte.

Konstantin war ein ebenso freigebiger Bauherr wie die Kaiser vor ihm; doch er errichtete keine Tempel, sondern Basiliken (Hallen) für christliche Gottesdienste. War nicht das Christussymbol auf den Schilden seiner Söldner zum Zeichen seines Sieges geworden? Zudem sah Konstantin, dass durch die von Bischöfen geleiteten christlichen Gemeinden Ruhe und Ordnung in römische Städte einkehrte. Für die meisten seiner Untertanen blieb das Alltagsleben freilich finster und hart. Die Aussetzung oder der Verkauf unerwünschter Kinder war für viele noch der leichteste Ausweg, die Größe der Familie ihren Verdienstmöglichkeiten anzupassen. Konstantin sicherte den Kinderhandel gesetzlich ab, damit Eltern nach einer Besserung ihrer wirtschaftlichen Verhältnisse versklavte Kinder leichter zurückkaufen könnten. Die Verurteilung zum Gladiatorenkampf hätte er gern durch die nützlichere zur Zwangsarbeit im Bergwerk ersetzt, doch er kam damit nicht durch; in Amphitheatern ergötzten Schaulustige sich nach wie vor an Hinrichtungen durch wilde Tiere.

Auch der Kampf um die Macht ging weiter wie bisher. Gegen seinen letzten Konkurrenten Licinius, den Herrscher des Ostens, bediente sich Konstantin seiner Stiefschwester, die einen Namen trug, der ihm gut passte. Theodora, die zweite Frau seines Vaters Constantius, hatte eine Tochter Constantia. Nach dem im Zeichen Christi errungenen Sieg gab Konstantin diese Constantia dem Kaiser des Ostens zur Frau, zum Zeichen, dass er sich mit ihm wie mit einem Schwager vertragen werde. Elf Jahre später hatte er Licinius unterworfen; Constantia konnte die Hinrichtung ihres Mannes und ihres Sohnes nicht verhindern. Konstantin aber feierte sich als Alleinherrscher, indem er Byzanz in Konstantinopel umbenannte und Goldmedaillen mit Bildnissen der *Helena Augusta* und der *Fausta Augusta* prägen ließ.

Ein Jahr später rief er die Bischöfe seines Reiches im Kaiserpalast von Nizäa zusammen, wo sie – viele waren noch von Folterungen aus den Jahren der Christenverfolgung gezeichnet – unter seinem Vorsitz entschieden, dass Christus nach der *katholischen* (für den ganzen Erdkreis bestimmten) Lehre der wahre Sohn Gottes ist.

Konstantin war auf dem Höhepunkt seiner Macht; in Rom wollte er das zwanzigjährige Jubiläum seiner Regierung feiern. Eine Tragödie vereitelte das Fest. Konstantins Sohn Crispus hatte sich an der Rheinfront bewährt; zum Jubiläum zog er mit großem Geleit nach Italien. Noch vor der Ankunft ließ Konstantin ihn verhaften. Crispus starb an Gift; wenig später erstickte Fausta in einem überhitzten Bad. Was den Kaiser zu diesen Morden getrieben hatte, ist nur zu erraten; ernst zu nehmende Stimmen der damaligen Zeit haben sich – aus Vorsicht? – nicht dazu geäußert.

Helena hat dies alles aus der Nähe miterlebt. Noch im selben Jahr 326 ist sie ins Heilige Land aufgebrochen. Eusebius, der Bischof von Caesarea, muss Helena dort begegnet sein; ihr Wirken auf dieser Reise hat er aufs höchste gerühmt. Die nur kurze Zeit zurückliegenden furchtbaren Ereignisse können auch ihm nicht unbekannt gewesen sein, doch er erwähnt sie mit keinem Wort. Wohl aber berichtet er, Konstantin habe seine Mutter frei über die kaiserliche Kasse verfügen lassen. Wieder bleiben Fragen offen. Was hat den Kaiser bewogen, seine achtzig Jahre alte Mutter auszusenden? Warum hat Helena die Strapazen der Reise auf sich genommen?

Helena Augusta, die höchste Kaiserin, im Dienst der Armen

Helena, so heißt es bei Eusebius, bewies dem *ganzen Osten die Großzügigkeit kaiserlicher Macht.* Völker und Städte habe sie beschenkt; die Truppen habe sie besucht, um ihnen Extrasold auszuzahlen. Menschen, die sie um Hilfe anflehten, fanden bei ihr Gehör. Sie verstand es, auf friedliche Weise und zugleich mit der Autorität einer *Augusta* Sympathie für Konstantin in Gebieten zu wecken, in denen kurz zuvor noch Licinius geherrscht hatte. Gänzlich aus dem Rahmen fiel, was Eusebius noch im selben Satz schreibt: *Sehr vieles verteilte sie an die nackten und unbeschützten Armen.* Wenn Kaiser freigebig waren, verfolgten sie politische Ziele; ordentliche Gemeinschaften, tüchtige Untertanen sollten dem Herrscher gewogen sein. Konstantin hat den Klerus gefördert und Streitigkeiten der Bischöfe geschlichtet, weil er sah, wie diszipliniert Christen waren. Auf solche Leute wollte er sich stützen. Helena dagegen verschaffte Armen, hinter denen keine Lobby stand, was sie brauchten, um wenigstens *ihren Körper zu bedecken.*

Nachdem ihr Mann Constantius sie abgeschoben hatte und in der Zeit, in der ihr Sohn sie noch nicht brauchen konnte, hatte Helena selber zu den Unbeschützten gehört. Oft wollen Menschen, die aus verachteter Tiefe aufgestiegen sind, von denen, die sie hinter sich gelassen haben, nichts mehr wissen. Dunkler Herkunft war z. B. Diokletian gewesen und mit ihm alle, die durch ihn an die Macht gekommen waren; sie alle hatten bedenkenlos Menschen eingesetzt und fallen gelassen, wenn es ihnen Nutzen brachte. An seiner alten Mutter konnte Konstantin sehen, dass echte kaiserliche Größe sich im Einsatz zugunsten der Schwachen bewährt.

Fest verankert im christlichen Gedächtnis ist die Szene, in der Sankt Martin seinen Soldatenmantel mit einem Armen teilt. Helena hat Kleidung für die Nackten aus der kaiserlichen Kasse bezahlt. Sogar in Gerichtsentscheide hat sie eingegriffen: Ungerecht Verurteilten hat sie zu ihrem Recht verholfen, Verbannten die Rückkehr in die Heimat ermöglicht, Zwangsarbeiter in Bergwerken aus Fesseln *erlöst*. Man darf dem, was Eusebius schreibt, umso mehr glauben, als er wissen musste, dass Helenas Wirken nicht in allem der Politik ihres Sohne entsprach. Zum Ruhme Konstantins muss man immerhin festhalten, dass er seine Mutter gewähren ließ. Über Autorität verfügte Helena Augusta offenbar auch bei ihrem Sohn.

Der Kaiser bewies den Christen seine Freundschaft als Mäzen; er hat angesehenen Bischöfen Dienstreisen, Synoden und das große Konzil von Nizäa finanziert. Helena förderte das Regierungsprogramm ihres Sohnes, indem sie sich *in der Kirche Gottes sehen ließ*. Auch wenn zu einer christlichen Gemeinde nur Menschen niedrigen Standes gehörten, nahm sie am Gottesdienst teil, *würdig und bescheiden gekleidet*.

Bauherrin an heiligen Stätten

Wir wollen uns niederwerfen an dem Platz, wo seine Füße gestanden haben. Dieser Spruch muss bei christlichen Wallfahrern verbreitet gewesen sein; Eusebius zitiert ihn als ein prophetisches Wort, das durch Helena wahr geworden sei. Sie war die erste, die an Stätten, von denen die Evangelien erzählen, große, weithin sichtbare Heiligtümer errichten ließ. Die zwei Orte, an denen sie das tat, hat sie gewiss nicht zufällig gewählt, die Grotte der Geburt Jesu in Bethlehem und den Gipfel des Ölbergs als den Ort seiner Himmelfahrt. Auf kaiserliche Weise hat sie damit sichtbare Zeichen für den im Konzil von Nizäa formulierten Glauben gesetzt: Im Stall von Bethlehem wurde Gottes Sohn als Mensch geboren; nachdem er sein Werk auf Erden vollbracht hat, ist er vom Ölberg aus wieder zum Vater aufgestiegen.

Bald nach der Palästinareise ist Helena gestorben. Eusebius schreibt, ihr großer Sohn habe dabei *ihre Hände berührt.* Beigesetzt hat Konstantin seine Mutter in Rom, in einem nah bei ihrem Palast erbauten Mausoleum und in einem Sarkophag, den er wahrscheinlich für sich selbst hatte anfertigen lassen, schmücken ihn doch lauter männliche Gestalten. Konstantin ließ sich durch seine tote Mutter in Rom vertreten; er selber hat die alte Hauptstadt seines Reiches nach der Tragödie um Crispus und Fausta kaum noch besucht.

Die Auffindung des wahren Kreuzes

Konstantin hat, wie Eusebius schreibt, *die Erinnerung an seine Mutter verewigt,* indem er die beiden großen Heiligtümer, die Helena im Heiligen Land erbaut hatte, wenig später selber besuchte und kostbar schmückte. An einem dritten Ort, über dem Grab Christi, dem Ort der Auferstehung, hat er eine weitere, noch prächtigere Kirche errichtet. Zuvor hatte er, so berichtet Eusebius außerdem, um *die heilige Grotte* zu finden, umfangreiche Ausgrabungen ausführen lassen. Nichts deutet in diesem Bericht darauf hin, dass dabei das Kreuz Jesu entdeckt worden wäre.

Ein merkwürdiger Hinweis findet sich jedoch in dem Brief, mit dem Konstantin den Bischof von Jerusalem angewiesen hat, die Grabeskirche zu bauen. *Aufgeglänzt* sei, so ist darin zu lesen, *das lange verborgene Erkennungszeichen des heiligsten Leidens.* Hatte er das Kreuz Jesu gefunden – oder ein Kreuz, das man dafür hielt? Hinweise darauf gibt es, sichere Beweise fehlen.

Das älteste Dokument, das von Helena als der Finderin des wahren Kreuzes spricht, ist jene Predigt, in der Ambrosius die Mutter des Kaisers als *gute Stallmagd* rühmt. Es war eine Predigt zu Ehren des soeben verstorbenen Kaisers Theodosius; Ambrosius hat sie gut 60 Jahre nach Konstantins Tod gehalten. Zur Zeit Konstantins konnten Sklaven noch zum Tod am Kreuz verurteilt werden; erst Theodosius hat diese Strafe abgeschafft.

Schon darum möchte man Ambrosius recht geben, wenn er – ganz gleich, wie Historiker den Fall beurteilen – in dieser Predigt nicht Konstantin, sondern dessen Mutter als die Finderin des Kreuzes ehrt.

Egeria (4. Jahrhundert)

Getrieben von der Sehnsucht zu heiligen Stätten

Rätselhaft bleibt, wer die Frau war, die als „Nonne Egeria“ bekannt geworden ist, steht doch nicht einmal fest, wie sie tatsächlich hieß. Die Unsicherheit über ihren Namen, ihre Herkunft, über Absicht und Dauer der Reise erklärt sich damit, dass Anfang und Ende ihres Berichts verloren sind. Aus den erhaltenen, aussagekräftigen Teilen lässt sich erschließen, dass sie gegen Ende des 4. Jahrhunderts in Palästina, Ägypten und Mesopotamien unterwegs gewesen ist. In den Kreis bemerkenswerter Frauen, die dieses Buch versammelt, gehört sie als die erste Frau, von der man weiß, dass sie eine Pilgerreise an biblische Stätten gewagt hat.

Die Autorin

Egeria kam aus dem lateinischsprachigen Teil des Römischen Reiches, wahrscheinlich aus Südfrankreich. Sie gibt sich als Angehörige einer Gemeinschaft religiöser Frauen zu erkennen, die sie in ihren Aufzeichnungen als ihre *Schwestern* anspricht. Sie war wohl Nonne, doch wohl kaum Äbtissin; hätte sie dann ihren Konvent jahrelang allein lassen können?

Nach allem, was Egeria von ihren Reisen erzählt, war sie hochgradig belastbar und ausdauernd. Sie gehörte gewiss zur Oberschicht und besaß einiges Vermögen. Über eigene Aufwendungen verliert sie kein Wort; voll des Lobes ist sie für Mönche, deren Gastfreundschaft – *Menschlichkeit, humanitas* – sie oft in Anspruch genommen hat. Bischöfe und Äbte haben sie als eine Person von Rang empfangen; oft haben ihre Gastgeber sie mit Eulogien beschenkt, das heißt mit „Segensgaben“ aus ihrem Land. Genauso wertvoll war ihr als Abschiedsgeschenk der bischöfliche

Segen. Gelegentlich haben Mönche die Unermüdliche sogar noch eine Strecke weit geleitet. Ganz sicher sind Egeria und ihr Gefolge nicht immer nur Nehmende gewesen. Sie wird sich erkenntlich gezeigt haben mit Zuwendungen, die – um es nüchtern zu sagen – Geld kosteten.

Reisen ohne Sorgen

Die Länder, die Egeria als vielleicht Dreißig- bis Vierzigjährige aufsuchte, waren befriedet. Gegen Räuber, mit denen da und dort zu rechnen war, erbat sie Geleit, das sie sicher angemessen vergütet hat. Unter Offizieren und Mannschaften herrsche, so hebt sie hervor, *römische Disziplin*.

Egeria wollte biblische Stätten sehen, aber auch die Gräber von Märtyrern, die für Christus ihr Leben hingegeben hatten, und Bekennern, die um ihres Glaubens willen geächtet und gefoltert worden waren. Auch frühe Stätten des christlichen Mönchtums hat Egeria aufgesucht. Doch von „Vätern" des Mönchtums wie Pachomius († 347) und Antonius († 356?) ist in ihrem Bericht keine Rede; offenbar war es ihr schon selbstverständlich, dass es Einsiedeleien und Klöster gab. Den Frieden in den Klöstern wusste sie zu schätzen; man fragt sich allerdings, ob sie sich klargemacht hat, dass sie es war, die mit ihrem Tross diesen Frieden störte.

Darum sei eingeblendet, was von einem Einsiedler überliefert ist, den Egeria kaum kennen gelernt hat. In die Einöde, wo der berühmte Arsenius († um 445) hauste, kam eines Tages eine reiche und gottesfürchtige Dame. Zornig fuhr Arsenius sie an: *Weißt du nicht, dass du eine Frau bist und dich nicht herumtreiben darfst?* Gewiss habe sie nichts anderes im Sinn, als in Rom vor Standesgenossinnen damit zu prahlen, ihn gesehen zu haben; als habe *das Meer nichts anderes zu tun, als Weiber zu mir her zu befördern!* Die Dame wiegelte ab: Wenn sie wieder in Rom sei, werde sie dafür sorgen, dass niemand mehr herkomme. Ein einziges Anliegen habe sie hergeführt: *Bete für mich und gedenke ständig meiner!*

Arsenius antwortete: *Ich werde zu Gott beten, dass die Erinnerung an dich aus meinem Sinn getilgt werde.*

Gebildet – doch nur einseitig interessiert

Egeria hat ihren Bericht in dem einfachen Latein verfasst, das in der Spätantike weithin üblich war. In den von ihr bereisten Provinzen des Reiches sprach man Griechisch oder Aramäisch, doch offensichtlich hatte sie keine Schwierigkeiten, sich mit Amts- und Würdenträgern zu verständigen. Gut kennt sie die Heilige Schrift, die ihr auch Reiseführer ist. Unterwegs hat sie biblische Texte, die von dem Ort erzählen, den sie gerade besucht, stets griffbereit. In ihre Reisebeschreibung hat sie diese Szenen eingefügt. Ihre „Schwestern" sollten sich lebhaft vorstellen können, wie es war, als die Israeliten und Mose sich an all jenen Stätten aufhielten, die sie nun mit eigenen Augen gesehen hatte. Auch Auskünfte von Mönchen und Bischöfen aus der Nachbarschaft der heiligen Orte holt Egeria dazu ein. Gelegentlich gibt sie das Gehörte allerdings so trocken wieder, als hätten ihre Führer sie nicht recht überzeugt: *Sie zeigten uns auch den Ort, wo jenes Kalb gemacht worden ist.* Oder ist ihr die Stelle, an der man das Goldene Kalb hergestellt hat, zu verächtlich, um mehr davon zu sagen?

Egeria berauscht sich an großartigen Landschaften, an eindrucksvollen Tälern und Höhen. Kein Berg schreckt sie ab. Ein Höhepunkt ihrer Reise ist der Sinai; wenn Gott sich dort gezeigt hat, will auch sie da stehen. Sie will sehen, wie der Jordan dahinfließt, wie die großen Ströme durch das Land ziehen. Den ungestüm brausenden Euphrat vergleicht sie mit der Rhône. Offensichtlich hat sie ihr Buch für Schwestern aus Gallien geschrieben und stammte selber von dort.

Die Reise führt durch Trockengebiete, oft durch Wüsten; umso stärker lernt Egeria zu schätzen, welches Geschenk das Wasser ist. Das Trinkwasser eines Ortes rühmt sie als schön, klar und überaus schmackhaft. Sie hat gehört, dass man das Wasser einer Quelle, die sie gesehen hat, am Osterfest zur Taufe nutzt. Empfänglich ist sie für Wunder, die Wasser wirken kann: Aus wüstem Land sind Äcker und Obstgärten entstanden; Menschen haben die Ufer des Jordan in ein liebliches Tal verwandelt. In Ägypten bewundert sie Wein-, Balsam- und Obstgärten am Ufer von Kanälen, die der Nil speist; *ein schöneres Land* habe sie *wohl nirgends gesehen.* Sie erwähnt den Sykomore-Baum *(arbor sicomori)*, dessen Zweige bei manchen Leiden helfen. In Mesopotamien sind ihr exotische Fische aufgefallen, andernorts von Nomaden errichtete Wegweiser.

Keinen Blick hatte Egeria, soweit das aus ihrem Bericht zu schließen ist, für all die Jungen und Alten, für die Freien und Sklaven, ohne deren Dienste sie nicht so bequem hätte reisen können. Auch das Verkehrswesen – ausgebaute Straßen, ihre Reittiere Esel und Kamel, ferner Flussfähren und Seeschiffe – sind ihr nur wenige Silben wert. Doch hervorgehoben seien zwei außergewöhnliche Fähigkeiten dieser Frau: Anhand moderner Karten hat man festgestellt, dass Egeria Entfernungen zutreffend geschätzt hat. Und ihre Aufzeichnungen zu liturgischen Feiern zeigen, dass sie es verstanden hat, vielschichtige Sachverhalte zu durchschauen, sich einzuprägen und angemessen in Worte zu fassen.

Eine Reise, aber viele Motive

Wiederholt gibt Egeria sich überzeugt, dass Christus ihr die Reise befohlen habe; sie weiß, dass Gebete der Heiligen sie begleiten. Sie äußert sich jedoch nicht dazu, wann und wie sie den Befehl erhalten hat, noch, wer die Heiligen sind, die ihr Beistand versprochen haben. Offen gesteht sie aber auch ein, dass Neugier sie angetrieben hat und die Sehnsucht oder vielmehr das Verlangen *(desiderium)*, heilige Orte zu besuchen und mit heiligen Männern zu sprechen. Die Motive können miteinander verschmelzen. So schreibt sie: Es habe sie *auf den Befehl Gottes hin der Wille erfasst*, nach Arabien zu gehen zu dem Berg, den Mose *auf den Befehl Gottes hin* bestiegen hatte. Sie kann oder will ihr Verlangen nicht genauer in Worte fassen, doch sie bleibt unersättlich – auch weit entfernte Orte, durch die einst die Söhne Israels gezogen sind, will sie *vollständig kennen lernen.*

Selten spricht sie von ihrer persönlichen Frömmigkeit, am ehesten noch davon, wie zufrieden sie ist, dass Gott das gefährliche Unternehmen gelingen lasse. Einmal dankt sie Gott, *der uns, ohne dass wir es verdienten, alles, was wir wünschten, zu zeigen geruhte*; nüchtern fährt sie fort: *Dann begannen wir, wie an allen Tagen, unseren Weitermarsch.* Was sie durch ihre Reisen gewonnen hat, erfährt man nicht; es bleibt offen, ob sie sich durch Gebete an heiligen Stätten und Besuche bei heiligen Männern innerlich verändert hat.

Tausende von Kilometern

Von Konstantinopel aus, das sie vielleicht auf dem Landweg erreicht hatte, zog Egeria zuerst nach Jerusalem. Ohne Vorbehalte verwendet sie auch die „heidnische" Namensform *Helia*, die Kurzform für Colonia *Aelia* Capitolina, den Namen, den der Kaiser Publius *Aelius* Hadrianus zum tiefen Schmerz der Juden der heiligen Stadt gegeben hatte. Von dort führte die Reise weiter nach Ägypten, bis in die Thebais (vom Nildelta mindestens 500 Kilometer entfernt). Erst später, auf einer zweiten Ägyptenreise, hat sie den Sinai und das östliche Nildelta erkundet. Von Ägypten zurückgekehrt, hielt sie sich eine Zeit lang in Jerusalem auf und reiste dann durch den Jordangraben nach Osten.

Syrien hat sie auf einer späteren Reise aufgesucht. Als sie in Antiochia schon an die Heimkehr dachte, ist sie, wie sie schreibt, auf Gottes Befehl hin noch einmal nach Osten aufgebrochen. In Mesopotamien will sie heilige Mönche sehen, die dort in großer Zahl *ein so ausgezeichnetes Leben führen sollen, dass man es kaum in Worte fassen könne.* Zudem will sie am Grab des Thomas beten und Genaueres zu einem Brief in Erfahrung bringen, mit dem *unser Gott Jesus* nach seiner Himmelfahrt diesen Apostel beglaubigt habe. Dieser „Abstecher" nach Edessa lief auf 700 bis 800 Wegkilometer zusätzlich hinaus. Über Tarsus, Seleukia,

Chalkedon ist Egeria dann – zum Teil auf dem für sie unüblichen Wasserweg – nach Konstantinopel gereist, wo sie ihren Bericht redigiert hat. Am Ende ist offen, ob sie von dort heimkehren wollte oder vielleicht noch plante, Ephesus und andere heilige Stätten aufzusuchen.

Gut ausgebaute Römerstraßen erlaubten Wohlhabenden, rasch und relativ bequem voranzukommen. Egerias Vorliebe für bedeutsame Orte aus biblischer und frühkirchlicher Zeit, die abseits der breiten Wege lagen, nötigte sie dazu, weite Strecken auf einem Reittier zurückzulegen. Im Gebirge und in unwegsamen Landstrichen hat sie auch den Fußmarsch nicht gescheut. Doch sie schreibt, sie habe die Mühe gar nicht gefühlt, *weil ich die Sehnsucht, die ich durch den Befehl Gottes spürte, erfüllt sah.*

Egeria hatte es nicht nötig, sich ihrer Leistungskraft zu rühmen. Doch man ahnt, was sie ihren Begleitern zugemutet hat: Tag für Tag waren sie unterwegs, auch bei Trockenheit und Hitze. Gerastet wurde des Nachts. Selten gönnte sie sich und ihrem Gefolge zwei oder drei Tage Pause; einmal war nach einem Marsch durch Wüstensand etwas mehr Erholung nötig, ein andermal musste man zuerst Wasser fassen. Egeria meint, dabei sei kostbare Zeit verloren gegangen. Ungehalten klingt es, wenn sie festhält, die Überquerung des Euphrat auf großen Schiffen habe *etwas mehr als einen halben Tag gekostet.* In Antiochia musste sie gar eine Woche lang Halt machen, um die Weiterreise vorzubereiten.

Hatte die Gesellschaft einen nach Auskunft von Landeskundigen geheiligten Ort erreicht, machte man sich sofort auf zu den dort verehrten ehrwürdigen Stätten und feierte Gottesdienst. Einer der Pilger las den biblischen Text vor, der von dem heiligen Geschehen an diesem Ort erzählte; dann wurde ein passender Psalm gesungen und abschließend ein Gebet gesprochen. An manchem dieser Orte stand schon eine Kirche. War ein Priester im Gefolge, wurde die Eucharistie gefeiert, und die Reisenden empfingen die Kommunion. Mit dem Herzen sah Egeria oft mehr, als die Augen wahrnahmen; so war der Berg der Gotteserscheinung am Sinai für sie auf jeden Fall der höchste aller Berge ringsum.

Begleiter und Gesprächspartner

Wenigstens eine Vertraute wird Egeria während der Reise ständig in ihrer Nähe gehabt haben, eher waren mehrere Frauen bei ihr. Dazu kamen Köche, Träger und Wärter für die Reit- und Tragtiere. In ihrem Bericht ist von solcher Begleitung allerdings nicht die Rede. Umso häufiger begegnen uns Personen geistlichen Standes, die sie als *sehr heilig, sehr gastfreundlich* charakterisiert. Bischöfe und Priester, Äbte, Mönche und Einsiedler stellten sich zur Verfügung, um den Reisenden die heiligen Stätten zu erläutern und sie auf lokale Bräuche aufmerksam zu machen. So heißt es einmal, in der Nähe des Sinai hätten die *heiligen Führer* darauf verwiesen, dass *hier alle des Weges Kommenden ein Gebet* sprechen, *weil von hier aus erstmals der Berg Gottes gesehen wird – so wie auch wir es taten.* Bis heute ist es Pilgerbrauch, an der Stelle innezuhalten, wo das Ziel einer Wallfahrt in den Blick kommt.

Auch in Edessa nahm der Bischof, *ein wahrhaft religiöser Mann, Mönch und Bekenner,* die unternehmungslustige Frau gastfreundlich auf. *Weil ich sehe, dass du, Tochter, um der Religion willen so große Mühe auf dich genommen hast, dass du von den entlegensten Orten hierher kamst, deshalb wollen wir dir, wenn du willst, alle Orte, die den Christen zu sehen willkommen sind, zeigen!* Einmal kam ein Bischof ihr sogar ein gutes Stück Weges entgegen; vielleicht hatte er von ihren Quartiermachern gehört, wer da im Kommen war.

Egeria war nicht die Einzige, die zu heiligen Stätten eilte. Wiederholt begegneten ihr pilgernde Mönche, die betend des Weges zogen. Im Gespräch mit ihnen erfuhr sie Einzelheiten, die auch in ihr die Sehnsucht weckten, die mühevolle Reise dorthin zu machen, *sofern man überhaupt von Mühe sprechen kann, wenn der Mensch seine Sehnsucht erfüllt sieht.* Egeria weiß sich also in ehrenwerter Gesellschaft. Gelegentlich klingt es, als sorge sie sich um den Ruf der Mönche – und um ihre eigene Reputation. Sie schreibt, ihre Schwestern sollten nicht meinen, *unter Mönchen habe es je andere Gespräche gegeben als über die Schriften Gottes oder die Taten früherer Mönche.*

Frauen sind Egeria offensichtlich nur selten begegnet. Eine *heilige Diakonin*, die sie in Jerusalem kennengelernt hatte, begegnete ihr wieder in Seleukia (Kleinasien). Sie preist diese Marthana als eine *ihrer besten Freundinnen.* Zweimal spricht sie von Einsiedlerinnen; einmal erwähnt sie, dass sie Gemeinschaften von Männern und Frauen *(monasteria ... virorum ac mulierum)* gesehen habe; leider bringt sie dazu keinerlei Einzelheiten. Das weitgehende Ignorieren der weiblichen Hälfte des Menschengeschlechts ist umso verwunderlicher, als Egeria sich mit ihrem Bericht an Frauen wendet.

Der Bericht

Manchmal schickt Egeria ihrer Gemeinschaft im fernen Europa auch einen Brief. Vor dem Absenden ließ sie wohl Abschriften anfertigen, auf die sie sich stützen konnte, als sie später in Konstantinopel einen zusammenfassenden Bericht verfasste. Denn mehrfach schreibt sie in der zweiten Person, wie man es in Briefen tut. *Das aber will ich euch, ehrwürdige Frauen, meine Schwestern, wissen lassen ...* Am liebsten möchte sie ja alles Erlebte persönlich berichten. Sie bittet die *Herrinnen* ihrer Gemeinschaft *(dominae)*, ihrer zu gedenken, auch dann, wenn sie nicht mehr unter den Lebenden weile. Es bleibt offen, ob Egeria – wie nicht wenige spätere Pilger – sich am Ort der Auferstehung Christi niederlassen und von dort aus in das ewige Leben eingehen wollte.

In einem zweiten umfangreichen Teil ihrer Schrift geht Egeria ausführlich auf die in Jerusalem gefeierte Liturgie ein. Sie berichtet über Sonn- und Wochentage sowie über die großen Feste des Kirchenjahres: die Geburt Jesu, die Darstellung des Herrn, die Fastenzeit, die Karwoche und Ostern. Sie erzählt von Prozessionen, die zu heiligen Stätten führen oder von ihnen ausgehen; am

Geburtsfest Jesu in Betlehem, am Palmsonntag am Ölberg, in der Vigil des Gründonnerstags im Garten Getsemani. Hochgestellte Geistliche haben nach einer Pilgerfahrt ins Heilige Land Gottesdienste in ihrer Heimat mit solchen Riten angereichert. So ist die Kreuzverehrung am Karfreitag von Jerusalem aus in die allgemeine Liturgie der Kirche eingegangen. Egerias Bericht ist also auch eine der ältesten und wichtigsten erhaltenen Beschreibungen des frühchristlichen Gottesdienstes.

Unkonventionell und in die Zukunft weisend

Stellt man den Bericht dieser weitgereisten Frau mit ein wenig Kühnheit in größere Zusammenhänge, ergibt sich ein überraschender Befund: Nach eigener Aussage war Egeria ziemlich neugierig *(satis curiosa)*. Das rastlose Verlangen, stets noch mehr zu erleben, teilte sie mit Alexander dem Großen († 323 v. Chr.), der nach einem Wort seines Biographen Arrian ein ums andere Mal von dem *Verlangen gepackt* wurde, ferne Ziele zu erreichen. Alexander wollte Eroberungen machen, Egeria „nur" heilige Stätten kennen lernen. Dazu scheute sie weder Strapazen noch Aufwendungen. Ihren unermüdlichen Eifer hat sie gemeinsam mit Missionaren wie Paulus und Bonifatius, die im 1. bzw. 8. Jahrhundert in die Ferne gezogen sind, um Heiden für das Christentum zu gewinnen. Man könnte auch an Kaufleute und Entdecker wie Marco Polo und Kolumbus denken, die seit dem Spätmittelalter in unbekannte Welten vorgestoßen sind.

Egeria ist also in eine Männerdomäne eingetreten. Mehr noch: Sie hat eine religiöse Frauengemeinschaft verlassen und unbekümmert um gesellschaftliche Vorurteile eine mehrjährige Reise ans andere Ende des Römischen Weltreiches unternommen. Sie hat darüber einen Bericht verfasst, in dem sie selbstbewusst von sich und ihren Begleitern spricht. Es hat noch einige Zeit gedauert, bis andere Frauen Warnungen getrotzt und es Egeria nachgetan haben; so weit und so lange wie sie war kaum eine von ihnen unterwegs.

Radegunde (518 bis 587)

Waisenkind – Kriegsgefangene – Königin – Nonne

Adel verpflichtet; nach diesem Grundsatz hat Radegunde gelebt. Sie entstammte dem Königsgeschlecht der Thüringer. Im Jahr 531 wurde sie, ein zwölfjähriges Mädchen, als kostbare Kriegsbeute ins Frankenreich verschleppt. König Clothar ließ sie aufs Beste ausbilden, denn er hatte vor, sie später zur Frau zu nehmen, damit das Land, das er erobert hatte, ihm auch von Rechts wegen gehöre. Denn nach anerkannter Sitte hatte jeder Nachkomme eines Königs das Recht auf Anteil an der Herrschaft seiner Vorfahren. Oft ist blutiger Streit daraus erwachsen. Als Kind hatte Radegunde solchen Zwist miterlebt; im Kampf um die Herrschaft in Thüringen hatte ihr Onkel ihren Vater getötet. Das verwaiste Mädchen hatte zwei Jahre lang am Hof dieses Mannes gelebt; dort war sie in die Hände der Franken geraten.

Wie man es von einer Frau aus königlichem Blut erwartete, ist Radegunde überall, wohin es sie auch im Laufe ihres langen Lebens verschlug, als edle Herrin aufgetreten. Ihr Vorbild aber war Christus, der König, der am Kreuz gestorben ist. An ihrem Grab in Poitiers wird sie bis heute als die Heilige verehrt, der Europa eine kostbare Reliquie verdankt, ein Stück vom Kreuz Christi. Der Tag, an dem es aus Byzanz eintraf, war das Hochfest ihres Lebens.

Glaubwürdige Zeugen

Keine andere Frau jener Zeit kann man aus so persönlichen und genauen Berichten kennen lernen wie Radegunde. Drei Zeugen, die ihr, als sie bereits alt war, oft und nah begegnet sind, haben Schriften zu ihrem Leben verfasst. Einer von diesen Dreien ist Gregor, der Bischof von Tours. In seinem Buch zur „Glorie der

Bekenner“ erzählt er auch noch von Radegundes feierlichem Begräbnis. In dem Kloster, das sie in Poitiers gegründet hatte, lebten schon fast 200 Nonnen. Da diese ihre Klausur nicht verlassen durften, schauten sie von Mauern und Türmen aus zu, wie der Sarg ihrer „Mutter“ zur Kirche „Sankt Maria vor den Mauern“ geleitet wurde, die Radegunde als Grablege für ihre Schwesterngemeinschaft errichtet hatte.

Gregor hatte Radegunde besuchen wollen und konnte nur noch die Totenfeier zelebrieren. Er tat es an Stelle des wieder einmal abwesenden Ortsbischofs Maroveus. Einige Jahre zuvor hatte er diesen auch bei der größten Feier im Leben Radegundes vertreten; Maroveus hatte sich geweigert, der Kreuzesreliquie festlichen Empfang zu bereiten. Aus Gregors „Geschichte der Franken“ weiß man, wie hartnäckig Radegunde bei Mächtigen in Kirche und Welt für eine gerechte Ordnung eingetreten ist; Maroveus gehörte wohl zu denen, die sich mit der überlegenen Klugheit der königlichen Frau nicht abfinden konnten.

Die beiden anderen Zeugnisse sind Lebensberichte, die als „Legenden“ verfasst sind, das heißt, als lesenswerte (lateinisch: *legendae*) Erzählungen, aus denen zu lernen ist, wie das geht, mit dem Glauben leben. Frei erfunden sind sie nicht; beide Verfasser haben lange in Radegundes Nähe gelebt.

Venantius Fortunatus, ein junger, hoch gebildeter Kleriker, kam auf der Suche nach einer Aufgabe, die ihn faszinieren könne, nach Poitiers; Radegundes wegen wurde die Stadt ihm zur Heimat. Er hat ihr oft seine Dichtungen vorgelegt, und sie hat ihn festlich empfangen. Für seine bald nach Radegundes Tod verfasste Vita konnte er auf vieles zurückgreifen, was sie ihm erzählt hatte. Gut 20 Jahre später beauftragte die Äbtissin des „Klosters zum heiligen Kreuz“ eine Schwester, die mit Radegunde vertraut gewesen war, aufzuschreiben, was bei Fortunatus fehle. Fortunatus erzählt von einer charmanten und geistvollen Frau, die weltlichen Glanz verachtete; die Nonne Baudovinia berichtet von der *Herrin und Mutter* des Klosters.

Verlust aller Freunde aus ihrer Kindheit

Wie geht es einer Waise, die bei dem Onkel leben muss, der ihr den Vater getötet hat? Wie erlebt eine Zwölfjährige einen Krieg, der sie ihrer Heimat beraubt? In einem Gedicht hat Fortunatus dargestellt, wie sehr diese Erfahrungen Radegunde erschüttert haben. Sie hatte ihm einen schwierigen Auftrag gegeben; er sollte in ihrem Namen einen Brief an einen Freund aus ihren Kindertagen schreiben, den ersten Brief nach 40 Jahren des Schweigens.

Das Waisenkind Radegunde war am Hof in Thüringen einst mit dem Sohn ihres Onkels, Amalafred, in inniger Freundschaft verbunden gewesen. Als die Franken einbrachen, war Amalafreds Mutter mit ihrem Sohn rechtzeitig geflohen. Hätte Radegunde Verbindung zu Amalafred aufgenommen, hätten die Franken das als Landesverrat geahndet. Inzwischen aber hatte Radegunde erfahren, dass ihr Freund seit langem in Byzanz eine angesehene Stellung innehatte; auf sein Erbe in Thüringen hatte er gewiss längst verzichtet. Radegunde hoffte, ihn zu erreichen und bei ihm Hilfe in dem größten Anliegen ihres Lebens zu finden: Sie wollte eine Reliquie vom heiligen Kreuz erhalten, das in Byzanz aufbewahrt wurde.

Fortunatus schrieb den erbetenen Brief als ein Gedicht, in dem er Radegunde ergreifende Klagen in den Mund legt, Klagen um die verlorene Heimat, um den Tod ihrer Verwandten, um die Trennung von ihrem Freund und dessen langes Schweigen. Als Antwort kam eine bittere Auskunft: Amalafred war verstorben. Die Reliquie vom Heiligen Kreuz hat Radegunde dennoch erhalten, denn ihr Stiefsohn Sigibert, der inzwischen König der Franken geworden war, hatte den Boten mit Radegundes Brief nach Byzanz geschickt und ihrer Bitte Nachdruck verliehen. Doch das größte Fest in Radegundes Leben, die Ankunft der heiligen Reliquie, war auch ein Tag der Trauer; zusammen mit dem kostbaren Heiligtum war die Nachricht gekommen, dass nun auch der Letzte, mit dem sie Erfahrungen ihrer Kindheit teilen konnte, nicht mehr am Leben war.

In jenem vergeblich abgesandten Briefgedicht klagt Radegunde auch über den Verlust ihres Bruders; vielmehr: sie klagt sich an, dass sie an seinem Tod schuld sei. Die Franken hatten auch ihren Bruder in ihr Reich verschleppt; eines Tages wollte er fliehen. Radegunde hatte ihn daran gehindert, und er war ermordet worden.

Wahrscheinlich spielt diese Stelle des Briefgedichts auf ein einschneidendes Ereignis in Radegundes Leben an. In Thüringen war ein Aufstand ausgebrochen; Clothar hatte mit großer Härte reagiert; Radegundes Bruder ließ er ermorden. Radegunde war zu dieser Zeit bereits seit zehn Jahren Clothars Gemahlin. Nun hielt sie es bei ihrem Ehemann nicht mehr aus; sie floh und ist nie mehr zu ihm zurückgekehrt.

Nur durch jenes Gedicht erfährt man, wie heftig Radegunde noch Jahre später darunter gelitten hat. Die königliche Frau hat sonst niemals ihr Herz ausgeschüttet; sie wollte nicht als Opfer fremder Gewalt erscheinen, sondern als tatkräftige Herrscherin. Um ihrem Leid dennoch Ausdruck zu geben, hat sie sich mit übertriebenen asketischen Übungen selber Schmerzen zugefügt. Aber auch davon sollte niemand wissen; unter einem ihrer Würde angemessenen Gewand verbarg sie Ketten und blutende Wunden; sie ernährte sich kärglich, ließ aber für Gäste wie Fortunatus festliche Speisen auftragen.

Königlicher Dienst an Armen und Kranken

Gewiss hat Radegunde es auch deswegen für unrecht gehalten, sich über ihr Geschick zu beklagen, weil sie seit Jugendtagen einen Blick für das weit schlimmere Elend der Armen hatte. Auf dem Landsitz, wo König Clothar seine junge Gefangene untergebracht hatte, stillten gute Lehrer ihren Wissensdurst; Fortunatus wird später ihre hohe, für eine Frau dieser Zeit ganz ungewöhnliche Bildung rühmen. Der Königstochter dienten Knechte und Mägde; doch die Kinder der Bauern liefen wild und ungepflegt herum, und man wartete ungeduldig darauf, ihre Arbeitskraft nutzen zu können. Radegunde lud Kinder aus der Nachbarschaft zum Essen ein und wusch ihnen, bevor sie sich zu Tisch setzen durften, selber Gesicht und Hände. Sie erzählte ihnen Geschichten, feierte mit ihnen kindliche Liturgien. In der Karwoche band sie Äste zu einem Kreuz, das sie einer Prozession singender Kinder vorantrug.

Bald suchte sie schwerere Aufgaben. Sie richtete ein Hospital ein; Kranke, vor denen ihre Dienerinnen sich ekelten, hat sie selber gepflegt. König Clothar bekam Warnungen zu hören, diese Frau sei zu fromm. Doch er freute sich auf seine sanfte und kluge Radegunde. Ingundis, seine erste Frau, war niedriger Herkunft gewesen; als sie im Jahr 540 starb, schloss Clothar die Ehe mit der Königstochter aus Thüringen.

Zehn Jahre ehelicher Gemeinschaft mit König Clothar

Als Morgengabe nach der Hochzeitsnacht schenkte Clothar seiner Frau kostbaren Schmuck und ein Landgut mitsamt den Leuten, die darauf lebten. Als Königin hatte Radegunde zudem Verfügungsgewalt über das Vermögen des Königs, und sie griff darauf zu, um Bedürftige zu beschenken. Später wird sie der Nonne Baudovinia sagen, dass alles, was sie den Armen aus Königsbesitz gegeben habe, *in Wirklichkeit ja diesen gehörte.*

Clothar ließ seine Frau gewähren. Es freute ihn, mit welch königlicher Hoheit sie seine Großen beeindruckte, und mit welch liebenswerter Frömmigkeit sie die Herzen seiner christlichen Untertanen gewann. Die Städte des Frankenreichs waren alt, schon in der Römerzeit entstanden; dort war noch nicht vergessen, dass die Franken als heidnische, unzivilisierte germanische Horden ins Land eingedrungen waren. Die Königin Radegunde trug zwar einen germanischen Namen; doch sie war freundlich und in der christlich-lateinischen Kultur mehr zuhause als mancher Bischof.

Es war erst 50 Jahre her, dass König Chlodwig, Clothars Vater, sich dem Christentum zugewandt hatte. Vor einer entscheidenden

Schlacht hatte er gelobt, wenn Christus ihm zum Sieg verhelfe, werde er sich taufen lassen. Seitdem galt Christus den Franken als der Schlachtenhelfer, der ihnen Herrschaft verleihe. Radegunde trat als Königin entschlossen, aber friedfertig für den christlichen Glauben ein.

Draußen auf dem Land waren die meisten Bauern noch Heiden. Eines Tages sah Radegunde, als sie prächtig gekleidet zu einem Bankett ritt, am Weg ein heidnisches Heiligtum; sie befahl ihren Begleitern, es niederzubrennen. Mit empörtem Geschrei liefen die Bauern herbei. Sie bändigte ihr Pferd und hielt in aller Ruhe stand, *bis ihre Gegner zum Frieden bereit waren.*

Bei üppigen Gelagen verbarg sie geschickt, wie kärglich sie sich ernährte. War der König unterwegs, fastete sie; war er fest eingeschlafen, stand sie auf, um sich auf den kalten Boden der dunklen Kapelle zu legen und so am eigenen Leib zu spüren, wie es den Gefangenen im Kerker erging. Für hart Verurteilte setzte sie sich ein. Später erzählte man, sie habe bewirkt, dass Ketten über Nacht zerbrachen.

Die Ehe Clothars mit der thüringischen Prinzessin blieb kinderlos; doch Radegunde wusste sich für die drei Söhne aus der ersten Ehe ihres Mannes verantwortlich. Besonders nah stand ihr Sigibert, der zur Zeit ihres Eheschlusses vier Jahre alt gewesen sein mag. Er war es, der sich 30 Jahre später dafür einsetzte, dass der Kaiser von Byzanz seiner Stiefmutter eine Kreuzesreliquie überließ. Als nach Clothars Tod unter den Brüdern Streit um die Herrschaft ausbrach, bemühte sie sich mit politischem Geschick um Frieden *für das Vaterland.* Die thüringische Königstochter nahm ihre Pflicht als Königin der Franken ernst. Später, im Kloster, bestand sie darauf, dass ihre Nonnen auch dann für einen der Nachfolger Clothars beteten, wenn ihre Verwandten unter ihm zu leiden hatten; für den Bestand des Frankenreiches sei jeder Königssohn wichtig.

Clothar war ein harter Herrscher; doch Radegunde war ihm lieb, und diese hat gewiss nicht, wie die Nonne Baudovinia später schrieb, zehn Jahre lang nur *Ehe gespielt.* Doch als Clothar ihren Bruder ermorden ließ, hat sie mit der Härte, die sie sonst nur sich selbst gegenüber bewies, Befreiung aus ihrer Ehe erzwungen. *Erschüttert vom Donner ihrer Bestreitung,* tat der Bischof von Noyon, was er nur mit Zustimmung des Gatten hätte tun dürfen; er weihte sie zur *Diakonin.* Von nun an trieb Radegunde Askese bis zum Übermaß. Versuchte sie doppelte Schuld zu sühnen, Mitschuld am Tod ihres Bruders, den sie an der Flucht gehindert hatte, und die wider kirchliches Recht erzwungene Ehescheidung?

Clothar hat noch dreimal geheiratet; doch nie hat er vergessen, wie lieb Radegunde ihm gewesen war. Zweimal hat er versucht, sie wieder für sich zu gewinnen; kurz vor seinem Tod hat er ihr königliche Grundstücke und Gebäude in Poitiers geschenkt und den Bau ihres Klosters gefördert.

Die königliche Nonne

Nach der Ehescheidung lebte Radegunde zuerst zehn Jahre lang auf dem Landbesitz, den Clothar ihr bei der Hochzeit geschenkt hatte. Eine Schwesterngemeinschaft sammelte sich um sie; Arme fanden Hilfe, Kranke Unterkunft und Pflege. Eine ihrer Nonnen mahnte Radegunde, wenn sie Aussätzige küsse, werde keine der Schwestern ihr mehr einen Kuss geben. *Wenn du mich nicht mehr küssen willst,* antwortete Radegunde, *habe ich wenigstens bei den Kranken Trost gefunden.* Geschichten von wunderbaren Heilungen machten die Runde; von fern und nah brachte man kranke und verstörte Menschen zu Radegunde. Den fränkischen Großen aber war es unerträglich, dass eine Frau, die das Volk nach wie vor als Königin ehrte, bescheiden lebte; dass sie mit Elenden und Kranken verkehrte, war ihnen zuwider und ekelhaft.

Mehr noch als Männer mussten Frauen, die im Frankenreich ein christliches Leben führen wollten, sich gegen eine feindliche Umwelt abschließen. Mönche konnten sich in Einöden zurückziehen; Frauen brauchten, um fromm leben zu können, den Schutz starker Mauern. Das Unerwartete geschah. Mit großzügiger Unterstützung des Königs konnte Radegunde in Poitiers ein Kloster gründen, in dem sie die letzten 26 Jahre ihres Lebens verbrachte.

Das Kloster erfreute sich großen Zuspruchs. Familien der ehemals römischen Beamten, die nun ungebildeten Franken dienen mussten, vertrauten ihre Töchter Radegunde an; junge Frauen aus fränkischem Adel suchten in ihrem Kloster Ruhe vor zudringlichen Stammesgenossen. Radegunde brauchte für diese Gemeinschaft von Frauen romanischer und germanischer Herkunft eine Ordnung, die das Zusammenleben festigte. Als sie erfuhr, dass sich auch in Arles fromme Frauen zusammengeschlossen hatten und dass Caesarius, der Bischof der Stadt, für sie eine Regel verfasst hatte, besorgte sie sich über Boten eine Abschrift. Es war die erste für ein Frauenkloster verfasste Regel.

Die wohl bedeutendste Tradition, die durch Klöster in die christliche Welt hineingetragen wurde, ist die Hochachtung vor der Arbeit. Nach der Regel des Caesarius sollten die Nonnen zwei Stunden am Tag weibliche Handarbeiten verrichten, spinnen, weben, nähen, sich zwei Stunden lang aber auch dem Studium widmen. Die Aussicht, Bildung zu erwerben, zu der sie sonst keinen Zugang hatten, machte das Klosterleben für Frauen anziehend. Schwer erträglich aber war es vielen Damen aus den oberen Schichten, dass auch einfache Hausarbeiten von allen getan werden mussten. Radegunde beteiligte sich sogar an der Säuberung der Latrinen. Nach ihrem Tod jedoch rebellierten adelige Nonnen: Sie seien höchster Herkunft und keine Mägde! 40 Nonnen verließen das Kloster.

Gregor von Tours hat in seiner „Geschichte der Franken" von diesem Aufstand der Nonnen erzählt. In seinen Bericht hat er das ausführliche Schreiben eingefügt, das Radegunde als ihr Testament an die Bischöfe im fränkischen Reich geschickt hatte. So ist wenigstens ein Text erhalten geblieben, den Radegunde selber verfasst hat. Man begegnet darin einer klugen Frau, die leidvoll erfahren hat, wie schnell lebenswerte Ordnung in Machtkämpfen zusammenbrechen kann.

Die Nonne Baudovinia nennt Radegunde in den letzten Abschnitten ihres Lebensberichts nicht mehr *Herrin und Mutter*, sondern *Königin*. Radegunde hat sich der Klosterregel nur so weit unterworfen, dass sie davon in ihren königlichen Pflichten nicht eingeschränkt war. Darum hatte sie auch nicht das Amt der Äbtissin übernommen, sondern eine Schwester Agnes dafür eingesetzt. Sie hat ihr ebenso gehorcht wie alle Nonnen ihres Klosters. Doch während die anderen in gemeinsamen Räumen lebten, hatte Radegunde eine eigene Zelle; darin empfing sie Mächtige aus Kirche und Welt, aber auch den jungen Dichter Fortunatus. Sogar über einen eigenen Weinkeller verfügte sie; doch bevor sie Gäste daraus bewirtete, fragte sie ihre Äbtissin um Erlaubnis.

Baudovinia sagt zu wenig, wenn sie schreibt, Radegunde habe ihren Adel mit ihrem Glauben *geschmückt*. Durch ihren Glauben sah Radegunde sich verpflichtet, auf königliche Weise das Rechte zu tun. Um als gläubige Frau leben zu können, hatte sie sich aus einer wüsten Welt hinter Klostermauern zurückgezogen. Eingeschlossen in strenger Klausur konnte sie den Armen und Kranken nicht mehr so dienen, wie sie es von Jugend an getan hatte. Doch gerade um der Armen willen hat sie festgehalten, was ihr durch Geburt und Ehe zustand: das Recht zu herrschen, oder um es mit Worten unserer Zeit zu sagen: das Recht, politisch zu wirken. Weil sie an den König Christus glaubte, der für die Erlösung der sündigen Menschheit am Kreuz gestorben ist, wollte sie Einfluss gewinnen auf die Mächtigen, die grausam und rücksichtslos nur ihre eigene Herrschaft durchsetzen wollten; sie kämpfte dafür, dass in Kirche und Welt eine Ordnung entstehe, in der auch die Schwachen und Elenden zu ihrem Recht kommen.

Zu der wohl feierlichsten Form der Karfreitagsliturgie gehört bis heute der Hymnus, den Venantius Fortunatus zum Empfang der Kreuzesreliquie in Poitiers gedichtet hat. Am Ende dieses Berichts über das Wirken einer königlichen Frau, die ihr Leben dem am Kreuz gestorbenen König geweiht hat, soll die erste Strophe dieses Liedes stehen:

Pange, lingua, gloriosi proelium certaminis
Et super crucis tropaeo dic triumphum nobilem,
Qualiter redemptor orbis immolatus vicerit.

Preise, Zunge, den Kampf jenes glorreichen Wettstreits,
und singe edlen Triumphgesang auf das Siegeszeichen des Kreuzes:
Wie der Erlöser der Welt als der Geopferte den Sieg errang.

Bathilde (635 bis 680)

Sklavin – Königin – Gefangene im Kloster

Keine andere Frau des 7. Jahrhunderts wird in so vielen verschiedenen Quellen genannt wie Bathilde. Chroniken erzählen von ihren Taten; in Viten heiliger Bischöfe wird sie gelobt; ein Mönch hat zu ihrem Ruhm die „Vita der heiligen Bathildis“ verfasst; Urkunden, denen sie Rechtskraft verliehen hat, bezeugen, dass sie für das Frankenreich Gutes getan hat.

Das Frankenreich, durch wirre Erbstreitigkeiten zerrissen

Im 7. und 8. Jahrhundert starben fast alle Frankenkönige in jungen Jahren, vielleicht an einer im Geschlecht der Merowinger grassierenden Erbkrankheit. Hatte ein König mehrere Söhne, wurde sein Reich, als sei es Familienbesitz, unter diese aufgeteilt, selbst wenn sie noch kleine Kinder waren. Streit unter den Verwaltern des Erbes blieb nicht aus. Waren die Brüder erwachsen, fanden sie sich nur selten mit ihrem Anteil ab.

Fünfzehn Jahre lang war Bathilde Königin der Franken. Von 650 bis 657 war sie es als die Gemahlin Chlodwigs II.; drei Söhne gebar sie ihm. Nach Chlodwigs frühem Tod konnte sie als Regentin für ihren noch unmündigen ältesten Sohn dem Reich weitere acht Jahre der Ruhe verschaffen; dann zwangen Herren aus ihrem eigenen Gefolge sie zum Rückzug ins Kloster, und der innere Friede zerbrach. Ihre Söhne sollten die Herrschaft nie fest in Händen halten; sie blieben „Schattenkönige“. Zwei starben früher als ihre Mutter, einer davon durch Mörderhand.

Ein fünfzehnjähriger König heiratet eine gleichaltrige Sklavin

Bathildes Gemahl, Chlodwig II., war als fünfjähriges Kind König im Westteil des Frankenreiches geworden, in Neustrien; sein vier Jahre älterer Bruder wurde im gleichen Jahr König im Osten, in Austrasien. Der Verwalter von Chlodwigs Erbteil, Erchinoald, war eine Ausnahme unter den Hausmeiern; er war nicht auf Besitz und Macht erpicht, sondern verstand sich als Treuhänder für das königliche Kind.

Erchinoald hatte eine Sklavin gekauft, eine junge Angelsächsin, deren Heiterkeit ihm aufgefallen war. Wie Händler an solche Ware kamen, fragte man nicht. Bathilde wird in England Kriegern in die Hände gefallen sein, die wussten, dass mit einer Blondhaarigen, die zudem noch freundlich war, bei den Franken viel Geld zu verdienen war. Der Hausmeier merkte bald, dass er eine Kostbarkeit erworben hatte. Bathilde war klug und bescheiden, sie bewahrte Würde und Reinheit. Erchinoald übergab ihr die Aufsicht über seine Tafel, an der oft hohe Gäste zu bewirten waren.

Dort lernte Chlodwig sie kennen und verliebte sich in sie. Als er 15 Jahre alt und nach dem Recht der Zeit mündig war, begehrte er das gleichaltrige Mädchen zur Frau. Erchinoald förderte diesen Entschluss, durfte er doch hoffen, dass Bathilde dem jungen König eine gute Gefährtin sein werde. Bathilde war nicht unvorbereitet, diese Aufgabe zu übernehmen. Im Dienst an der Tafel des ranghöchsten Beamten im Reich hatte sie von Nahem mitbekommen, wie fränkische Adelige redeten, dachten und lebten.

Fremd muss es ihr vorgekommen sein, wie diese Franken von Christus sprachen. Die junge Angelsächsin hatte den Glauben an Christus gewiss aus ihrer Heimat mitgebracht, denn in den Kapiteln der Vita, die von der Königin erzählen, erfährt man, wie vertraut und lieb ihr Traditionen waren, die durch irische Mönche auf den Kontinent gekommen waren; Mönche aus Irland hatten nämlich auch in England missioniert. Das Christentum der Franken war heidnisch eingefärbt, obwohl sie sich schon seit anderthalb Jahrhunderten Christen nannten. Ein Frankenkönig hatte seinerzeit in größter Not gelobt, er werde sich taufen lassen, wenn Christus ihm beistehe. Er hatte einen entscheidenden Sieg errungen und bald darauf die Taufe empfangen. Seitdem verehrte der fränkische Adel Christus als den starken Gott, der dem König der Franken Sieg verleihe.

Völlig unverständlich muss es der Angelsächsin gewesen sein, dass diese Franken auch noch einen heidnischen Mythos damit verknüpften. Sie erzählten, ein Urahn Mero habe ihrem Königsgeschlecht, den Merowingern, ein „Königsheil" hinterlassen, das in jedem einzelnen Sohn aus diesem Königshaus wieder auflebe. Von den für Land und Leute unheilvollen Folgen, von Kinderkönigen, Reichsteilungen und Bruderkämpfen hatte die kluge Beobachterin so viel gehört, dass sie wusste, womit sie am Hofe Chlodwigs zu rechnen hatte.

Die Königin übernimmt Verantwortung für ihr Land

Chlodwig war ein schwacher König. Welches Ansehen Bathilde in den sieben Jahren gewonnen hat, in denen sie an seiner Seite lebte, zeigte sich nach seinem Tod. Sie hatte drei Söhne geboren; die Weitergabe des „Königsheils" schien den Franken dreifach gesichert. Doch das Reich wurde nicht geteilt; es ging nur an Clothar, den ältesten; die beiden jüngeren Söhne wurden auf Betreiben ihrer Mutter enterbt. Das hatte es seit Menschengedenken nicht gegeben!

Bathilde hatte Freunde gewonnen, die ihr bei einer Politik zur Seite standen, die dem Frieden diente. Die Vita rühmt die Königin; sie habe mit ihrer Liebenswürdigkeit sowohl Mächtige als auch Schwache für sich gewonnen. Wie eine Mutter sei sie den Vornehmen begegnet, wie eine Tochter den Priestern; die jungen Leute der Palastschule habe sie genährt wie ihre Kinder, die Mönche wie Brüder empfangen; Bischöfe waren ihr zugeneigt. Bathilde liebte ihren Glauben; täglich hörte sie die Messe; aus dem königlichen Schatz verteilte sie Almosen an die Armen. Mit eigener

Hand durfte sie das freilich nicht tun; für eine Königin gehörte sich das nicht. Der Hofkleriker Genesius war ihr *guter Freund*; ihn konnte sie damit beauftragen.

Doch sie wusste, dass Almosen niemals ausreichen; sie wollte den Armen das Leben dauerhaft erleichtern. Ein erster Schritt war die Abschaffung der Kopfsteuer, die jede Person im Lande zu zahlen hatte. Die Vita rühmt sie dafür: *Durch sie hat Gott einen gottlosen und verfluchten Brauch beendet, der viele Leute dazu brachte, ihre Kinder zu töten, statt sie zu ernähren.* Wie sollte ein armer Bauer die Kopfsteuer für eine wachsende Zahl von Kindern aufbringen, wenn er fast alles, was er auf dem ihm überlassenen Land erwirtschaftete, an den adeligen Grundherrn abliefern musste?

In den Städten des Reiches sorgten Bischöfe für Recht und Ordnung. Bathilde mühte sich, städtischen Frieden zu sichern, indem sie dem alten kirchlichen Recht wieder Geltung verschaffte, wonach Volk und Klerus einer Stadt selber ihren Bischof wählten. Den fränkischen Herren, die draußen auf dem Lande lebten und dort über ausgedehnte Güter verfügten, musste das missfallen. Sie waren an ein praktisches Tauschgeschäft gewöhnt: Leisteten sie dem König Gefolgschaft, erwarteten sie, dass der sie im Gegenzug gewähren ließ, wenn sie einem ihrer Verwandten das Amt eines Bischofs zuschanzten, um dessen Einkünfte zu nutzen.

Durchsetzen konnte Bathilde sich nur, wenn sie die königliche Macht stärkte. Ihre Klosterpolitik sollte den Weg dazu bahnen.

Schützerin der Klöster

Zwei Klöster hat Bathilde selber gegründet: das Männerkloster Corbie noch zu Lebzeiten ihres Gatten, und nach dessen Tod Chelles als Kloster für Frauen. Corbie ließ sie mit großen Waldgebieten aus Königsbesitz ausstatten und verfügte, dass niemand von außen in die Verwaltung dieses Besitzes eingreifen dürfe. Wenn fromme Mönche die Aufsicht führten, waren Besitzlose, die sich dem Kloster verdingten, den Klosterwald rodeten und Neuland erschlossen, vor der Ausbeutung durch mächtige Grundherren geschützt.

Noch sechs weitere Klöster hat Bathilde derart beschenkt und gesichert. In einem gut ausgestatteten Kloster werde es, heißt es in der Vita, den Mönchen *besser gefallen, Christus, den höchsten König, um Gnade zu bitten für den König und den Frieden.* Die Frau, die als Sklavin ins Frankenreich verschleppt worden war, verstand ihr königliches Amt als Auftrag, dafür zu sorgen, dass Christus von diesen Franken nicht länger als ihr Schlachtenhelfer geehrt werde, sondern als der Erlöser der Menschen. Die Kirche des Klosters Chelles, in dem Bathilde das letzte Drittel ihres Lebens verbringen sollte, war dem „heiligen Kreuz" geweiht.

Mönche für Corbie und Nonnen für Chelles holte sie aus Klöstern, in denen Regeln des irischen Mönchtums galten. Die Frauen in Chelles erfreuten sich bald eines so guten Rufes, dass sogar vornehme Angelsächsinnen dort eintraten. Mehr noch: Ein Bischof bat die Äbtissin von Chelles, Frauen, die bei ihr ausgebildet worden waren, nach England zu schicken, damit sie dort Klöster leiteten.

Mit gleichem Eifer griff Bathilde aber auch Überlieferungen ihrer neuen Heimat auf. In Chelles hatte Chrodechilde, die einst ihren Gemahl, den siegreichen Frankenkönig Chlodwig I., bewogen hatte, sich taufen zu lassen, ein Kirchlein erbaut; fromme Frauen hatten es gehütet. Bathilde baute es prächtig aus. Sie liebte das irische Mönchtum, doch fränkische Bischöfe und Äbte mahnte sie, in ihren Klöstern und Klerikergemeinschaften die Regel Benedikts einzuführen, die in romanischen Ländern zuhause war. Sie hatte sich mit dem Christentum, das sie im Frankenreich vorfand, vertraut gemacht und suchte zu erhalten und zu stärken, was wertvoll war.

Auch mit ihren Klosterreformen machte Bathilde sich fränkische Große zu Feinden. Grundherren hielten es für ihr gutes Recht, in die Verwaltung von Klöstern einzugreifen, die in ihrem Herrschaftsbereich erbaut worden waren. Adelige und Bischöfe wollten nicht hinnehmen, dass sie in „ihren" Klöstern nicht mehr den Abt einsetzen sollten, sondern die Mönche ihren Abt nach der Regel Benedikts selber wählen durften.

Hoffnung auf Eintracht – und baldiges Scheitern

Kurze Zeit sah es so aus, als könnten unter der Regentschaft Bathildes Ostteil und Westteil des Frankenreiches wieder eine Einheit bilden. Es ist hier nicht der Ort zu berichten, wie es dazu gekommen war, dass die Herrschaft in Austrasien dem Bruder Chlodwigs II., dem Schwager Bathildes, entglitt. Wäre es nach ihr gegangen, wäre ihr Sohn Clothar der König über das ganze Frankenreich geworden. Schwärmerisch vergleicht die Vita diese Möglichkeit mit der von Gott verheißenen Erneuerung des zerrissenen und schuldigen Volkes Israel (Ez 36). In ehrgeizigen Politikern aus Bathildes Palast weckte die Möglichkeit der Vereinigung beider Reichsteile jedoch nichts als zerstörerische Machtgier.

Darum wollten die Großen von Austrasien von Clothar nichts wissen; im Jahr 662 musste Bathilde ihnen als neuen König ihren jüngsten Sohn überlassen. Der siebenjährige Theuderich wurde der Vormundschaft seiner Tante unterstellt und heiratete später eine Frau aus dem austrasischen Zweig des Königsgeschlechts. Er wurde ein unfähiger König und führte ein ausschweifendes Leben.

Falsche Freunde

Acht Jahre lang hatte der ehrliche Erchinoald der jungen Königin zur Seite gestanden. Nach seinem Tod hatte Bathilde das Amt des Hausmeiers an Ebroin gegeben, einen in ihrer Palastschule ausgebildeten Mann. Sie schätzte Ebroin, weil er, ein Mann niedriger Herkunft, ebenso wie sie gegen die Interessen der großen Adelsgeschlechter und für die Einheit des Reiches eintrat. – Er wird es gewesen sein, der bald darauf einen Bischof ermorden ließ; jedenfalls tat er nichts, um seine Königin gegen ungerechte Verdächtigungen zu verteidigen.

Der Bischof von Lyon hatte seinen Verwandten Schätze aus seiner Kirche zugespielt und lehnte es ab, sich vor dem königlichen Gericht zu verantworten. Bathilde ordnete an, ihn zwangsweise vorzuführen. Unterwegs wurde er umgebracht; wahrscheinlich hatte Ebroin die Mörder gedungen. Damit in Lyon Ordnung einkehre, ließ Bathilde schließlich ihren Hofkleriker Genesius dort zum Bischof wählen. Daraufhin schrieben Adelige die Schuld am Mord umso lieber der Königin zu, als königliche Aufsicht es ihnen immer schwerer machte, sich durch Kauf und Verkauf kirchlicher Ämter zu bereichern. Noch ein weiteres Mal verletzte die Königin Interessen des Adels: Nach Wirren in Autun ließ sie dort Leodegar zum Bischof wählen, einen Kleriker, der sich in ihrer Palastschule bewährt hatte.

Bathilde erlebte das Scheitern ihrer auf friedlichen Ausgleich bedachten Politik als Nonne, eingesperrt hinter Klostermauern. Ohnmächtig musste sie später von dort aus mit ansehen, wie Leodegar und Ebroin, die sie selber in hohe Ämter gebracht hatte, einen Bürgerkrieg anfachten, in dessen Verlauf ihr Sohn Childerich ermordet wurde.

„Geh in das Land, das ich dir zeigen werde"

Wer in der „Vita der heiligen Bathildis" die Abschiedsszene vor der Klosterpforte liest, könnte zuerst meinen, die Königin habe sich mit dem Eintritt in Chelles einen lang gehegten Wunsch erfüllt. Bischöfe und Vornehme aus dem Palast geleiteten sie; *die heiligen Jungfrauen empfingen sie mit Ehren und nahmen sie mit Freuden in ihre Gemeinschaft auf.* Doch dann, bevor die Klosterpforte sich schließt, blitzt ein ganz anderes Bild auf: *Sie wandte sich um und fing an, heftig mit ihren Begleitern zu streiten. Im Palast habe sie ihnen reiche Nahrung gegeben, nun aber erhöben sie ungerechten Verdacht gegen sie; mit Bosheit bezahlten sie Wohltaten.*

Verabschiedet eine heiligmäßige, von Gott ins Kloster gerufene Frau sich von ihrem Ehrengeleit mit derart heftigen Vorwürfen? Gern möchte man mehr erfahren; doch die Vita wird sogleich wieder zum Ruhmesbericht: *Schnell wandte sie sich den Bischöfen zu, redete mit ihnen und verzieh ihren Feinden. Sie bat, die heftige Herzensbewegung zu vergessen. So wurde der Friede unter ihnen, da Gott ihn großzügig schenkte, vollständig wieder hergestellt.*

Wer bedenkt, was Bathilde zurückließ, wird sich fragen, ob sie im Jahr 665 wirklich nichts anderes ersehnt hat, als sich in die Ruhe ihres Klosters zurückzuziehen. Sie war 30 Jahre alt; ihre Söhne waren vierzehn, elf und zehn Jahre alt; durfte sie die drei allein lassen? Zwei waren schon Könige, Theuderich seit drei Jahren in Austrasien, Clothar seit acht Jahren in Neustrien. Musste sie nicht auch um des Frankenreiches willen darauf achten, in was für einer Umgebung die beiden heranwuchsen?

Vieles spricht dafür, dass Ebroin Bathilde gezwungen hat, ihr königliches Amt aufzugeben. Clothar war fast mündig. An der Seite eines jugendlichen Königs konnte der Hausmeier Ebroin damit rechnen, dass es ihm gelinge, aufsässige Adelige zu bändigen und die Macht am Königshof zu konzentrieren, eher jedenfalls als an der Seite einer frommen Regentin, der Freiheiten der Klöster und die Befreiung der Armen von der Kopfsteuer wichtiger waren als die Mehrung königlichen Reichtums.

Bathildes Versöhnungsbereitschaft war aber auch nicht bloß eine Erfindung des frommen Erzählers. Sie hat die Verbannung ins Kloster angenommen wie eine Berufung, die Gott ihr gesandt hatte. *Sie liebte die Schwestern wie eine Mutter ihre Töchter,* heißt es in der Vita; die Äbtissin Bertilde und Bathilde seien *ein Herz und eine Seele* gewesen. Als Nonne übernahm Bathilde Dienste, die man ihr, als sie Sklavin war, nicht zugemutet hatte; sie arbeitete in der Küche und sogar bei der Reinigung der Aborte. Als Königin hatte sie andere beauftragt, den Armen zu helfen, nun pflegte sie mit eigenen Händen Kranke, nicht nur aus der Schar der Schwestern, sondern auch aus den Familien der Arbeiter auf den Klostergütern.

In prägenden Jahren ihrer Kindheit war Bathilde in die Form christlichen Glaubens hineingewachsen, die irische Mönche nach England gebracht hatten. Für die irischen Mönche war der Ruf Gottes an Abraham ein Auftrag, der auch ihnen galt: *Geh fort aus deinem Vaterhaus in das Land, das ich dir zeigen werde!* (Gen 12,4) Erklärt sich mit dieser frühen Prägung die auffällige

Heiterkeit der jungen Sklavin, die einst den Hausmeier Erchinoald bewogen hatte, Bathilde zu kaufen? Hatte sie die Verschleppung in ein fremdes Land so verstanden, als ergehe Gottes Ruf auch an sie? Hatte sie die Aufgaben einer Königin freudig erfüllt, weil sie überzeugt war, das Frankenreich sei das Land, das Gott ihr gezeigt hatte?

Das Klosterleben hat Bathilde mit gleicher Freude angenommen. Doch draußen hatte sie ihre drei Söhne zurückgelassen. Im Jahr 673 starb Clothar III. ohne eigene Nachkommen. Er wurde in Chelles begraben; um ihn konnte die Mutter in Frieden trauern. Dann brach der Bürgerkrieg um seine Nachfolge aus; im Jahr 675 wurde Childerich ermordet. Ihr jüngster Sohn Theuderich ist nie aus dem Schatten seiner machtbesessenen Paladine herausgetreten. Bathilde litt, auch körperlich. Nur wenigen Mitschwestern vertraute sie sich an, und die mussten ihre Krankheit geheim halten.

Am 30. Januar 680 ist Bathilde gestorben, wohl 45 Jahre alt. In der Vita des heiligen Eligius, ihres Freundes unter den Bischöfen, ist zu lesen, auf seinen Rat hin habe sie, als sie noch die junge Königin war, den am Merowingerhof üblichen reichen Juwelenschmuck abgelegt. Für den Weg in das himmlische Land haben die Schwestern sie gut ausgestattet; sie haben sie in einen steinernen Sarkophag gelegt und königlich geschmückt. Archäologen fanden ein mit Gold- und Silberfäden durchwirktes Gewand. Ihr langes Haar war immer noch auffallend blond.

Lioba (700/710 bis 782)

Die liebenswürdige Streiterin für Christus

Alle Streiter Christi beiderlei Geschlechts haben die Stürme und Heimsuchungen und Gebrechen dieser Welt für nichts geachtet. Mit diesen Worten hat Bonifatius in einem seiner Briefe einer verzagten Äbtissin, aber auch sich selber Trost zugesprochen: Wer Christus dient, lasse sich nicht entmutigen, weder vom Kummer über den Zustand der Kirche noch von Beschwerden des Alters. Bonifatius brauchte keine feministische Schulung, um Mann und Frau gleichen Rang zuzuerkennen. Ohne die Männer und Frauen aus England, die ihm auf den Kontinent gefolgt waren, wäre er nicht der „Apostel der Deutschen" geworden.

Als Bonifatius nach 36 Jahren harter Arbeit für die Erneuerung des Christentums im Frankenreich erfuhr, dass der Herrscher nichts mehr von ihm wissen wollte und einen Franken an die Spitze der fränkischen Kirche stellte, suchte er sich ein neues Arbeitsfeld in Friesland. Im *Leben der heiligen Lioba* hat Rudolf, ein Mönch aus dem Kloster Fulda, der Lieblingsgründung des Bonifatius, den Abschied des Achtzigjährigen in einer ergreifenden Szene dargestellt. Bonifatius hatte zwei Freunde zu sich gerufen, Lul, seinen Helfer in Mainz, und die Äbtissin Lioba. Als ahne er, dass ihn in Friesland der Tod erwartet, ordnet er an, dass man ihn in Fulda bestatte, im selben Grab dereinst aber auch Lioba, damit sie beide, die *in gleichem Streben Christus gedient haben, auch zusammen den Tag der Auferstehung erwarten.*

Beschenkt mit der Kutte des Bonifatius

Bonifatius wollte sein Werk zwei zuverlässigen Mitarbeitern anvertrauen. Lul sollte von ihm das Bistum Mainz übernehmen,

Lioba weiterhin das Kloster „Bischofsheim“ leiten, das er als der vom Papst bestellte Missionsbischof gegründet hatte; von dort aus sollte sie die Klöster ihrer Schülerinnen beaufsichtigen. Zum Zeichen, dass er sie zu seiner Nachfolgerin bestelle, übergab Bonifatius ihr seine Kutte.

Seltsamerweise wird Lioba in der ältesten, im Auftrag des Bischofs Lul verfassten Vita des Bonifatius nicht erwähnt. Aber geschieht es nicht nur zu oft, dass Kirchenobere nicht bemerken, was Frauen als „Streiterinnen Christi“ leisten? Und dass sie nicht bedenken, was sie leisten könnten, wenn man sie arbeiten ließe? Bonifatius hat zu diesen Fragen sein Gewissen erforscht. In einem Brief an Lioba erinnert er an das Gleichnis von den Talenten, die der Herr vor der Abreise seinen Knechten anvertraut. Als der Herr zurückkommt, lässt er den nichtsnutzigen Knecht, der das Geld bloß vergraben hat, hinauswerfen in die Finsternis (Mt 25,14ff). Bonifatius bittet die Nonnen, für ihn zu beten, *damit ich nicht, wenn der Herr kommt, wegen des verborgenen Talents für schuldig befunden werde.*

Lioba hat sich nach dem Tod des Bonifatius (754) noch fast 30 Jahre lang für die Festigung des Christentums in Germanien eingesetzt, auch außerhalb von Klöstern. Rudolf schreibt: *Fürsten liebten sie, Vornehme empfingen sie, Bischöfe nahmen sie mit Freuden auf, unterredeten sich mit ihr über das Wort des Lebens und besprachen oft mit ihr kirchliche Einrichtungen, da sie sehr gelehrt und vorsichtig im Rat war.* Bonifatius hatte eine Zeit des Aufbruchs eingeleitet, in der *Streiter Christi beiderlei Geschlechts* miteinander arbeiteten. Rückblicke in die Kirchengeschichte zeigen, wie schnell sich das immer wieder änderte, sobald kirchliche Strukturen sich gefestigt hatten. Dann sollten Frauen, wie es schon in 1 Kor 14,34 heißt, *in der Versammlung schweigen* und sich damit begnügen, von Männern der Kirche belehrt und geführt zu werden. Am Ende ihres Lebens bekam auch Lioba das zu spüren.

Der letzte Wille des Bonifatius wird missachtet

Noch bemerkenswerter als die Übergabe der Kutte ist die Anordnung des Bonifatius, Lioba solle in seinem Grab bestattet werden. Er war enttäuscht und von finsteren Ahnungen erfüllt und hatte Lioba auch deswegen zu sich gerufen, weil er von ihr Ermutigung erhoffte. In der Vita des Rudolf erscheint Lioba als eine Frau von unerschütterlicher Freundlichkeit; Trübsale und Niederlagen konnte sie wegstecken, um sich den Sorgen anderer zuzuwenden. Bonifatius dagegen hegte oft bedrückende Gedanken. Wer wird bestehen, *wenn der Herr kommt?* Er wollte den Tag, an dem die Toten zum letzten Gericht auferstehen, in einem Grab erwarten, in dem auch Lioba ruhte.

Seine Nachfolger haben sich über seinen letzten Willen hinweggesetzt. Als Lioba im Jahr 782 starb, bestatteten die Mönche von Fulda sie wenigstens noch neben einem von Bonifatius geweihten Altar; bei einem Umbau der Kirche verlegten sie ihr Grab in einen Säulengang. Rudolf findet für beides nur gewundene Erklärungen. 838 ließ Abt Hraban Liobas Gebeine schließlich ganz aus dem Kloster entfernen und in die Krypta der Kirche auf dem Petersberg überführen.

Diese letzte Verlegung des Grabes erwähnt Rudolf nicht mehr; vielleicht hatte er sein Werk schon abgeschlossen. Heutigen Lesern mag das „Leben der heiligen Lioba“ überschwänglich scheinen; die Abschiedsszene aber, die so gar nicht zu dem passt, was Rudolf selber in seinem Kloster erlebt hat, zeigt, wie treu er Zeugnisse wiedergegeben hat, die er von einem bereits verstorbenen Mitbruder und von Frauen empfangen hat, die Lioba als ihre Lehrerin gekannt haben. Rudolf gibt vertrauenswürdig Auskunft zum Leben der Frau, die Bonifatius als seine Mitstreiterin geschätzt hat.

Ein hoch begabtes Mädchen, von Kindheit an gefördert

Nur ein einziger von Lioba selbst verfasster Text ist erhalten. Es ist ein Brief des jungen Mädchens, den Lul in seine Sammlung der Briefe des Bonifatius aufgenommen hat, ein Begleitbrief zu einem Geschenk. Bonifatius ist von Damen seiner Heimat oft unterstützt worden, mit Geld, Altargeräten, Kleidung, Büchern. Lioba schreibt nicht, was sie dem *ehrwürdigsten Herrn Bonifatius* schickt, denn ihr ist die Gabe nur Zeichen ihres dringenden Anliegens; sie möchte Bonifatius als *liebenswerten Bruder* gewinnen. Darum stellt sie sich ihm vor: Sie ist das einzige Kind alter Eltern; ihr Vater Dynne war mit Bonifatius befreundet, jetzt ist er tot; ihre Mutter Aebbe ist mit ihm verwandt, jetzt ist sie schwer krank.

Lioba schließt den Brief mit einem kleinen Gedicht, damit Bonifatius erfahre, wie sehr sie ihm auch über ihre Lehrerin verbunden ist, über Eadburg, die Äbtissin von Thanet. Vier Briefe des Bonifatius an Eadburg sind erhalten; wer sie liest, erkennt, dass Lioba eine begabte und liebenswerte Frau zur Lehrerin hatte. Bonifatius konnte Eadburg bitten, ihm die Petrusbriefe in Goldbuchstaben abzuschreiben, er konnte ihr anvertrauen, wie sehr er darunter leide, dass die *Ränke falscher Brüder die Bosheit der Heiden noch übertreffen.*

Kinder vornehmer Eltern wurden mit sechs oder sieben Jahren in eine Klosterschule geschickt, damit sie lesen und schreiben lernten. Damals hieß das: lateinische Bücher lesen und abschreiben. Eadburg hat ihren Schülerinnen das Lateinische mit Sprachspielen schmackhaft gemacht; *im mündlichen Unterricht,* schreibt Lioba, habe sie gelernt, lateinische Gedichte zu verfassen. Gewiss hat Eadburg ihren Schülerinnen auch aus den Briefen des Bonifatius erzählt, wie er *die finstersten Winkel Germaniens durchzieht und das Wort Gottes ihm Licht ist auf seinen Wegen.* Aufs Erzählen hat sich später auch Lioba verstanden, sonst wären kaum die beiden merkwürdigen Traumgeschichten bekannt geworden, die Rudolf in ihre Vita aufgenommen hat.

In der ersten geht es um einen Traum der Mutter Liobas. Eines Nachts war es der alten, immer noch kinderlosen Aebbe, als läute es in ihrem Leib; sie fasst hinein und zieht eine Glocke heraus. Als sie bald darauf schwanger wird, gelobt sie, ihr Kind Gott zu weihen. Die eifrige Schülerin Lioba hat sich gewiss gefreut, dass in der Klosterschule Glockenzeichen den Tag einteilten. Vielleicht hat Eadburg den Kindern auch erzählt, dass eine Glocke dem Bonifatius eine *große Hilfe für die Wanderschaft* war, und so in Lioba den Wunsch geweckt, ihn zum *Bruder* zu haben.

Die zweite Traumgeschichte gehört in die Zeit, in der Lioba schon selber Lehrerin war. Aebbe, so berichtet Rudolf, hat ihr Gelübde erfüllt; sie hat *die Herangewachsene Gott geweiht und sie der Mutter Tetta übergeben.* – Die Äbtissin Tetta war bekannt für ihre Strenge; in Wimborn leitete sie ein Doppelkloster, eines für Frauen, eines für Männer. Von ihr hat Lioba gelernt, was alles zur Leitung eines Klosters gehört: nicht nur die genaue Kenntnis kirchlicher Vorschriften, nicht nur Weisheit, sondern auch Selbstbewusstsein, um die Gemeinschaft nach außen zu vertreten. Später konnte Bonifatius Lioba sogleich nach ihrer Ankunft aus England zur Äbtissin seiner Gründung Bischofsheim machen; sie war aufs Beste dafür ausgebildet.

In einem gut geführten Kloster studierten die Nonnen die Bibel, die Kirchenväter und päpstliche Erlasse; sie fertigten Handschriften an, übten sich in der Textilarbeit, im Kochen, Backen, Brauen und im Gartenbau. Lioba hat sich keiner Arbeit verweigert; am liebsten aber widmete sie sich dem Studium der heiligen Schriften. Es spricht für die Menschenkenntnis der schroffen Tetta, dass sie Lioba zur Lehrerin bestimmte.

In dieser Zeit machte ein Traum Lioba Angst. Sie träumte, ein Purpurfaden komme aus ihrem Mund und nehme kein Ende; so sehr sie sich auch müht, ein Knäuel zu wickeln, das kostbare Garn ist nicht zu bändigen. Bedeutete das, dass Tetta sie in die Textilwerkstatt stecken werde? Lioba beauftragt eine Schülerin, diesen Traum einer alten Nonne zu erzählen, die Träume deuten kann. Die aber erkennt sogleich, dass nur Lioba so etwas geträumt haben kann. *Lioba,* sagt sie, werde *in der Weite der Völkerwelt mit Mund und Hand das Gotteswort verkünden.* Im Jahr 735 folgte Lioba zusammen mit anderen Nonnen dem Ruf des Bonifatius.

Tauberbischofsheim, Keimzelle des Friedens

Auf einem Landsitz an der Tauber wollte Bonifatius ein Frauenkloster gründen. Zwar lag es fern der Grenze, über die beutegierige, heidnische Sachsen immer wieder ins Frankenreich einbrachen, doch darf man den Mut der Frauen nicht unterschätzen. Bonifatius klagte noch Jahre später: *Wir werden zerschlagen, sei es von Heiden oder von falschen Christen, von unzüchtigen Geistlichen oder von falschen Priestern.* Im Osten des Frankenreiches herrschte ein übles Durcheinander von Heidentum und Christentum; die Taufe bedeutete vielen nicht mehr als die Anerkennung des stärkeren Gottes der siegreichen Franken.

In Tauberbischofsheim konnte man sehen, wie friedlich und geordnet vornehme christliche Frauen lebten und wie tüchtig sie vielfältige Arbeiten verrichteten. Bald vertrauten adelige Herren ihre Töchter den Nonnen zur Ausbildung an. Lioba war nicht nur die überlegene Lehrerin, sondern tat alles, was sie von anderen forderte, auch selber. Von strenger Askese hielt sie wenig, die beeinträchtige die Frische des Geistes; die Mäßigkeit aber schätzte sie, so dass man im Kloster von ihrem Becher als dem *Kleinen der Lieben* sprach. Wer am Kloster anklopfte, begegnete einer edlen und dienstbereiten Frau: *Allen, ohne Ansehen der Person, öffnete sie ihr Haus, bereitete ihnen den Tisch, wusch ihnen mit eigenen Händen die Füße.*

Zwei Wundergeschichten, die Rudolf in seine Vita der Lioba aufnimmt, seien nacherzählt; sie zeichnen das Bild eines Frauenklosters, das nicht streng verriegelt ist, und erzählen von einer Äbtissin, die in wirrer Zeit entschlossen handelt. Eine Frau findet im Teich beim Kloster einen toten Säugling; sie ist überzeugt: Daran kann nur eine Nonne schuld sein! *Unter ihren Schleiern gebären sie Kinder!* Eine Nonne, die von einem Besuch bei Verwandten zurückkommt, wird im Dorf gefangen genommen. Das ist die Kindsmörderin! In aller Ruhe ordnet Lioba ihre Schwestern zur Prozession, und dreimal ziehen sie zum Altar. Da wird *ein armes, kleines, verkrüppeltes Mädchen,* das gewöhnlich am Tor des Klosters ihren

Anteil vom Tisch der Schwestern erhalten hat, wie von Flammen erfasst; laut schreiend bekennt sie ihre Schuld. – Bei einer Feuersbrunst holen Nonnen zusammen mit den Dorfbewohnern Wasser aus dem Fluss. Als Lioba Salz in die Eimer streut, das Bonifatius ihr einmal gegeben hat, fassen alle Mut; das Feuer wird gebändigt.

Fast ein halbes Jahrhundert lang hat Lioba als angesehene Äbtissin gewirkt. Unter der Leitung von Frauen, die sie ausgebildet hatte, entstanden weitere Frauenklöster, und sie hat diese Klöster visitiert. Nach dem Tod des Bonifatius hat sie auch das Männerkloster Fulda besucht. Rudolf schwächt die Bedeutung dieser Visiten ab; sollte Lioba wirklich nur gekommen sein, um am Grab des Bonifatius zu beten und mit den Mönchen zu speisen?

Seit 768 war Karl der Große König der Franken; vier Jahre später begannen die grausamen Sachsenkriege. Sächsische Geiseln wurden Klöstern übergeben. Das Kloster der Lioba wurde zu einer Keimzelle des Friedens; gebildete, vornehme Frauen aus England lebten hier zusammen mit Mädchen aus dem widerborstigen, schließlich besiegten heidnischen Volk. Dank der noch nahen Verwandtschaft des Angelsächsischen mit dem Sächsischen konnten sie sich mit ihnen in deren Muttersprache verständigen. Sächsische Adelige lernten den Segen christlicher Erziehung kennen und vertrauten von sich aus ihre Töchter der Lioba an.

Lioba stand am Königshof in hohem Ansehen. Karl, so ist in der Vita zu lesen, *empfing sie häufig mit großer Ehrerbietung und beschenkte sie mit reichen Gaben; die Königin Hildegardis aber verehrte sie in reiner Liebe und liebte sie wie ihr zweites Ich.*

Freundin der Königin Hildegard

Im Jahr 782 starb Lioba, an die 80 Jahre alt; ein Jahr später starb Hildegard bei der Geburt ihres neunten Kindes, 25 Jahre alt. Erklären nicht schon diese Zahlen, warum manche Frau gern Nonne geworden ist?

Freilich wäre es weder Lioba noch Hildegard eingefallen, selber zu entscheiden, wie ihr Leben verlaufen sollte. Lioba wusste von Kindheit an, dass sie zur *Glocke* bestimmt sei, und Hildegard war 13 Jahre alt, als ihre Verwandten sie dem König Karl zur Frau gaben. Lioba hatte gern und eifrig angenommen, wozu sie von Kindheit an bestimmt war. Und der spärlichen Überlieferung zum Leben Hildegards ist nicht zu entnehmen, dass sie unter der Ehe mit Karl gelitten hätte. Hildegard hat Karl so oft wie möglich auf Reisen begleitet. Im Jahr 778 hat Karl, da ein Krieg ihn nach Spanien führte, seine schwangere Frau in Poitiers zurückgelassen; dort gebar sie zwei Söhne, einer starb gleich nach der Geburt. Als Karl 781 zusammen mit seiner Frau in Rom war, ließ er den dreijährigen Ludwig vom Papst zum König von Italien salben; Hildegard sollte wissen, welche Hoffnung er auf ihren Sohn setzte.

Lioba hatte am Königshof in Hildegard eine Freundin gefunden, die für den Mut, mit dem sie sich ihrer Aufgabe stellte, auch ihre Achtung verdiente. Rudolf aber erzählt ausgerechnet in der Szene, in der die alte Lioba der jungen Königin zum letzten Mal begegnet, von einem seltsam zornigen Ausbruch der sonst doch immer liebenswürdigen Frau: *Heftig fuhr sie die Freundin an,* keinen Tag länger wolle sie am Königshof bleiben. Mehr erfährt man nicht; vielmehr zeichnet Rudolf sogleich wieder ein schönes Bild von Liobas Freundlichkeit. Mit liebevoller Zärtlichkeit und Segenswünschen nimmt sie Abschied von der jungen Königin.

Die alte Lioba wird abgeschoben

Heftig fuhr sie die Freundin an. Wie ist dieser Satz in die Vita geraten? Hatte Rudolf ursprünglich eine Abschiedsszene gezeichnet, die dem Abschied des Bonifatius glich? Am Anfang der Vita hatte Rudolf angedeutet, wie schwer es Bonifatius getroffen hatte, dass der Frankenherrscher nichts mehr von ihm wissen wollte. Mit 80 Jahren hatte er ein neues Arbeitsfeld gesucht und war von Heiden erschlagen worden. Wäre auch Lioba gern bis zu ihrem Tod Streiterin Christi geblieben? War darum sogar gegenüber Hildegard ihr Zorn ausgebrochen, weil sie nur noch die Freundin der Königin sein durfte und nicht mehr die Äbtissin, die den König beriet?

Was Rudolf vom Abschied Liobas aus ihrem Amt schreibt, ist „politisch korrekt“: Lioba habe sich, *als sie ergraut war, mit Bewilligung des Bischofs Lul nach Schornesheim zurückgezogen.* Aber hatte Bonifatius denn seine Kutte an Lul weitergegeben? Er hatte Lioba zu seiner Nachfolgerin gemacht. Sollte Lioba nun Lul, weil er inzwischen der Bischof von Mainz war und Schornesheim in der Nähe dieser Stadt lag, um die Erlaubnis gebeten haben, dass sie ihre Arbeit aufgeben und sich nach Schornesheim zurückziehen dürfe? In einer Zeit gefestigter Kirchenstrukturen würde das gut in das Bild der „heiligen Lioba“ passen.

Aus einer Urkunde Karls des Großen lässt sich Liobas Rückzug anders deuten. Karl hat Lioba, der Freundin seiner Frau, seinen Landsitz Schornesheim überschrieben; er wollte sie so ehrenhaft wie möglich zum Rückzug veranlassen. Die Urkunde vom 28. Juli 782 spricht von ihr noch als einer Lebenden; am 28. September desselben Jahres ist Lioba in Schornesheim gestorben. Nachdem sie lange, eifrig und gern „Streiterin“ für die Kirche gewesen war, hat sie als alte Frau erfahren müssen, dass man sie nicht mehr brauchte.

Dhuoda (9. Jahrhundert)

Gebildete, selbstbewusste und fromme Mutter

Was wir von Dhuoda wissen, erfahren wir nur aus einem von ihr verfassten kleinen Buch, in dem sie Zwiesprache hält mit ihrem abwesenden Sohn, mit sich selbst und mit Gott, und das in Bitten ausklingt: *Wenn mein Erlöser befohlen hat, mich aus dieser Welt abzuberufen, gewähre er mir Erquickung. Und mit deinen heiligen Gebeten, wenn es möglich ist, und mit würdigen Gebeten anderer lasse Gott mich in den Himmel oben hinübergehen. Amen. Hier endet das handliche Buch. Amen. Dank sei Gott.*

Vornehm und gebildet

Dhuoda könnte Anfang des 9. Jahrhunderts geboren sein, vielleicht in einer germanischsprachigen Sippe des großen Frankenreiches. Als junges Mädchen wird sie in einem Kloster erzogen worden sein und später das Erlernte weiter gepflegt haben, denn sie verfügte über eine ungewöhnlich hohe Bildung. Das hindert sie nicht, mit Bescheidenheitsfloskeln zu kokettieren: Sie sieht sich als zerbrechliches Gefäß, als lau und träge, schwach und stets zur Haltlosigkeit geneigt, als unwürdig, unglücklich und unbedeutend. Doch ihr Büchlein zur Lebensführung kündet von Selbstbewusstsein.

Stellenweise schreibt Dhuoda ein eigenwilliges Latein, das dem „Volkslatein" nahesteht, aus dem sich die romanischen Sprachen entwickelt haben. Auch mit dem Griechischen muss sie sich befasst haben. Zitate und Anspielungen zeigen, wie vertraut ihr das Alte und das Neue Testament waren; sicher lenkt sie von einem biblischen Wort zu weiterführenden Stellen in anderen Büchern der Heiligen Schrift. Ambrosius, Augustinus, Gregor den Großen und andere Kirchenväter wird sie in Anthologien kennen gelernt haben. Gern spielt sie mit der Etymologie von Wörtern. So leitet sie lateinisch *oratio,* Gebet, von *oris ratio* her, des Mundes Vernunft; und *reverentia,* Andacht, von *res venerabilis,* verehrungswürdige Sache. Worten und Zahlen weist sie eine symbolische oder gar mystische Bedeutung zu. Mit der Phantasie einer religiösen Frau entfaltet sie, wie vielfältig Tiefstes und Höchstes in den zwei Silben und vier Buchstaben des Wortes *Deus* (Gott) verborgen sind. Spielerische Elemente bringt sie auch in Gedichte ein; eines davon soll später ihren Grabstein schmücken.

Ehe unter Hochgestellten

Dhuoda wurde, wie sie schreibt, am 29. Juni 824 *als rechtmäßige Frau* mit Bernhard von Septimanien verbunden. Weitläufig mit Karl dem Großen verwandt, war Bernhard als Hofkämmerer zeitweilig der zweitmächtigste Mann des Frankenreiches. Die Ehe wurde am Fest Peter und Paul geschlossen, einem hohen Feiertag, zudem in der Pfalz zu Aachen, die seit den letzten Regierungsjahrzehnten Karls des Großen († 814) der bedeutendste Ort des Reiches war.

Nicht von ungefähr betont Dhuoda ihren Status als *rechtmäßige Frau.* Zwar setzte sich die Kirche für die Einehe ein und verlangte, dass die Brautleute freiwillig zustimmten und ihr Bund unauflöslich sei. Doch war es nicht ungewöhnlich, dass Männer aus höheren Schichten noch eine oder mehrere Nebenfrauen hatten, zu denen sie sich auch öffentlich bekannten. Blieb die Ehe kinderlos, wuchs das Risiko, dass die Ehefrau die Zuneigung ihres Mannes verlor. Man versteht, warum Dhuoda schreibt, *mit Gottes Hilfe* habe sie am 29. November 826, also nach fast zweieinhalbjähriger Ehe, ihren *heiß ersehnten erstgeborenen Sohn* zur Welt gebracht; zur Erinnerung an seinen Großvater väterlicherseits wurde er Wilhelm genannt. Dhuoda fügt hinzu, dass sie am 22. März 841, fast 15 Jahre später, ihren zweiten Sohn geboren habe; dieser erhielt den Namen seines Vaters Bernhard.

Nach ausführlichen Erörterungen zu christlicher Lebensführung geht Dhuoda im letzten Teil ihres Büchleins nochmals auf ihr eigenes Leben ein. Mit ihrem Sohn habe sie ihren Mann an dessen Einsatzorte begleitet, unter anderem in die Spanische Mark, nördlich und südlich der Pyrenäen, damit Bernhard *sich nicht von mir oder von dir trennte, wie es bei anderen üblich ist.*

Offensichtlich reichte das Vermögen, das Dhuoda in die Ehe eingebracht hatte, zum Bestreiten solcher Reisen nicht aus. Vielleicht hatte ihr Mann zuviel davon für sich selber ausgegeben. Jedenfalls gesteht sie Wilhelm, bei Christen und Juden *viele Schulden* gemacht zu haben, was sie bedrücke. Zwar habe sie schon manches Geld zurückgezahlt und wolle auch weiter tilgen. Doch für den Fall, dass es nach ihrem Tod noch Außenstände gebe, bittet sie Wilhelm inständig, nach den Gläubigern zu forschen und die Schulden zu bezahlen. – Ihr Bericht ist der früheste Beleg dafür, dass Christen im Mittelalter bei Juden Geld geliehen haben.

Auffällig ist das Interesse Dhuodas an genauen Daten. Selbst von hochgestellten Personen kennen wir bis in die Neuzeit oft weder das Geburts- noch das Todesdatum, von vielen anderen allenfalls den Sterbetag, nicht das Todesjahr. Dhuoda hält fünf Tage genau fest: den ihrer Eheschließung, die der Geburt ihrer Söhne sowie die Tage, an denen sie ihr Werk begonnen und beendet hat, den 27. November 841 und den 2. Februar 843.

Jahrzehnte der Wirren

Zu der Zeit, von der Dhuoda schreibt, war der Friede im Frankenreich aufs Höchste gefährdet. Wie noch zu berichten ist, war sie selber davon betroffen. Dank einer äußerst unwahrscheinlichen Fügung war das Reich über mehrere Generationen ungeteilt geblieben und fast ständig vergrößert worden. Diese Epoche schien nun zu Ende zu gehen. Nach dem Tod Karls des Großen war die Herrschaft noch problemlos auf dessen einzigen überlebenden Sohn Ludwig übergegangen. Ludwig „der Fromme“ aber hatte drei Söhne, Lothar, Pippin und Ludwig, und diese bestanden auf einer Teilung des Reiches. Sie gerieten darüber untereinander und auch mit ihrem Vater in Streit, da dieser gleiche Rechte für Karl einforderte, den Sohn aus seiner zweiten Ehe mit Judith. Im Zuge dieser Auseinandersetzungen wurde Ludwig der Fromme zweimal ab- und wieder eingesetzt und Judith in ein Kloster gesperrt. Es ging sogar das Gerücht um, sie unterhalte mit dem Hofkämmerer Bernhard, dem Gemahl Dhuodas, ein Verhältnis.

Nach Ludwigs Tod (840) gingen die Erbstreitigkeiten der Söhne Lothar, Ludwig und Karl (Pippin lebte schon nicht mehr) mit größter Heftigkeit weiter. Am 25. Juni 841 kam es bei Fontenoy in Burgund zu einer Schlacht, in der ein erheblicher Teil des fränkischen Adels sein Leben verlor. Zwei Jahre später (843) einigten sich die Brüder im Vertrag von Verdun auf eine Teilung des Reiches, die für die europäische Geschichte bedeutsam werden sollte. Karl erhielt den westlichen, Ludwig den östlichen, Lothar den mittleren Teil des Frankenreiches; das Mittelreich wurde schon bald darauf zwischen Karl und Ludwig aufgeteilt. Zu alledem nutzten äußere Feinde, die dem Reich generationenlang erspart geblieben waren, die Zerrissenheit der Franken. Bis weit ins 10. Jahrhundert hinein verheerten Wikinger, Sarazenen und Ungarn weite Teile des Reiches.

Andeutungsweise geht Dhuoda mehrmals auf die Wirren ihrer Zeit ein. So erklärt sie den Tod Ludwigs des Frommen mit dem *fortreißenden und wachsenden Unheil dieser elenden Welt.* Als Lothar, Ludwig und Karl um das Erbe ihres Vaters kämpften, hielt Bernhard, der Ehemann Dhuodas, sich offensichtlich bedeckt. Nach der Schlacht bei Fontenoy (841) musste er seinen Sohn Wilhelm, gleichsam als Unterpfand seiner künftigen Treue, Karl dem Kahlen übergeben. Im selben Jahr hat Dhuoda mit der Abfassung ihres Buches begonnen und ihren zweiten Sohn Bernhard geboren. Ihr Ehemann hat ihr diesen Sohn schon im Säuglingsalter weggenommen und ihn in fremde Hände gegeben; warum er das getan hat, ist unbekannt.

Drei Jahre später wurde Bernhard des Verrats angeklagt und enthauptet. Er war 42 Jahre alt. Sein Sohn Wilhelm wurde im Jahr 850 als 24-Jähriger wahrscheinlich deshalb erschlagen, weil er versucht hatte, das väterliche Erbe oder das, was er dafür hielt, in seine Gewalt zu bringen. Sein jüngerer Bruder Bernhard ist mit 55 Jahren als Graf der Auvergne gestorben.

Wie vieles andere bleibt fraglich, ob Dhuoda den Tod ihres Ehemanns und den ihres ältesten Sohnes noch erlebt hat, ob sie bei ihrem zweiten Sohn Trost gefunden hat, wann, wo und wie sie gestorben ist, ob ihre Söhne ihr Werk jemals gelesen haben.

Liber manualis

Das „handliche Buch" Dhuodas im Umfang eines „Reclam-Bändchens" enthält den einzigen erhaltenen Text aus der ersten Hälfte des 9. Jahrhunderts, der aus der Feder einer Frau stammt. Es zeugt davon, dass im Frankenreich nicht nur Kleriker, sondern auch Laien, Frauen ebenso wie Männer, sich eine anspruchsvolle Schriftkultur aneignen konnten. Die Verfasserin war nicht einmal Nonne; eine Ehefrau und Mutter hat sich in ein Gebiet vorgewagt, das Männern vorbehalten war.

Genauso ungewöhnlich war es, dass eine Frau den Weg zum christlichen Leben weisen wollte. Zuerst aber schreibt Dhuoda sich den Kummer von der Seele, dass sie ihren *heißgeliebten Sohn* Wilhelm nicht in ihrer Nähe hat, dass sie sich, anders als die meisten Frauen, nicht an ihrem Sohn freuen, sondern sich nur aus der Ferne nach ihm sehnen könne. Zudem hatte sie ihren zweiten Sohn noch vor dessen Taufe ja ihrem Mann übergeben müssen. Selber von tiefem Schmerz getroffen, will Dhuoda ihrem Sohn Gottvertrauen vermitteln, das ihm in schwerer Zeit helfen soll, in Ehren seinen Weg zu gehen.

Dhuodas Buch soll ihrem Sohn Wilhelm Richtschnur sein, damit er seinem Herrn treu diene. Ihre Aufzeichnungen lesen sich wie ein geistiges und geistliches Testament. Ihre Söhne sollen wissen, was der Mutter am Herzen lag; wenn sie das Büchlein in Händen haben, sollen sie aber auch an das Seelenheil der Mutter denken, für sie beten und Messen stiften. Das in Gebete gekleidete Gedenken wurde in Klöstern jener Zeit mit großer Intensität gepflegt. Im Gedenken, in der *memoria*, lebten Verstorbene weiter.

Gott lieben, den Vater achten, dem Herrn treu sein

Im ersten Teil ihres Buches leitet Dhuoda ihren Sohn an, Gott in seiner Größe zu lieben, ihn mit allen Kräften zu suchen. Wilhelm soll die Gebote Gottes und die Lehren der strenggläubigen Kirchenväter befolgen. Sie erläutert diese Mahnung durch Hinweise auf das Geheimnis der Dreifaltigkeit. *Im Namen der Dreifaltigkeit* sind die ersten Worte ihres Buches. Diese Anrufung lässt sich auch als Warnung vor dem Abfall zu den immer noch zahlreichen Arianern und Adoptianern verstehen, Christen, die den Glauben an den dreifaltigen Gott ablehnten.

Wilhelm soll sich in diesen Fragen aber auch selber kundig machen. Er soll lesen, Bücher kaufen, auf gute Lehrer hören, vor allem aber sein Leben an Glaube, Hoffnung und Liebe ausrichten, den theologischen Tugenden. Dhuoda bestürmt ihren Sohn zu beten, in Gedanken, mit Worten und Werken. Dann werde Gott ihm *in der Welt Glücksgüter reichlich gewähren* und alle seine Feinde *zum Frieden bekehren.*

Nach allem, was Dhuoda selbst erlebt hat, wundert man sich, dass sie ihrem Sohn so sehr einschärft, die Autorität seines Vaters zu achten. Zeit seines Lebens soll er ihn fürchten, lieben und ihm in allem treu sein. Steht ihr dabei vor Augen, wie sehr das ganze Land darunter leidet, dass die Söhne Ludwigs des Frommen gegen ihren Vater aufbegehrten? Dhuoda führt Wilhelm nachahmenswerte Gestalten aus der Bibel vor Augen. Wie selbstverständlich geht sie davon aus, dass er – damals etwa 17 Jahre alt, also volljährig – einmal Kinder haben werde.

Genauso eindringlich ermahnt sie ihren Sohn, seinem gerade einmal drei Jahre älteren Herrn, Karl dem Kahlen, treu zu sein. Es klingt beschwörend, wenn sie behauptet, Wilhelms Vorfahren seien niemals untreu gewesen; *das gab es nicht, gibt es nicht und wird es nicht geben (nec fuit, est, nec erit).*

Mit ihrer dritten Mahnung betritt sie vermintes Gelände. Wilhelm soll aus Psalmen und Weisheitsbüchern lernen, wie man gute von schlechten Ratgebern unterscheidet. Dhuoda wusste, dass es so gut wie unmöglich ist, sich im Rat der Mächtigen die Unschuld zu bewahren. Trotzdem formulierte sie mit wenigen Worten ein Maximalprogramm: Wilhelm solle Demut, Liebe, Keuschheit, Geduld, Sanftmut, Bescheidenheit und Mäßigkeit zeigen, und, als sei das nichts Besonderes, fügt sie an, auch Schläue *(astutia)*. Hat nicht sogar Jesus seinen Jüngern empfohlen, klug wie die Schlangen zu sein (Mt 10,16)? Zu Sanftmut und Bescheidenheit passte der Rat, ihr Sohn möge Menschen, die unter ihm stehen, rücksichtsvoll begegnen, damit sie sich nach oben arbeiten könnten.

Recht wortkarg äußert Dhuoda sich zu den Geistlichen: Wilhelm solle die Priester und Bischöfe ehren, seien sie doch Brückenbauer, Vertraute Gottes. Falls sie *in ihrem Verhalten vom Ideal abweichen,* solle er sie nicht tadeln; einen ähnlichen Rat sollte 400 Jahre später Franz von Assisi geben. Dhuoda erinnert an ein Wort Jesu, auf das sich im Laufe der Geschichte nicht wenige Christen berufen haben, die der Zustand der Kirche beunruhigte: Im Hause Gottes sind „viele Wohnungen" (Joh 14,2). Wie um die Sprengkraft dieser Aussage abzumildern, empfiehlt sie ihrem Sohn, unter vier Augen aufrichtig zu beichten, *unter Seufzen und Tränen.* In anderem Zusammenhang begnügt sie sich mit dem Rat, Wilhelm müsse sich nach einem Fehltritt mit Gott aussöhnen.

Von christlichen Gemeinden, von Gotteshäusern, von Mönchen und Nonnen ist nicht die Rede, auch nicht von der Rolle, die Äbte und Bischöfe im politischen, gesellschaftlichen und militärischen Leben spielten, noch von Abgaben an die Kirche. Nur beiläufig wird erwähnt, dass die Priester Chrisam und Öl weihen, dass sie taufen, Brot und Wein wandeln und *uns* die Kommunion reichen zur Vergebung der Sünden und zum Heil des Körpers. Es bleibt offen, ob Dhuoda im Rahmen einer kirchlichen Feier mit ihrem Mann getraut worden ist.

Ausführlich geht sie auf Fehlverhalten ein. Um das Leben zu meistern, solle Wilhelm Faule, Stolze und Verworfene meiden und nicht dem Laster der Hoffart verfallen. Mehr noch als sonst flicht Dhuoda biblische Zitate ein: Die Tage sind böse; es wird Menschen geben voll Eigenliebe, Gier, Geiz, Ungehorsam, die mehr der Welt als Gott gefallen! Als hilfreiche Gegenmittel preist sie die sieben Gaben des Heiligen Geistes, vor allem die Frömmigkeit. Diese besteht für sie nicht nur im Beten und im Studium heiliger Schriften, sondern auch in der Sorge für die Nächsten. Wilhelm solle die Gastfreundschaft hochhalten, Arme und Trauernde trösten. Wenn er gut abwäge, angemessen spreche, richtig handle, sittsam, gerecht und mit der Freude an Gott in dieser gefährlichen Welt lebe und dazu noch in allem Gott fürchte, werde er *immer und überall ruhig schlafen können* und einst die Seligkeit gewinnen. Mehrfach rühmt Dhuoda die Keuschheit. Doch ebenso legt sie ihrem Sohn ans Herz, was Waisen, Witwen und andere Arme brauchen: Speise, Trank und Kleidung. *Wir alle,* so begründet sie ihre Aufforderung, seien Fremdlinge, Gäste, Pilger. Sogar daran denkt sie, dass ihr Sohn eines Tages Richter sein müsse: Sie warnt ihn vor dem Zorn und rät ihm zur Barmherzigkeit.

Dhuoda ist sicher, dass ihrem Sohn Betrübnis, Krankheit und anderes Leid nicht erspart bleiben werden. Trost werde er vor allem im Singen der Psalmen finden, die Hilfe schenken und zu Christus führen. Beten solle Wilhelm auch für Bischöfe und Priester, für Könige und Große, für seinen Herrn Karl den Kahlen, für seinen Vater, für die Reisenden zu Land und zur See, für die Kranken, für das ganze heilige Volk Gottes. Zwei Anliegen trägt sie Wilhelm geradezu flehentlich vor: Am meisten solle er für seine Eltern beten, und *ganz besonders für dich selber (ad te specialiter).*

In einem Nachtrag gedenkt Dhuoda verstorbener Angehöriger; ihr Sohn wusste wohl, wer gemeint war: Wilhelm, Kunigunde,

Gariberga, Withburgis, Theoderich, Gothzelm, Werner, Rothlindis. Es sind ausschließlich germanische Namen, obwohl die Genannten wahrscheinlich im heutigen Südfrankreich gelebt haben. Aus anderen Quellen ist bekannt, dass Franken romanischer Zunge ihren Kindern gern Namen auf -bert, -ger und -hild gegeben haben. Vielleicht noch erstaunlicher: Sogar Eltern, die im Christentum verwurzelt waren, haben ihre Kinder nicht unbedingt auf die Namen biblischer Gestalten, christlicher Märtyrer oder Bekenner taufen lassen.

Eine Ergänzung: Etwa 200 Jahre nach Dhuoda hat Odilo, von 994 bis 1049 Abt des Klosters Cluny, ein neues Fest eingeführt: Allerseelen. Das *Gedächtnis aller verstorbenen Gläubigen, die vom Beginn der Welt an bis zu ihrem Ende gelebt haben,* solle in den zu Cluny gehörenden Klöstern ebenso feierlich begangen werden wie das Fest Allerheiligen, und zwar am 2. November. Odilo hat nicht von Christen gesprochen, auch nicht von den Söhnen Abrahams oder von Mönchen, sondern schlicht von *Gläubigen (fidelium);* und das waren für ihn nicht nur die Getauften! Mit ihren Aufzeichnungen könnte Dhuoda die Neuerung vorbereitet haben, die sich in der lateinischen Christenheit rasch durchgesetzt hat und bis heute lebendig ist.

Die Schrift für das eigene Grab

Dhuoda beschließt ihr Buch mit einem langen Gedicht, das einst ihr Grab schmücken soll; wer es lese, solle ihre Worte beherzigen und, als schließe das Grab sie schon ein, Gott bitten, dass er ihr verzeihe. *Der Erde entnommen, liegt in dem Hügel Dhuodas Leib begraben: Du König ohne Ende, nimm sie auf!* Sie bittet den *gnädigen Gott*, ihr *die ewige Ruhe und das ewige Licht* zu schenken. Sie beschwört alle, die dereinst des Weges kommen, ob Mann oder Frau, alt oder jung, ihr mit Gebeten beim *höchsten Gebieter* zur Seite zu stehen. Fortlaufend gelesen, fügen sich die Anfangsbuchstaben der sechs ersten Strophen zu dem Namen DHUODA zusammen. Die Grabschrift endet mit dem ersten und letzten

Buchstaben des griechischen Alphabets. Sie stehen oft für den Anfang und das Ende der Zeit, lassen sich aber auch auf den allmächtigen Gott beziehen (Offb 1,8). Beide Buchstaben rahmen ein Kreuz:

A † Ω

Wiberat († 926)

Eine Frau, die ihrem Namen Ehre machte

Beutelüsterne Reiterscharen zogen in der ersten Hälfte des 10. Jahrhunderts immer wieder aus Ungarn nach Westen. Am 1. Mai 926 fiel eine dieser Horden auch in St. Gallen ein. Das Kloster war leer, denn die Mönche hatten sich rechtzeitig in Sicherheit gebracht. Unweit des Klosters stand ein winziges Haus. Durch ein Fenster sahen die Räuber eine Frau; da es keine Tür gab, brachen sie durch das Dach ein. Sie erschlugen die Frau mit einer Axt und beraubten sie, weil sich sonst nichts fand, ihrer Kleider. Sie ließen ihr nur das harte Untergewand.

Historische Erinnerung, im Glauben befestigt

Am 3. Mai verließ Hitto, der Bruder der Erschlagenen, als erster das Versteck, in das die Mönche sich geflüchtet hatten. Er fand seine Schwester tot vor ihrem kleinen Altar; der von harter Askese abgemagerte Körper war kaum verhüllt; ihr Blut war aus drei Wunden am Kopf an die Wände gespritzt. Am 8. Mai wagten die anderen Mönche sich hervor. Vom Anblick der Toten erschüttert, trug einer ihren Namen in das Buch ein, das ihm wohl als erstes in die Hand fiel. *Am 1. Mai wurde die Rekluse Wiberat von Heiden getötet.* So ist bis heute in dem Professbuch zu lesen, in das man sonst nur die Namen der Mönche eintrug, die in St. Gallen ihr Gelöbnis ablegten. Ein anderer schrieb später Wiberats Namen mit dem genauen Todesjahr und Todestag auch in das Verbrüderungsbuch, in dem die Frauen und Männer verzeichnet sind, derer die Mönche Jahr um Jahr im Gebet gedachten.

Ein Ort lebendiger Erinnerung wurde Wiberats Grab. Ihr Bruder hatte Fenchel darauf gepflanzt; das Heilkraut breitete sich üppig aus. Besucher pflückten davon, nahmen es mit und erzählten später, es habe ihnen Gesundheit gebracht. Ein Schüler des Klosters mit Namen Ulrich war als junger Mann oft an Wiberats Fenster gegangen; als alter, hoch angesehener Bischof von Augsburg besuchte er das Grab seiner Lehrerin. Ihr Bruder Hitto war gestorben; auch sonst gab es im Kloster fast niemanden mehr, der Wiberat noch gekannt hatte. Ulrich ermahnte Ekkehard, den Geschichtsschreiber des Klosters, aufzuschreiben, was er von der Toten in Erfahrung bringen konnte.

Drei Generationen später wurde die Erinnerung an Wiberat feierlich erhöht. Wiborada – so die latinisierte Form ihres Namens – ist die erste Frau, die von einem Papst „zur Ehre der Altäre erhoben", das heißt, den Heiligen zugesellt wurde, die in der Kirche Jahr für Jahr in einem zu ihrem Gedächtnis gefeierten Gottesdienst verehrt werden. Eine kirchenamtlich festgelegte Form der Heiligsprechung gab es damals noch nicht. Durch Ekkehard IV., einen Nachfolger jenes älteren Ekkehard, weiß man, dass es Papst Clemens II. war, der die Verehrung der Wiborada auf diese Weise gefördert hat. Damit ist auch das Jahr bekannt, in dem das geschah, denn Clemens II. ist im Oktober 1047 nach nur zehn Monaten im Amt unter ungeklärten Umständen gestorben.

Abt Norbert von St. Gallen war in jenem Jahr nach Rom gekommen, um Papst Clemens Hilfe bei dessen Reformvorhaben anzubieten. Bei diesem Besuch ließ der Papst sich die Vita der Wiborada vorlesen. Er tadelte den Abt, dass man die Erinnerung an eine solche Frau so lange vernachlässigt habe. Für die von nun an jährlich abzuhaltenden Feiern zu Ehren Wiboradas hat Ekkehard IV. den Bericht seines Vorgängers überarbeitet. Diese zweite Fassung der Biographie ist erhalten; sehr viel hat Ekkehard IV. an seiner Vorlage wohl kaum verändert.

Fromm und eigensinnig

Wiberat war adeliger Herkunft. Eines Tages ritt sie zusammen mit ihren Eltern zur Kirche. Plötzlich packten sie schwere Kopfschmerzen. Sie stieg vom Pferd, setzte sich auf die Erde, zog ihren Kopfputz herunter und verbarg ihn zusammen mit allem Schmuck unter ihrem Mantel. Der besorgten Mutter erklärte sie, sie werde schon noch nachkommen. Ihr Pferd gab sie den Begleitern und ging zu Fuß weiter. Von da an hat Wiberat den langen Weg zur Kirche stets zu Fuß zurückgelegt. Wenn häusliche Pflichten sie nicht daran hinderten, wanderte sie auch noch bei Dunkelheit dorthin; zu Hause meinte man, sie sei zu Bett gegangen, während sie in nächtlicher Stille an heiliger Stätte betete.

Viele Jahre lebte sie zu Hause. Sie pflegte ihre Eltern bis zu deren Tod und versorgte ihren Bruder Hitto mit allem, was er brauchte, zuerst solange er noch Klosterschüler in St. Gallen war, dann als einen Landpriester, der in seinem Elternhaus lebte. Wenn Hitto Kranke mitbrachte, nahm sie die Sorge für diese allein auf sich. Sie riet Hitto, als Mönch in St. Gallen einzutreten, bat ihn aber, sie zuvor noch nach Rom zu begleiten. Von dieser Reise erzählt ihr Biograph fast nichts; doch Wiberats Lebensstil war danach verändert. Sie lebte in ihrem Haus wie in einem strengen Kloster. Um als standesgemäß versorgte Dame zu erscheinen, ließ sie sich von zwei Dienerinnen feinste Speisen bereiten, begnügte sich aber mit ein wenig Gemüse und verschenkte alles übrige als *Reste von ihrer Tafel* an arme Leute.

Bald verlangte sie, sich weit mehr, als es in ihrem schönen Elternhaus möglich war, dem Dienst für Gott zu weihen. Vom Bischof von Konstanz erbat sie die Erlaubnis, eingeschlossen in einer Zelle und in strengster Askese nur noch dem Gebet und der Nächstenliebe zu leben. Zur Probe wies der Bischof sie in eine karge, doch noch offene Zelle neben der St. Georgskirche bei St. Gallen ein. Sie hielt sich kaum in ihrer Zelle auf, stets fand man sie betend in der Kirche. Nach vier Jahren hatte sie erreicht, was sie wollte. Mit feierlichen Zeremonien ließ der Bischof sie in jenes Häuschen einmauern, das sie nur als Tote verlassen wollte.

Asketisch und verschwenderisch

Verschwenderisch sei sie auf ihrer Romreise gewesen, ist in Wiberats Vita zu lesen. Das Meiste von dem, was sie und ihr Bruder eigentlich gebraucht hätten, um wohlbehalten an die Gräber der Apostel und zurück zu gelangen, habe sie unterwegs an Arme verteilt. Ebenso verschwenderisch hat sie für andere gebetet. Besucher der St. Georgskirche beschenkten sie mit reichen Gaben, damit sie an ihrer Stelle bete, da ihnen selber in der Mühsal täglicher Arbeit keine Zeit dazu bleibe. Wiberat hat für jeden, der sie darum bat, stundenlang gebetet, vor dem Altar auf dem Boden liegend. Die Geschenke gab sie den Armen; doch einen Teil hob sie auf, um den Frauen, die ebenso wie sie beim Kloster St. Gallen in Zellen hausten, einmal im Jahr ein Fest zu bereiten.

Als endlich ihr Wunsch erfüllt und sie näher beim Kloster, bei der Kirche St. Magnus, in ihre Zelle eingeschlossen worden war, kamen erst recht viele Menschen mit Geschenken und der Bitte, Wiberat möge sie in ihr Gebet einschließen. Mit Hilfe ihrer Dienerin konnte sie weiterhin großzügig die Armen speisen. Doch betrügen ließ sie sich nicht. Eines Tages wälzte sich draußen vor ihrem Fenster ein Mann schreiend auf dem Boden; er müsse sofort zu essen bekommen, sonst sterbe er. Sie hörte nicht hin. Als der Arme kam, den sie alle Tage speiste, war der Fremde verschwunden.

So karg ihr tägliches Brot und so armselig ihre Zelle auch waren, an der Ausstattung ihres kleinen Hauses durfte nicht gespart werden. Wiberat konnte nicht mehr zur Messfeier in die Kirche gehen, doch in ihrer Behausung feierte sie an einem eigenen Altar den *göttlichen Kult.*

Priesterlich dienend

Als Wiberat noch in ihrem Elternhaus lebte, hatte ihr Bruder ihr die Psalmen beigebracht, natürlich auf Latein. Doch nur bis zum fünfzigsten; die übrigen hundert Psalmen hat Wiberat sich dann selber erarbeitet. Eines Tages klagte Hitto, dass er den Messgesang für den nächsten Sonntag nicht beherrsche und auch im Kloster keinen gefunden habe, der mit ihm die Liturgie singe. Wiberat tröstete ihn, Gott sei der sicherste Helfer seiner Diener. Am nächsten Tag sang sie mit ihm zusammen die Messtexte so sicher und so schön, dass alle staunten.

Mehrfach erzählt der Biograph von Wiberats klarsichtigen Träumen. Einmal, als sie schon in der Zelle lebte, sei ihr eine bereits verstorbene Dienerin erschienen und habe sie gemahnt, Kelch, Patene, Corporale und Manipel, mit denen sie Opfer darbringe, zu reinigen. Auch die Oblaten seien nicht sauber gebacken. Als umsichtiger Historiker teilt Ekkehard mit, wie dieser Traum bekannt geworden ist. Als Wiberat am nächsten Morgen die Dienerin zur Rede gestellt habe, die an die Stelle der Verstorbenen getreten war, habe diese ihre Versäumnisse eingestanden, ihre Herrin aber um Auskunft gebeten, woher sie davon wisse.

Für Ekkehard scheint es selbstverständlich zu sein, dass Wiberat in ihrer Zelle alles besaß, was für eine Messfeier bereit sein musste: ein Corporale als reines Tuch, das den Altar bedeckt und auf das der Priester das Brot legt, das er und die Gemeinde als den Leib Christi empfangen werden; die Patene als Teller für das Brot; den Kelch für den Wein; und das Manipel als breites Band am linken Arm des Diakons, der dem Priester zur Seite steht.

War Wiberat zu priesterlichem Dienst geweiht? Das Brot aus ihrer Liturgie hat sie als *gesegnetes Brot* nur an würdige Personen weitergegeben. Ein Priester, der es unachtsam angenommen und im Weitergehen einem Armen geschenkt hatte, erkrankte bald darauf schwer. Auf seinem Lager wurde ihm klar, was er getan hatte; durch Boten ließ er Wiberat um ein neues Stück ihres gesegneten Brotes bitten. Ohne ein Wort des Vorwurfs sandte sie es ihm, und wenige Tage später war er genesen.

In einem Traum erlebte Wiberat einmal eine außergewöhnliche Messfeier mit großer Gemeinde. Der heilige Gallus war in ihr Häuschen gekommen; umgeben von weißgekleideten Seelen sang er die Messe. Nach dem Schlussgebet trat er an das Fenster ihrer Klause, wies zum Kloster hinüber und sagte, dort gebe es Sünder; es werde nicht mehr lange dauern, dann würden Mönche mit ihrem Schiff im See untergehen. Ekkehard beendet diesen Bericht mit den Worten, viele hätten es erlebt, dass ihr Traum wahr geworden sei.

Wahr geworden, erklärt Ekkehard gleich zu Beginn der Vita, sei auch der Name, den diese Frau getragen habe: Wiberat – das heißt Frauen-Rat.

Eine kluge Kennerin der menschlichen Natur

Einen guten Rat hatte Wiberat ihrem Bruder gegeben: Für einen Mann wie ihn sei der rechte Platz im Kloster. Hitto gab die Arbeit als Landpriester auf; im Kloster wurde er Küster.

Als betuchte Frau aus dem Adel, die sich auf ihre Dienerinnen verlassen konnte, hatte Wiberat viel Zeit und Gelegenheit, Menschenkenntnis zu erwerben. Als sie noch im Elternhaus lebte, hatte sie ihren Bruder im Amt des Landpriesters unterstützt und sich mit ein wenig Hilfe von seiner Seite in die Psalmen eingearbeitet. Der Psalter wurde ihr Lebensbuch, mit dem sie ständig über Gott und die Welt nachdachte. Bei der St. Georgskirche wurde sie die großzügige Freundin anderer Frauen, die ein geistliches Leben führen wollten. Armen und Kranken hat sie jederzeit wohlüberlegt und tatkräftig geholfen. Viele Menschen kamen von weit her, um von ihren Nöten zu erzählen und um Gebetshilfe zu bitten.

Durch ihr Fensterchen bekam sie auch mit, wie nachgiebig die Mönche von St. Gallen gegenüber weltlichen Herren waren. So hatte einmal Herzog Burchard von Schwaben seinen Besuch angekündigt. In der Nacht zuvor sah Wiberat im Traum den heiligen Gallus in zerrissenem Gewand; er klagte, der Herzog habe sein Kloster übel beraubt. Wiberat ließ den Herzog, noch bevor er ins Kloster ging, zu sich rufen. Von ihrem Fenster aus klagte sie ihn an. Seine Entschuldigung, die Mönche hätten ihm doch von sich aus ihre Schätze gegeben, ließ sie nicht gelten. *Nicht aus Liebe, aus Furcht haben sie es getan!* Nehme er weitere Geschenke an, werde er plötzlich sterben. Er versprach, ihre Warnung zu beachten. Doch Wiberat hatte die Schwäche der Mönche richtig eingeschätzt. Wieder überließen sie dem Herzog viele Kostbarkeiten, und dieser nahm, was er kriegen konnte. Kurze Zeit später stürzte er während eines Feldzugs in eine Grube und kam elend um. Seine Gattin gab die Schätze an das Kloster zurück; nur eine kostbare Schale vertauschte sie gegen eine minderwertige. Der Erzähler kann sich nicht enthalten, hinzuzufügen, *wie wir sie jetzt noch sehen.*

Wiberat hat ihre Begabung nicht immer in den Dienst des Klosters gestellt. – Die Mönche hätten den hochbegabten Schüler Ulrich gern bei sich behalten, damit er eines Tages ihr Abt werde. Ulrich ging an Wiberats Fenster und bat sie um Rat. Sie gab ihm zu bedenken, er solle sich nicht zu fest an das Kloster binden; andernorts werde er dringender gebraucht. Wenn er das Kloster verlasse, müsse er zwar mit schweren Zeiten rechnen, werde endlich aber Frieden finden. Ulrich wurde im Jahr 923, mit 33 Jahren, Bischof von Augsburg. Wiberat hatte ihn richtig eingeschätzt; im Jahr 955 sollte er seine Stadt tatkräftig gegen die Ungarn verteidigen und damit zum siegreichen Ausgang der Schlacht auf dem nahen Lechfeld und zur endgültigen Vertreibung der Feinde beitragen. Danach hat er noch viele Jahre sein Bistum zum Wohl des ganzen Reiches geleitet.

Eines Tages, im Juni 925, versank Wiberat in der Mittagshitze in einen finsteren Traum. Als sie, wie fast immer, in ihrem Lebensbuch, dem Psalter las, fiel ihr Kopf auf das aufgeschlagene Buch. Da sieht sie die Ungarn kommen. War man denn nicht einmal in den Bergen vor den Räubern sicher? Ihr Schrecken war so groß, dass sie die Warnung erst Tage später weitergeben konnte. Nicht nur die Mönche sollten es wissen, in allen Gottesdiensten sollte darüber gepredigt werden. Am 1. Mai 926 überfielen die Ungarn St. Gallen; doch die Mönche und die Bauern der Umgebung hatten unweit des Klosters längst einen geeigneten Berg zu einer Fliehburg ausgebaut.

Eigensinnig auch den Schrecken standhalten

Als junges Mädchen war Wiberat oft heimlich des Nachts zur Kirche gewandert, um dort in Ruhe zu beten. Einmal versperrt ein wilder Eber ihr den Weg; sie bleibt stehen, blickt ihm fest in die Augen, schlägt das Kreuzzeichen und betet. Bald ist das Tier verschwunden, und sie kann in die Kirche eintreten. Bloß erfunden hat der Erzähler diese Szene nicht; er hatte von Wiberat als einer Frau gehört, die eigene Unsicherheit nicht leugnete, aber bösen Schrecken standhielt.

Wenn verängstigte Menschen zu ihr kamen, wird sie ihnen gesagt haben, dass diese Welt nun einmal voller Nöte sei, damit müsse man leben. Kamen junge Mönche, die sich besorgt fragten, ob sie ihr Gelübde nicht zu früh abgelegt hatten, erzählte sie ihnen wohl von dem ersten furchtbaren Erschrecken nach ihrer Einschließung. Als sie sich nach der feierlichen Zeremonie in ihrer Zelle allein sah, war sie plötzlich von heftiger Bestürzung gepackt: Was hatte sie auf sich genommen?! Sie warf sich zu Boden und betete. Da fällt ein *zottiger, schauriger Menschenkopf mit offenem Mund* vor sie hin. Sie betet weiter, und der Kopf löst sich auf.

Auf den todbringenden Einfall der Ungarn konnte Wiberat sich fast ein Jahr lang, vom Juni 925 bis zum Mai 926, einstellen. Kurz vor dem Eintreffen der Räuber schickte der Abt elf Mönche, um sie feierlich zu der sicheren Burg zu geleiten. Sollte sie die heilige Zwölfzahl voll machen, die für Christen zum Zeichen der Erneuerung des Gottesvolkes geworden ist? Wiberat weigert sich; am nächsten Tag kommt atemlos der Abt selber; am Tag darauf ihr Bruder. Sie bleibt in ihrer Klause. Die Ruhe des Betens, die sie errungen hat, gibt sie der Ungarn wegen nicht auf. Doch ein Vorbild für andere will sie nicht sein; dringend rät sie dem Abt und dem Bruder, die Zeit zu nutzen und die Schätze des Klosters zu retten.

Wozu Legenden verbreiten?

In St. Gallen werden Mönche den Wallfahrern zum Grab der Wiberat manches Mal aus dem Buch der beiden Ekkehard vorgelesen haben. Damals ließen Menschen sich von „Legenden", d. h. von „Lesenswertem" aus dem Leben heiliger Menschen anleiten, Erfahrungen ihres eigenen Lebens zu bestehen. Das Leben der Wiborada spielte in einem kleinen geographischen Raum, im Bergland am Bodensee; Rom ist dem Biographen kaum ein paar Worte wert. Nach außen führte Wiberat ein enges Leben, im Elternhaus, in einer Zelle bei St. Georg, und erst recht in dem zugemauerten Häuschen bei St. Magnus. Doch so lebendig wie die beiden Ekkehard davon erzählen, möchte man fragen, ob nicht auch Frauen unserer weltoffenen Zeit – und warum nicht auch Männer? – sich von diesen Geschichten anregen lassen könnten, über dies oder das aus ihrem Leben nachzudenken.

Margarete, Königin von Schottland (1045/46 bis 1093)

Eine strenge Christin im Kampf für den Frieden

Margarita (die Perle), *fortgeholt vom Misthaufen der irdischen Welt, glänzt an ihrem Ort, in der Krone des ewigen Königs.* Turgot, der Verfasser der *Vita Margaritae,* feiert die Königin von Schottland als eine im Himmel hoch geehrte Heilige. Als einer ihrer Hofgeistlichen hatte er sie gut gekannt. Vieles, was er berichtet, beweist, dass die irdische Welt dieser Frau kein verächtlicher *Misthaufen* gewesen ist. Sie hat Reformen in der Kirche Schottlands angestoßen und die Versöhnung mit England vorbereitet; die Erfolge ihres Wirkens hat sie nicht mehr erlebt.

Ein Buch, das den Frieden befestigen soll

Turgots Buch feiert diese Erfolge. Es ist Mathilde gewidmet, der Tochter Margaretes und Gemahlin Heinrichs I., des Königs von England. Durch diese Ehe war der Friede zwischen zwei zuvor verfeindeten Königshäusern gesichert. Heinrich I. war ein Sohn Wilhelms des Eroberers, der im Jahr 1066 die Normannen zur Herrschaft über England geführt hatte. Der angelsächsische Thronerbe hatte sich damals zusammen mit seiner Mutter und seinen beiden Schwestern nur durch rasche Flucht retten können. Eine dieser Schwestern war Margarete. Und nun war die Tochter der geflohenen angelsächsischen Prinzessin mit dem Sohn des normannischen Eroberers vermählt!

Damit war zugleich noch ein zweiter Streit geheilt, ein Streit zwischen England und Schottland. Die angelsächsische Königsfamilie hatte eigentlich nach Ungarn fliehen wollen, denn die Mutter, Agatha, stammte aus dem ungarischen Königshaus. Doch ein

Sturm hatte ihr Schiff an die Küste Schottlands verschlagen, und König Malcolm hatte den Flüchtlingen Asyl gewährt. Mehr noch: als seine erste Frau gestorben war, hatte er Margarete geheiratet. Sollten die Normannen sich in England nicht halten, dann – so war sein Kalkül gewesen – würde die Ehe mit der angelsächsischen Prinzessin ihm nützlich sein! Mit vielen Raubzügen hatte Malcolm seine normannischen Nachbarn verunsichert. Und nun war seine und Margaretes Tochter die Gemahlin eines Königs aus jenem Herrscherhaus!

Turgot hat die Vita Margaritae verfasst, um die Frau zu rühmen, der dieser doppelte Friede zu verdanken war. Darum beschränkt er sich darauf, von Margaretes Leben in Schottland zu berichten. Nur ein einziger – heute nur für Spezialisten erkennbarer – Hinweis in seinem Buch verrät, dass Margarete in Ungarn aufgewachsen ist. Auf dem Sterbelager verlangt sie mit schmerzlicher Ungeduld nach einem Schatz, der sie von dorther durch ihr Leben begleitet haben muss, nach dem *schwarzen Kreuz.* Im Schlussabschnitt dieser kleinen Biographie ist darauf einzugehen.

Margarete war 20 Jahre alt, als es sie nach Schottland verschlug. Aus ihrer Jugendzeit erzählt Turgot nichts. Man muss eine Vielzahl unterschiedlicher Quellen befragen, um sich vorstellen zu können, welche Erfahrungen Margarete in diesen Jahren gemacht hat. Wir werden unsere Leser zum Schluss einladen, auch bei diesen Recherchen mitzugehen; dabei mag manches verständlicher werden, was heute an Margaretes Frömmigkeit fremd, ja abstoßend wirkt.

Ein freundlicher Ehemann

Malcolm hatte seine gut 15 Jahre jüngere Frau gern. Manche Bekundungen ihrer Frömmigkeit werden ihm übertrieben vorgekommen sein, doch er konnte gutmütig darüber hinwegsehen. Legte er beim Opfergang Goldmünzen vor den Altar, griff die Königin rasch zu, um einige davon an Bettler zu verschenken.

Meist tat der König, als merke er nichts; manchmal drohte er ihr scherzhaft mit dem Gericht.

Zwar gelang es Margarete nicht, Malcolm von Beutezügen nach England abzuhalten, doch er verbot ihr nicht, Engländern beizustehen, die er gefangen genommen hatte. Sie sandte Kundschafter aus, die ihr melden mussten, ob Kriegsgefangene unmenschlich behandelt würden. Margarete kaufte die Männer frei, *Angeln jeglichen Standes.* Dass sie damit erste Wege des Friedens zwischen den Nachbarn bahnte, hat Margarete nicht mehr erfahren. Als sie auf dem Sterbebett lag, brachte man ihr die Nachricht, Malcolm sei auf einem Raubzug in England erschlagen worden.

Dreiundzwanzig Jahre lang, von 1070 bis 1093, waren Malcolm und Margarete miteinander verheiratet. Acht Kinder gingen aus ihrer Ehe hervor, sechs Söhne und zwei Töchter. Auch bei der Erziehung der Kinder ließ Malcolm seiner Gemahlin freie Hand.

Königskinder, streng erzogen

Margaretes Töchter waren, wie es in adeligen Familien üblich war, in früher Kindheit einem Kloster übergeben worden. Turgot erklärt, er habe sein Buch für Mathilde geschrieben, damit sie, die *ihre Mutter kaum von Gesicht gekannt hatte, wenigstens vollkommene Kenntnis ihrer Tugenden* gewinne. Was Turgot von diesen Tugenden erzählt, wirkt abschreckend. Wer Margarete *liebte, fürchtete sie auch;* herrschte Fröhlichkeit, duldete sie kein lautes Lachen; traf sie ein Schmerz, bewahrte sie Gleichmut; heller Zorn packte sie, wenn sie jemanden bei einer Sünde ertappte; schärfer aber als alle anderen verurteilte sie sich selber, schon für kleinste Vergehen.

Die Söhne wurden am Hof erzogen. Sie sollten von Kindesbeinen an sehen, wie Malcolm Land und Leute regierte. Margarete duldete aber nicht, dass ihre Söhne Zeugen übler Gewohnheiten würden. Schottische Herren haben, als sei das ihr gutes Recht, alles, was sie gerade brauchen konnten, ihren Untertanen weggenommen. Die Königin drang darauf, dass niemand aus der

Umgebung des Königs sich erdreistete, *Bauern und arme Leute zu unterdrücken und zu verletzen.* Die Großen sollten lernen, die Würde der Schwächeren zu achten. Malcolm gefiel das; er sah, dass seine Frau an seinem Hof Anstand einführte.

Die Erzieher ihrer Söhne hielt Margarete zu äußerster Strenge an. *Der Hofmeister der Kinderstube sollte sie schelten und mit Ruten schlagen, wenn sie frech seien.* In der Bibel heißt es: *Wer die Rute spart, hasst seinen Sohn* (Spr 13,24); das galt von alters her nicht nur in Königsfamilien. Neu aber waren die Erziehungsziele, die Margarete verfolgte. Ein Königssohn galt in Schottland nur dann als fähig, den Thron zu besteigen, wenn es ihm gelang, sich gegen seine Brüder durchzusetzen und sein Gefolge zum Sieg zu führen. Um den Frieden im Lande zu sichern, erzog Margarete ihre jüngeren Söhne dazu, Vorrechte der älteren Brüder zu achten. Malcolm ließ sie auch darin gewähren. Beim Opfergang in der Messe gingen die Söhne hinter ihren Eltern her, *und nie wagte ein Jüngerer, dem Älteren voranzugehen.*

Auf dem Sterbebett musste Margarete sich fragen, ob ihre Erziehung erfolgreich gewesen sei. Malcolm hatte seinen Ältesten auf den Feldzug mitgenommen; mit seinem Vater zusammen war auch Eduard gefallen. Würden nun die fünf jüngeren Brüder um den Thron streiten? Als Turgot die Vita verfasste, konnte er schon berichten, dass der sonst übliche Thronstreit ausgeblieben war. Die Friedfertigkeit der Königssöhne sei, so schrieb er, der religiösen Erziehung durch ihre Mutter zu verdanken.

Lehrerin christlichen Glaubens

Ihre Töchter hatte Margarete einem Kloster anvertraut, das von ihrer Schwester geleitet wurde; ihre Söhne unterrichtete sie selber. Oft, schreibt Turgot, habe die Königin ihre Söhne zu sich gerufen, um sie im Glauben an Christus zu unterweisen. Schottischen Geistlichen traute sie nicht. *Sie sah, dass es im schottischen Volk viele Sitten gab, die der rechten Glaubensregel und den heiligen Bräuchen der allumfassenden Kirche widersprachen.*

Irische Mönche hatten einst das Christentum ins Land gebracht; doch seit langem war die schottische Kirche im Niedergang begriffen. Wikinger hatten Kirchen und Klöster ausgeplündert; heilige Stätten standen leer; Fromme hatten sich in unzugängliche Berge zurückgezogen. Margarete suchte Einsiedler in ihren Höhlen auf und bat sie um Rat. Nicht wenige der irischen Glaubenstraditionen, über die sie dort belehrt wurde, waren ihr fremd.

Die Königin ließ Synoden einberufen. Sie wollte den Klerus davon überzeugen, dass man sich in Schottland an dieselben Bräuche zu halten habe wie in anderen Ländern: Das Fastengebot solle vom Aschermittwoch an gelten und nicht erst vom Montag danach; am Sonntag dürfe keine irdische Arbeit verrichtet werden; Ehen mit nahen Verwandten seien zu *meiden wie der Tod.* Die Bedeutung solcher Reformen darf man nicht unterschätzen; die Schotten lernten, sich als eines der christlich-abendländischen Völker zu verstehen. Zudem brachte der Streit um eingeschliffene Gewohnheiten frischen Geist in die schottische Kirche; Turgot berichtet von schwierigen Disputen. Als Margarete erklärte, zu Ostern müsse jeder erwachsene Christ die Kommunion empfangen, beriefen schottische Kleriker sich auf die Warnung des Paulus, dass dem Gericht verfalle, wer unwürdig am Mahl Christi teilnehme. Die Königin hielt ihnen ein scharfes Wort Jesu entgegen: *Wenn ihr das Fleisch des Menschensohnes nicht esst und sein Blut nicht trinkt, habt ihr das Leben nicht in euch* (1 Kor 11,29; Joh 6,54).

Margarete war in heiligen Schriften und Lehren der Kirche bewandert, hat aber auch Theologen aus England zu Rate gezogen. Erhalten ist ein Brief, in dem der Erzbischof von Canterbury verspricht, ihr gelehrte Mönche auszuleihen. Wertvolle Hilfe fand Margarete bei ihrem Gemahl. Malcolm konnte weder lesen noch schreiben, und doch war er es, der die Reden dieser angelsächsischen Gelehrten in die keltische Sprache seiner Schotten übersetzte. An Margaretes Seite hatte er gelernt, dass es vorteilhaft war, wenn die Kirche seines Landes sich für die englische Kirche öffnete.

Königliche Würde, christlich gelebt

Einen Rat der Einsiedler im schottischen Bergland hat Margarete sehr ernst genommen. *Sie tat alles, was diese wünschten, ob es darum ging, Armen aus dem Elend zu helfen oder Bekümmerte aus Nöten zu befreien.* Bald waren am schottischen Königshof ungewohnte Bilder zu sehen. Turgot berichtet, 24 arme alte Menschen seien in den königlichen Haushalt aufgenommen worden; jeden Morgen seien neun Waisenkinder und jeden Abend sechs Arme gespeist worden. Im Advent waren gar 300 Arme pro Tag am Königshof zu Tisch geladen. Ritt Margarete über Land, liefen Bedürftige in Scharen hinter ihr her; sie verteilte dann nicht nur, was sie bei sich trug, sondern nahm auch ihrem Gefolge weg, was Arme brauchen konnten, jedoch nicht, ohne ihren Begleitern später Ersatz zu leisten.

Malcolm wusste die Mildtätigkeit seiner Frau als ein Zeichen königlicher Größe zu schätzen. Manchmal wusch der stolze Krieger den Armen an seiner Tafel sogar selber die Füße. Mit Freude sah er, dass die Königin auch den äußeren Glanz seines Hauses mehrte. Seine Familie trug elegante Kleider, wie man sie in Schottland noch nie gesehen hatte. Kaufleute brachten kostbare Waren ins Land; Margarete beschaffte goldenes und silbernes Tafelgeschirr und ließ die königlichen Wohnräume großartig schmücken. Die Adeligen ahmten den König nach, und Margarete lehrte sie, den König mit feierlichem Zeremoniell zu empfangen. Wenn das Gefolge des Königs nicht mehr über die Bauern herfiel, so auch deshalb, weil aus verwegenen Haudegen gesittete Edelleute geworden waren.

Vor allem die Kirchen sollten wieder von der Schönheit des Christentums künden. Vornehme Frauen kamen bei Margarete zusammen, um Altardecken, Messgewänder und Wandteppiche zu weben und aufs Schönste zu besticken.

Innere Friedlosigkeit

Margarete hat viel Neues nach Schottland gebracht: Bücher und theologische Gelehrsamkeit, elegante Kleidung und verfeinerte Sitten. Ihre Söhne hat sie so erzogen, dass friedliches Miteinander und nicht Durchsetzungsfähigkeit als königliche Tugend galt. Die Gefolgsleute des Königs hat sie ritterliches Verhalten gelehrt. Einem Volk, in dem siegreiche Feldzüge als Hauptbeweis der Stärke galten, hat sie gezeigt, dass Taten der Nächstenliebe und Verantwortung für das kirchliche Leben Zeichen königlicher Größe sind.

Bevor erzählt werden kann, woher Margarete ihre hohe christliche Bildung hatte, ist von verstörenden Formen ihrer Frömmigkeit zu berichten. Sogar Turgot deutet an, sie nicht verstanden zu haben: *Was soll ich von ihrem Fasten anderes sagen, als dass sie durch allzu große Abstinenz die Leiden schwerster Krankheit über sich gebracht hat?*

Margarete muss über eine robuste Gesundheit verfügt haben. Mit etwa 25 Jahren hat sie geheiratet; in 15 Jahren hat sie acht Schwangerschaften ausgetragen. Dabei hat sie, wenn königliche Pflichten zu erfüllen waren, kaum Rücksicht auf sich selber genommen. Sie hat die Armen, die in ihr Haus kamen, bei Tisch bedient; mit dem König ist sie durchs Land geritten. Und bei alledem wollte sie leben wie in einem äußerst strengen Kloster. An kirchlichen Festtagen sprach sie genauso viele Gebete wie Nonnen und Mönche in einer Woche. Sonntags mussten vor dem Hochamt fünf bis sechs Messen für sie gesungen werden.

Maßlosem Fasten hat Margarete sich, da ihre acht Kinder gesund und klug geraten sind, wohl erst nach den Wechseljahren hingegeben. Sie war schon schwer erkrankt, als sie immer noch Arme bediente, stundenlang inbrünstig betete, sich unter Tränen in heilige Schriften vertiefte.

Mit 48 Jahren ist Margarete gestorben. Turgot war zwar nicht zugegen; doch ihre letzten Stunden werden wohl so gewesen sein, wie er es erzählt. Margarete hatte alle Priester rufen lassen, die am

Königshof weilten. Sie umstanden ihr Bett und beteten Psalmen. Dann verlangte sie nach dem *schwarzen Kreuz*. Als sie es in den Armen hielt, kam die Nachricht, ihr ältester Sohn und ihr Gatte seien im Kampf gefallen. Doch mit dem Kreuz in ihren Armen nahm sie die Schreckensnachricht dankbar an: *Preis und Dank sage ich Dir, allmächtiger Gott, dass ich bei meinem Tod solche Qual ertrage; das hat Dir gefallen, um mich so – wie ich hoffe – von den Flecken meiner Sünden zu befreien.*

Margaretes kostbarster Schatz

The black rood, das schwarze Kreuz, war bis zur Reformationszeit ein hoch verehrtes Heiligtum. Ein mit Gold und Diamanten verzierter Schrein barg ein Kreuz, in das ein Splitter des „wahren Kreuzes Christi" eingelassen war, das Helena, die Mutter Kaiser Konstantins, der Legende nach einst entdeckt hatte. Turgot nennt Margarete einmal die *zweite Helena*; denn sie hatte das schwarze Kreuz nach Schottland gebracht. Die Sterbeszene verrät, wie viel es ihr bedeutete. Als der kostbare Behälter sich nicht sogleich öffnen ließ, hatte sie bitter geklagt: *Oh, wie erbärmlich, wie schuldbeladen wir sind!* Als sie das Kreuz in ihren Armen hielt, konnte sie sogar die Nachricht vom Tod ihres Mannes und ihres Sohnes mit einem Lobpreis des allmächtigen Gottes beantworten.

Das schwarze Kreuz ist in Turgots Vita der einzige Hinweis darauf, dass Margarete vom christlichen Abendland weit mehr gekannt hat als die Britischen Inseln. Eine so hochheilige Reliquie erhielt nur, wer gute Beziehungen nach Byzanz hatte, wo man das „wahre Kreuz Christi" verwahrte. Wenn man außer der *Vita Margaritae* weitere Quellen befragt, um zu erfahren, wer Margaretes Vorfahren waren und wo sie aufgewachsen ist, kommen weite europäische Verflechtungen in den Blick.

Im Jahr 1017 hatten Dänen England erobert; damals war schon einmal ein angelsächsischer Thronerbe geflohen, Edward, der Margaretes Vater werden sollte. Auf Umwegen kam Edward an den ungarischen Hof, wo er sich bald hohen Ansehens erfreute.

Agatha, eine Verwandte der Königin, wurde seine Frau; für seine Verdienste erhielt er eine kostbare Kreuzesreliquie. Ungarn hatte sich soeben erst dem Christentum geöffnet. Margarete wuchs in eine junge Kirche hinein, in der man sich eifrig mühte, das Volk für Christus zu gewinnen. In Schottland hat sie später ihren Glauben an Christus als eifrige Missionarin bewiesen.

Edward, Margaretes Vater, war in Ungarn so fest verwurzelt, dass er nach dem Zusammenbruch der dänischen Herrschaft die Krone von England einem Verwandten überließ. Dieser blieb kinderlos. Um die Nachfolge zu sichern, rief er Edward nach England, zumal dieser auch einen Sohn mitbringen würde. Die Reise von Ungarn nach England dauerte lang, und die zu dieser Zeit zwölfjährige Margarete hatte gewiss Augen für die Sitten der Länder, die sie durchquerte. Als sie in England eintrafen, starb ihr Vater. Umso wichtiger war es, dass Edward einen Sohn mitgebracht hatte, der nun zum Nachfolger des kinderlosen Königs erzogen wurde. Auch Margarete konnte sich am Hof dieses Königs, der nicht umsonst „Eduard der Bekenner" genannt wurde, elf Jahre lang eine gute christliche Bildung aneignen, bevor sie im Jahr 1066 zusammen mit ihrer Mutter und ihrem Bruder vor den Normannen fliehen musste.

Margarete ist in ihrem Leben Menschen unterschiedlicher Lebensgewohnheiten und Sprachen begegnet: Ungarn, Angehörigen deutscher Stämme, Angeln, Sachsen, Normannen, Schotten. Unwillkürlich kommt einem das Bild von dem „Misthaufen" in den Sinn, das Turgot in der Einleitung der Vita verwendet: In den Boden Europas ist der „Dünger" vieler Stämme eingegangen.

Turgot hat bei diesem Wort gewiss an etwas anderes gedacht. Der gebildete Kleriker zitiert den Kirchenvater Ambrosius; der hatte im 4. Jahrhundert Helena dafür gerühmt, dass sie *vom Mist zur Herrschaft* gelangt, von der Stallmagd zur Mutter Kaiser Konstantins geworden sei. Es sei erlaubt, mit dem Wort vom „Mist" noch ein wenig weiter zu spielen. Margarete hat Glaubens- und Lebenslehren der katholischen, das heisst der allumfassenden

Kirche als „Dünger" in den Boden Schottlands eingebracht. Dieser Dünger hat auch andere Völker und Stämme so gekräftigt, dass sie, ohne ihre Eigenart zu verlieren, zum christlichen Abendland zusammengewachsen sind.

Heloisa (um 1100 bis 1164)

Groß als Gebildete, als Liebende, als Äbtissin

Studenten im Paris des Jahres 1117 fiel auf, dass ihr Lehrer Abaelard, dessen scharfsinnige Vorlesungen sie sonst voller Begeisterung gehört hatten, Tag um Tag übermüdet auf dem Katheder saß und sich in öden Wiederholungen erging. Doch er streute Worte ein, die sich sogleich einprägten; Abaelard war auch Dichter; seine Liebeslieder erklangen bald in allen Gassen. Man wusste, wen er besang: Heloisa, seine Privatschülerin.

Zeugnisse einer ungewöhnlichen Liebe

Zwanzig Jahre später war Heloisa Äbtissin, angesehen beim Klerus, beliebt bei ihren Nonnen und vom Volk verehrt. Abaelard dagegen war als Abt eines Männerklosters kläglich gescheitert und lehrte wieder in Paris. Kurz zuvor hatte er eine der bedeutenden Bekenntnisschriften der abendländischen Literatur geschrieben. Durch die „Geschichte meiner Niederlagen“ ist die Liebesgeschichte von Abaelard und Heloisa bis heute bekannt. Sie ist so abenteuerlich, dass man sie für erdichtet halten möchte, gäbe es nicht glaubwürdige Zeugen.

Der zweite Beleg für diese außergewöhnliche Liebe ist der Briefwechsel, den Heloisa anstieß, als ihr Abaelards Schrift in die Hände fiel. Sie ist Äbtissin und will das auch sein, doch sie bekennt sich zu einer Liebe, die noch ebenso brennt wie zu ihrer Zeit als Studentin. Fast möchte man auch ihr das Bekenntnis nicht abnehmen, wenn es nicht einen unbezweifelbaren Zeugen gegeben hätte: Petrus Venerabilis, der große Abt und Friedensstifter im aufgewühlten 12. Jahrhundert, hat der Liebe der beiden ein Denkmal gesetzt.

Heloisa denkt sich in die gemeinsam verbrachte Zeit anders zurück als Abaelard. Sie fordert den Geliebten auf, ihr Rede und Antwort zu stehen. Abaelards Schrift dagegen gibt sich als Brief an einen Freund, der Ähnliches erlebt haben könnte und den er damit trösten will, dass er ihm von seinen eigenen Niederlagen erzählt.

Abaelard war ein berühmter Gelehrter. Ungewöhnlich ist, dass Heloisa über ähnlich hohe Bildung verfügte. Als Kind hat sie in dem bei Paris gelegenen Frauenkloster Argenteuil Latein, Griechisch und Hebräisch gelernt. Mit bewundernswerter Leichtigkeit flicht sie in ihre Briefe Worte aus der Bibel ein, Zitate von Kirchenvätern, aber auch aus Werken „heidnischer“ Autoren. Sie kennt Ovids „Kunst des Liebens“, ein Buch, das man im 12. Jahrhundert eher im Giftschrank erwartet als auf dem Bücherbord einer Nonne.

Heloisas Ausbildung hat wohl ihr Onkel Fulbert bestritten, Angehöriger des Domkapitels von Notre Dame. Um 1115 holte er Heloisa in sein Haus. Um der hochbegabten Nichte eine Bildung zu verschaffen, wie sie Männern vorbehalten war, stellte er Abaelard als ihren Privatlehrer ein und bot ihm Wohnung in seinem Haus. In unbegreiflicher Blauäugigkeit räumte er Abaelard das Recht ein, seine Schülerin bei Tag oder Nacht zu unterrichten und nach Gutdünken zu züchtigen. Die Sechzehnjährige war für ihren etwa 20 Jahre älteren Lehrer bald weit mehr als die beste Schülerin.

Abaelards Erinnerungsbild

Abaelard redet mit einer Offenheit, die aus der „Geschichte meiner Niederlagen“ einen Klassiker der erotischen Literatur gemacht hat. Von vornherein habe er es darauf angelegt, Heloisa zu verführen. *Die Bücher lagen offen da, Frage und Antwort drängten sich, wenn die Liebe das bevorzugte Thema war … Meine Hand hatte oft mehr an ihrem Busen zu suchen als im Buch.* Um den Eindruck strengen Unterrichts zu erwecken, gab

Abaelard seiner Schülerin auch Schläge; doch *zärtliche Verliebtheit* führte ihm die Hand. *Wir bereicherten unser Liebesspiel mit allen Reizen, welche die Erfinderlust ersonnen. Wir hatten diese Freuden bis dahin nicht gekostet und genossen sie unersättlich in glühender Hingabe.*

Zur Kehrseite bekennt Abaelard sich ebenfalls. *Es war ein zermürbendes Leben, bei Nacht für die Liebe zu wachen und bei Tag für den Beruf.* Fulbert war blind für das, was in seinem Hause geschah; allzu sehr war er gefangen in der Liebe zu seiner Nichte und angetan von dem, was er bislang von Abaelard gehört hatte; Argwohn lag ihm fern. Schließlich gingen ihm die Augen auf, und er trennte die beiden. *Unsere Liebe flammte, unbefriedigt wie sie jetzt blieb, um so stärker auf. In den Augen der Welt waren wir nun einmal entehrt, also brauchten wir auf die Welt keine Rücksicht mehr zu nehmen.*

Bald merkt Heloisa, dass sie schwanger ist. Abaelard entführt sie in seine bretonische Heimat. Im Haus seiner Schwester schenkt sie einem Sohn das Leben. Fulbert gerät außer sich, als er von der neuen Treulosigkeit erfährt. Abaelard sucht die Versöhnung; er einigt sich mit Fulbert, dass er Heloisa heiraten werde. Im Interesse seines Rufes müsse die Eheschließung allerdings geheim bleiben.

Was diese aus heutiger Sicht unbegreifliche Einschränkung bedeutete, lässt Abaelard Heloisa sagen. Unter Berufung auf höchste christliche Autoritäten habe sie die Heirat entschieden abgelehnt. Eine Ehe entehre den großen Gelehrten und nehme der Welt, der Kirche und der Wissenschaft sein strahlendes Licht. Die Natur habe ihn geschaffen, um allen zu dienen; und er wolle sich *nur noch einem Menschen widmen, obendrein einem Weib?!* Spöttisch malt Heloisa das Umfeld einer Ehe aus: *Passt das nicht prachtvoll zueinander, Studenten und Zofen, Schreibstube und Kinderstube, der Spinnrocken lieblich vereint mit Büchern und Heften!* Sei er gerade in einen Gedanken vertieft, *fangen die kleinen Kinder an zu quäken, die Ammen wollen sie mit ihrem eintönigen Singsang zur Ruhe bringen … und da soll Deine Versenkung vorhalten!* In einem weitläufigen Hause könne man sich ja zurückziehen, aber Gelehrte seien nun einmal nicht reich. Theologie und Philosophie, so lässt Abaelard seine Heloisa argumentieren, fordern den ganzen Menschen; allenfalls Mönche seien dieser Belastung gewachsen.

Falsch sind diese Einwände nicht. Heutzutage bringt manche Frau wissenschaftliche Karriere und Familie nur mühsam in Einklang; im 12. Jahrhundert galt dieses Problem auch für Männer. Zwar gab es bereits Gelehrte, die weder Mönch noch Kleriker waren; doch konnte man sich kaum vorstellen, dass sie obendrein für eine Familie zu sorgen hätten.

Schließlich lässt Abaelard Heloisa derart kühn reden, dass man es ihm nicht glauben möchte, doch Heloisa verficht in ihren Briefen dieselben Gedanken noch leidenschaftlicher. *Geliebte* wolle sie heißen und nicht *Gattin*. Die *freischenkende Liebe* solle ihn an sie binden, und nicht die *drückende Ehefessel.* Dem Ansehen eines Mannes mochte es sogar förderlich sein, wenn er sich eine Geliebte leisten konnte. Frauen, denen an ihrer Ehre lag, blieb nur die Wahl zwischen der Ehe und einem Leben als Nonne.

Als Abaelard mit Heloisa nach Paris zurückkehren wollte, warnte ihn seine Geliebte: Ihr Onkel werde auf Rache sinnen, auf nichts sonst. Abaelard bekennt, verblendet gewesen zu sein; Heloisas Argumente habe er in den Wind geschlagen. Schließlich habe sie in die Eheschließung eingewilligt: *Die Bitterkeit unseres kommenden Elends wird so stark sein wie die Süße unserer verlorenen Liebe.*

Die Eltern ließen ihr Kindchen in der Obhut der Schwester Abaelards. In Paris wurden sie in Gegenwart von Fulbert getraut. Vergebens mühten sie sich, ihren Bund geheim zu halten; wie erwartet, erntete der gelehrte Abaelard bei den Studenten Hohn. Er sah seine Karriere gefährdet und brachte seine Frau, die sich in allem seinem Willen fügte, in das ihr seit Kindertagen bekannte Kloster Argenteuil, wo er sie als Laienschwester einkleiden ließ.

Für Fulbert war es unerträglich, dass Abaelard nicht zu seiner Frau stand. Er ließ ihn von gedungenen Ganoven entmannen. Daraufhin gelobte Heloisa, auf Lebenszeit Nonne zu bleiben, und Abaelard legte im Kloster Saint-Denis die Mönchsgelübde ab. Wie diese beiden haben viele junge Menschen den Eintritt in ein Kloster als unabweisbares Übel erfahren, weil sie keinen anderen Ausweg sahen.

Leben in der Einöde

Eine Station aus dem weiterhin unsteten Leben Abaelards muss noch genannt werden. Da er in Saint-Denis nicht die ersehnte Ruhe fand, zog er sich in eine menschenleere Gegend zurück und gründete auf einem geschenkten Stück Land eine Einsiedelei. Studenten liefen ihm zu; sie bauten ein Hüttendorf und führten, wie man heute sagt, ein alternatives Leben. Abaelards winzige Kapelle ersetzten sie durch einen soliden Bau, der dem Parakleten geweiht wurde, dem Tröster, dem Heiligen Geist. Das ungewöhnliche Patrozinium löste bösartige Unterstellungen aus: Abaelard verkünde Irrlehren. Als er schon erwog, ins muslimische Spanien zu fliehen, wurde ihm die Abtswürde im Kloster Saint-Gildas in der Bretagne angeboten. Er nahm an; doch bald hatte er sich bei dem Versuch, dort die klösterliche Zucht wieder herzustellen, unter seinen Mönchen Todfeinde geschaffen.

In dieses friedlose Dasein platzte im Jahr 1129 die Nachricht, dass Suger, der Abt von Saint-Denis, die Nonnen aus dem Kloster Argenteuil, in dem Heloisa inzwischen zur Priorin aufgestiegen war, hatte vertreiben lassen. Suger ist dafür berühmt, dass er mit dem Neubau seiner Abteikirche die Gotik eingeleitet hat. Für diesen Bau brauchte er den Hafen an der Seine, der zu Argenteuil gehörte. Den Anspruch auf das Kloster begründete er mit Urkunden, die Vertreibung der Nonnen mit dem Vorwurf, sie führten ein ausschweifendes Leben. Was aus den Frauen werden sollte, hat Suger nicht gekümmert.

Abaelard fand einen Ausweg. Er übereignete Heloisa und ihren Nonnen sein ehemaliges Studentendorf. Von Saint-Gildas aus reiste er mehrmals nach Paraklet, um die Frauen zu beraten. Für diese war der Anfang unglaublich hart, doch der Tröster, so schreibt Abaelard, den er selber in Paraklet nicht gefunden habe, sei bei den armen Frauen gewesen. Viele Menschen beschenkten die Nonnen. Heloisa fand hohe Anerkennung bei Bischöfen, Äbten und Laien – und beim Papst. Im Jahr 1131 bestätigte Innozenz II. Paraklet als Kloster unter der Leitung Heloisas.

Abaelard hielt es in Saint-Gildas schließlich nicht mehr aus. 1136 nahm er seine Lehrtätigkeit in Paris wieder auf. Seit die Nonnen allein zurecht kamen, hatte er Abstand zu seiner einstigen Geliebten gehalten. Heloisa aber hielt an ihrem Liebesbund fest.

Liebesbrief der Äbtissin

Gegen Ende seines elenden Lebens in Saint-Gildas hatte Abaelard die „Geschichte meiner Niederlagen" verfasst. Eine Abschrift gelangte in Heloisas Hände; daraufhin schrieb sie ihm einen langen Brief. Der berühmte Briefwechsel begann.

Teilnahmsvoll geht Heloisa auf Katastrophen ein, die Abaelard getroffen haben; doch unvermittelt schlägt ihr Mitleid um in bittere Vorwürfe. Abaelard habe einen Freund getröstet, den irgendwelche Fremden verwundet hätten; sie aber müsse ihn *kniefällig* anflehen, Wunden zu heilen, die er ihr geschlagen habe. Gekonnt spielt sie mit Zitaten und Worten. Lieber, so schreibt sie einmal, möchte sie Abaelards Dirne *(meretrix)* heißen, als Kaiserin *(imperatrix)* sein. Ihre Gedanken und Fragen sind klar, auch wenn sie leidenschaftlich immer nur den einen, unerreichbaren geliebten Mann beschwört.

Sie fordert eine überfällige Schuld ein. Manchmal tut sie das als die Äbtissin, die den Gründer ihres Klosters anklagt: in seinem Kloster, in Saint-Gildas werfe er die Perlen des Gotteswortes vor die Säue, in Paraklet aber warte der Konvent vergeblich auf ein seelsorgliches Gespräch. Hoch verschuldet sei Abaelard aber zuerst bei ihr: *Mich, Deine Einziggeliebte, mich musst Du auszahlen, gewissenhaft auszahlen, wenn Du Deine Schuld an die andächtigen Schwestern loswerden willst.* Nichts, gar nichts habe er ihr gegeben für die Hingabe, mit der sie sich ihm überlassen habe. *Jeden Befehl von Dir habe ich ausgeführt in so blindem Gehorsam, dass ich auf Dein Geheiß mich selbst opferte.*

Heloisa vermischt Selbstvorwürfe und Anklagen. Ihre Liebe sei in Wahnsinn umgeschlagen. So habe Abaelard sie als *junges Ding ins finstere Kloster* stoßen können; ernte sie nun von ihrem Geliebten keinen Dank, sei ihr Opfer vergeblich gewesen. Himmlischen Lohn habe sie nicht zu erwarten, da sie *nichts aus Liebe zu Gott getan habe.*

Um Abaelard ein gutes Wort abzupressen, greift Heloisa sogar Verleumdungen auf. Mit der ganzen Welt teile sie einen finsteren Verdacht: *Mehr wollüstige Gier als echte Liebe habe* ihn zu ihr getrieben. Einen anderen Verdacht lässt sie nur aufblitzen: Abaelard hatte sie genötigt, noch *vor* ihm die Gelübde abzulegen! Dabei wisse doch Gott, dass sie *ohne Zaudern* auf sein Geheiß *in die Hölle Dir sogar vorausgeeilt oder doch nachgestürzt wäre.*

Eindrucksvoller als jene Heloisa, die Abaelard in der „Geschichte meiner Niederlagen“ reden lässt, erklärt die Briefschreiberin, warum sie von einer Ehe nichts habe wissen wollen. Mit dem Wort *Gattin*, so beteuert sie, verbinden andere vielleicht *das Hehre, das Dauernde.* Ihr aber sei es *immer der Inbegriff aller Süße* gewesen, *Deine Geliebte zu heißen, ja – bitte zürne nicht! – Deine Schlafbuhle.* Den Ehebund habe sie bekämpft, *um den Liebesbund zu retten.* Was sie damit sagt, ist für sie bedrängende Gegenwart. Sie fleht Abaelard an: *Lass mein Herz doch bei Dir sein, bitte, bitte, und bei Dir behütet sein!* Sie schließt ihren langen Brief mit dem kurzen Gruß: *Einziger, Liebster, lebe wohl!*

Ein Streitgespräch zum Rang der Frauen

Abaelard antwortet seitenlang. Gern spricht er wie ein Lehrer, der Auskunft gibt, wie ein Richter, der weiß, was richtig und falsch ist. Doch Heloisa ist es, die das Gespräch führt.

Heloisa, seiner geliebtesten Schwester in Christus, Abaelard, ihr Bruder in Christus. Schon diese Anrede lässt Heloisa nicht gelten. Darf Abaelard sie zuerst nennen, die Frau vor dem Mann, die Gattin vor dem Gatten, die Magd vor dem Herrn, die Nonne vor dem Mönch und Priester, die Äbtissin vor dem Abt? Das verstoße gegen die Ordnung der Natur! Vielleicht haben Abaelard und Heloisa dazu beigetragen, dass der Herr der Dame den Vortritt lässt.

Welcher Rang kommt Frauen in der Gemeinschaft der Glaubenden zu? Beide gehen dieser Frage mit Argumenten nach, wie man sie aus modernen Diskussionen kennt. Doch Für und Wider sind merkwürdig aufgeteilt. Abaelard legt dar, wer vor Gott die Stärkeren sind. Er nennt große Frauen der Bibel und der Kirchengeschichte. Frauen waren es, die beim Kreuz Christi ausharrten, und Frauen hat der Auferstandene sich zuerst gezeigt. Heloisa dagegen nimmt Argumente auf, die viel zu oft benutzt worden sind, um Frauen herabzusetzen: Eva hat Unheil über die ganze Menschheit gebracht; Delila hat Samson seiner Stärke beraubt; eine Frau hat Salomo zum Götzendienst verführt. Der Versucher wisse, *dass die Männer am leichtesten zu stürzen sind durch ihre Frauen.* Auch Heloisa spricht von sich selbst; durch wen ist Abaelard so tief gefallen?

Spätere Briefe zeigen, dass dieses Streitgespräch Heloisas Blick geweitet hat. Sie redet nicht mehr verächtlich von der Ehe als der Fessel, die man der Liebe nicht anlegen dürfe. Ihre Fragen werden dadurch jedoch nur noch schärfer. Abaelard war ihr Ehemann, als er so schwer gestraft wurde! Lange hat Gott das *unheilige Lager der Buhlerei* geduldet; das *heilige Lager der Ehe* hat er nicht in Gnaden angesehen; er ließ *in seinem Grimm die Hand schwer auf uns fallen.*

Heloisa kann sich nicht in den Willen Gottes fügen. Sie weiß, dass sie ihre Sünden beklagen müsste; doch sie kann über sie nur seufzen. Sogar während der Messe *drängen sich diese wollüstigen Phantasiegebilde vor und fangen meine arme, arme Seele so ganz und gar.* Sie leidet darunter, dass sie als ehrbar und tugendhaft gilt. Muss sie ihre Frömmigkeit nicht als Heuchelei verstehen? Sie beneidet sogar ihren Abaelard: Dank der Gnade Gottes sei er vom Stachel der Sinnenlust befreit.

Mit dem Blick auf die Vergangenheit stimmt Abaelard zu. Seine zügellose Gier habe auch Heloisa in die Sünde gerissen, sogar im Refektorium des Klosters Argenteuil, das der Gottesmutter geweiht ist; sogar in der Karwoche! Demütig bekennt er, schuldig zu sein. Doch heftig tadelt er Heloisa dafür, dass sie mit Gott hadere. Sie erdreiste sich, Gott zur Rede zu stellen über die Art ihrer Bekehrung, statt ihn dafür zu loben. Hat Gott nicht recht an ihm gehandelt, als Fulbert ihn entmannen ließ? Als Nonne bekomme sie heimgezahlt, dass sie sich versündigt habe, als sie als Nonne verkleidet in die Bretagne floh. Mit innigstem Dank solle sie allenthalben erzählen, wie groß der Herr an ihnen gehandelt habe. Sie solle endlich ihre Bitterkeit ablegen. Schließlich speist er Heloisa mit einem Gemeinplatz ab: *Wenn auch bei uns der Sünden viel, bei Gott ist noch mehr Gnade!*

Ihrem unumschränkten Herrn, seine insonderheit ergebene Dienerin. So beginnt Heloisas letzter Brief. Die Anrede verrät, dass sie sich nicht mehr als die gehorsame Schülerin sieht. Mag Abaelard noch so gelehrt den Vorrang der Frauen betonen, er bleibt ihr Herr. Doch ihr Herz lässt sich von all seinen Reden nicht überwinden. Kannte sie das Sprichwort vom Klügeren, der nachgibt? Sie lässt Abaelard dort Lehrer sein, wo sie es annehmen kann. Sie schreibt nicht mehr von ihren Nöten, sondern bittet ihn, eine Regel für Nonnen zu entwerfen.

Die weltkluge Äbtissin

Heloisa weist Abaelard darauf hin, dass es bisher nur Regeln für Männerklöster gebe. Können Nonnen hinsichtlich Nahrung, Kleidung, Betten, Gastfreundschaft, Arbeit, Liturgie dem Mönchsvater Benedikt folgen? Soll eine Äbtissin ebenso wie ein Abt in der Messe das Evangelium vorlesen? Manche Antwort nimmt Heloisa vorweg. Wollene Wäsche komme für Frauen wegen der Monatsblutung nicht in Frage. Frauen und Männer auf dieselbe Regel zu verpflichten laufe darauf hinaus, vernünftiges Denken zu verhöhnen. Sie ist sicher, dass Abaelard ihr darin zustimmt.

Abaelard antwortet mit einer Abhandlung, die theologische Kontroversen aufgreift. Heloisa begnügte sich mit behutsamer Kritik am Mönchtum ihrer Zeit; er nennt grundsätzliche Mängel. Mehr noch als im Streitgespräch singt er das Hohelied der Frauen: Die Frau wurde *im* Paradies erschaffen, der Mann *außerhalb*. Die Frauen, die der Auferstandene mit Botschaften betraut hat, stehen *als weibliche Apostel über den männlichen.*

Auf Betreiben Bernhards von Clairvaux wurde Abaelard 1138/39 exkommuniziert, 1140 zu lebenslanger Klosterhaft verurteilt. Er floh, um an den Papst zu appellieren. Unterwegs kam er nach Cluny, wo Abt Petrus Venerabilis ihn zum Bleiben einlud. Diesem gelang das schier Unmögliche: eine Verständigung zwischen Abaelard und Bernhard. Dazu beigetragen hat wahrscheinlich auch Heloisa, deren Nonnengemeinschaft die lebhafte Anerkennung Bernhards gefunden hatte.

Mit dem toten Geliebten vereint

Im Jahr 1142 ist Abaelard als Cluniazenser gestorben, im Frieden mit sich und der Kirche. Petrus Venerabilis nahm Anteil am Schmerz Heloisas; er schrieb: *Der verehrungswürdigen, in Christo geliebten Schwester, der Äbtissin Heloisa, ihr demütiger Bruder Petrus, Abt von Cluny!* Er beginnt mit einem ergreifenden Nachruf auf Abaelard; einen ebenso bemerkenswerten Lobpreis Heloisas schließt er an. Er sei noch Jüngling gewesen, da habe er von einer

Frau gehört, die ihre ganze Kraft für die schönen Wissenschaften und das Studium der Philosophie dieser Welt eingesetzt habe, *was bei einer Frau sehr selten ist.* In einer Zeit, in der man sich nur lau um Bildung bemühe, habe sie das Banner der Wissenschaft hochgehalten. *Du hast Dich über alle Frauen erhoben.* Es gebe nur wenige Männer, die sie nicht übertroffen habe.

Zur Jüngerin der wahren Weisheit sei sie geworden, als sie die Logik mit dem Evangelium vertauschte, Aristoteles mit dem Apostel Paulus, Plato mit Christus. Petrus vergleicht Heloisa mit Mirjam und Debora, die das Volk Israel vor dem Untergang bewahrt haben. Der bedeutende Abt lässt diesen und weitere Vergleiche in die kühne Frage übergehen: *Warum sollten nicht hochgemute Frauen … Führerinnen werden über das Heer unseres Gottes?*

Schließlich kommt Petrus auf den Anlass seines Briefes zurück. Was Gott den Mönchen in Cluny dadurch versagt hat, dass er Heloisa zur Äbtissin in Paraklet bestimmte, das habe er ihnen *in dem Mann geschenkt, der Dein war.* Der weise Abt eines großen Klosterverbandes spricht die ebenso außergewöhnliche Äbtissin eines Frauenkonvents persönlich an; er setzt ihrer Liebe ein unzerstörbares Denkmal: *Verehrungswürdigste, teuerste Schwester im Herrn! Eingegangen ist zu Gott ein Christ: In der Welt gehörte ihm Deine menschliche Liebe, fern der Welt warst Du ihm verbunden durch das starke Band der wahren Liebe, der Gottesliebe. Geistlich vereint, habt Ihr beide – Du die Magd und er der Meister – unserem Gott dienen dürfen. Er ruht, Dein besseres Ich, in Christi Armen, bis Du zum Herrn eingehen darfst.*

Auf Bitten Heloisas hat Petrus Venerabilis die sterblichen Überreste Abaelards am 16. November 1142 im Kloster Paraklet feierlich beigesetzt. Später hat er mit besiegelter Urkunde Heloisa bestätigt, dass er Abaelard von allen seinen Sünden freigesprochen habe auf Grund des ihm übertragenen Amtes *im Namen des allmächtigen Gottes und aller Heiligen.* In seinem Begleitschreiben nennt der Abt von Cluny die von ihm verehrte Äbtissin *Eure Heiligkeit.*

Im Grab Abaelards wurde 22 Jahre später Heloisa bestattet. 1817 hat man die Gebeine beider nach Paris auf den Friedhof Père Lachaise überführt. Frische Blumen auf dem gemeinsamen Grab zeugen davon, dass Frauen und Männer die leidenschaftlich Liebenden noch in unseren Tagen verehren.

Klara von Assisi (1193/94 bis 1253)

Vom Versuch, radikal die selbstgewählte Armut zu leben

Festlich gekleidet nahm Klara, so schreibt Thomas von Celano in seiner „Legende der heiligen Klara“, am Palmsonntag 1212 mit dem übrigen Volk ihrer Stadt Assisi an der Prozession teil. Als die anderen Gläubigen sich zu den Palmzweigen drängten, blieb sie scheu an ihrem Platz. *Da stieg der Bischof die Stufen hinab, ging zu ihr hin und legte ihr die Palme in die Hand.* In der folgenden Nacht verließ Klara, von einer Vertrauten begleitet, auf *Befehl* des Franziskus heimlich ihr Elternhaus. In der kleinen Kirche Portiuncula, unweit von Assisi, empfingen die „Brüder“ sie mit Lichtern. Sie ließ sich von ihnen das Haupt kahlscheren und trennte sich von ihren Schmuckstücken.

Der kurze Ausschnitt der Legende verlangt nach Erläuterung. Klara und der etwa zwölf Jahre ältere Franziskus entstammten wohlhabenden, adeligen Familien aus Assisi in Mittelitalien. Klara hatte als junges Mädchen Franziskus und die „Brüder“, die er um sich geschart hatte, kennengelernt; sie hatten sich für eine aufreizende, bis dahin unbekannte Art der Nachfolge Jesu entschieden. Sie lebten in äußerster Armut und grundsätzlich ungesichert: Morgens wussten sie nicht, wann sie etwas zu essen bekommen und ob sie nachts ein Dach über dem Kopf haben würden. Franziskus und seine „Brüder“ waren nicht die einzigen, die, beunruhigt über soziale Spannungen ihrer Zeit, Forderungen des Evangeliums ungewöhnlich ernst nahmen; das 12./13. Jahrhundert kannte viele, auch häretische Formen einer religiösen Armutsbewegung.

Klara hatte das Gespräch mit Franziskus gesucht; so arm wie er wollte auch sie leben. Bislang war das Männern vorbehalten,

Franziskus aber hatte sich bald darum bemüht, das auffallend begabte und schöne Mädchen der „Welt“ zu entziehen. Was sie letztlich zu dem radikalen Bruch mit dem Leben einer Tochter aus gutem Hause bewogen hat, ist nicht bekannt. In ihrem Testament hat sie eine außergewöhnliche Begegnung angedeutet: *Nachdem der höchste himmlische Vater durch seine Barmherzigkeit und Gnade mein Herz zu erleuchten geruht hat, …*

Mit der Flucht aus ihrem Elternhaus hatte Klara Zeit gewonnen und deutliche Zeichen gesetzt: Ihr langes Haar war ein Adelsprädikat gewesen; solange sie als Geschorene herumlief, konnte ihre Familie sie nicht verheiraten. Weit wichtiger: Das Scheren des Hauptes war das Zeichen, durch das Männer in den Klerus aufgenommen wurden; die Urkunde zur Heiligsprechung Klaras wird die *sacra tonsura* hervorheben, die „heilige Tonsur“. Zudem hatte Klara ihren Schmuck abgelegt, ein weiteres unübersehbares Zeichen der Absage an ihr bisheriges Leben.

Wie erwartet, waren die Verwandten empört. Um die junge Frau aus dem „Aussteiger“-Milieu herauszuholen, lockten sie mit Versprechungen. Hartnäckig verweigerte Klara die Heimkehr. Als man es schließlich mit Gewalt versuchte, klammerte sie sich an einem Altartuch fest. Ähnlich hatten Verfolgte seit vorchristlicher Zeit gehandelt.

Franziskus schickte Klara zu Benediktinerinnen. Sie erprobte das Leben in zwei Konventen, hielt es da aber nicht aus. Wäre sie Benediktinerin geworden, hätte ihre Familie sich damit wohl abgefunden und ihr zu einem standesgemäßen Leben verholfen. Doch sie wollte nicht versorgt sein, sondern in der Nachfolge Jesu arm und ungesichert leben. Zeitgenossen, die schon am Lebenszuschnitt des Franziskus Anstoß nahmen, waren erst recht aufgebracht über das „junge Ding“, das leben wollte wie die Niedrigsten der Gesellschaft. Vorwürfe haben Klara nicht verunsichert, sondern bestärkt, weiter auf dem von ihr gewählten Weg zu gehen.

Mindere Schwestern in San Damiano

Franziskus wies Klara eine Bleibe bei einer nah gelegenen Kirche zu. Bald schlossen sich ihr andere Frauen an, darunter zwei ihrer Schwestern, später auch ihre verwitwete Mutter. In San Damiano hat Klara bis zu ihrem Tod inmitten einer Gemeinschaft von schließlich mehr als 50 Schwestern das Armutsideal des Franziskus so weit verwirklicht, wie sie es gegen kirchliche Amtsträger durchsetzen konnte.

Franziskus hatte ihr eine Kirche überlassen, die ihm viel bedeutete. In ihr hatte Jesus ihm vor Jahren geboten, die zerfallende Kirche wieder aufzubauen. Klara hat diese Vision in ihrem Testament kühn gedeutet: Gleich nach dem Befehl Jesu sei Franziskus auf eine Mauer gestiegen und habe gerufen: *Dereinst werden hier Herrinnen wohnen, durch deren ... heiligen Lebenswandel unser himmlischer Vater in seiner ganzen heiligen Kirche verherrlicht werden wird!* Klara war überzeugt, ihr Meister habe die franziskanische Gemeinschaft von Frauen im Geist schon zu einer Zeit erblickt, da er noch keine Gefährten für seine Art gewonnen hatte, getreu dem Evangelium zu leben.

Von Franziskus wohl gedrängt, hat Klara 1215/16 die Leitung der wachsenden Gemeinschaft übernommen. Mindestens bis dahin hatten die Frauen von San Damiano nicht viel anders gelebt als Franziskus und dessen „Brüder"; durch Betteln und niedere Dienste hatten sie sich, je nach Gelegenheit, ihr Brot verdient. Später hat Jakob von Vitry sich erinnert: 1216, kurz vor seiner Abreise ins Heilige Land, wo er Bischof von Akkon werden sollte, seien ihm in der Gegend von Assisi *viele reiche Mitbürger beiderlei Geschlechts* aufgefallen, die auf allen Besitz verzichtet hatten; man nenne sie *mindere Brüder und mindere Schwestern.* Tag um Tag setzten sie sich *mit leidenschaftlichem Eifer* dafür ein, gefährdete Seelen *von den Eitelkeiten der Welt abzubringen.*

Zu Konzessionen genötigt

In San Damiano verfügten die Schwestern über ein sicheres Quartier; die erstrebte Heimatlosigkeit war aufgegeben. Bald war ihnen nicht mehr erlaubt, sich das Lebensnotwendige zu erbetteln. Doch zäh hat Klara an drei Grundlagen ihrer Gemeinschaft festgehalten: an der Armut, an der Bindung an den entstehenden Orden der Franziskaner, und, das ist zu betonen, auch an der Treue zur römischen Kirche. Andere Teile der weitverzweigten religiösen Armutsbewegung waren von der Kirche abgefallen oder aus ihr hinausgedrängt worden. Mit den Waldensern zogen auch Frauen predigend durch die Lande, und die Albigenser hatten Frauen als „Vollkommene", *perfectae*, gar in ihre Hierarchie aufgenommen. Klara lag es fern, für sich oder ihre Frauen die Zulassung zu priesterlichen Diensten zu fordern. Es ist ihr leicht gefallen, dem Papst *Gehorsam und Verehrung* zu versprechen. Um die beiden anderen Ziele musste sie dagegen ihr Leben lang ringen. Hartnäckig hat sie sogar Päpste genötigt, hinzuzulernen.

Gestalt des Lebens

Im Jahr 1247 hatte Innozenz IV. die Verfügung erneuert, in San Damiano solle, wie in anderen Frauenkonventen, die Regel Benedikts befolgt werden; infolgedessen müssten auch diese Frauen gemeinsamen Besitz annehmen. Für Klara war das ein Anstoß, schriftlich festzuhalten, wie ihre Gemeinschaft seit Langem lebte. In dieser ersten von einer Frau für Frauen aufgezeichneten Regel zeigt sie, dass sie – nicht anders als Franziskus – Demut gegenüber dem kirchlichen Amt mit hohem Selbstbewusstsein verband. Von sich und ihrer Erleuchtung durch Gott spricht sie in der ersten Person. Sie ist Benedikt so weit gefolgt, wie dessen Regel sich mit ihren Vorstellungen vom franziskanischen Leben vereinbaren ließ.

Zwölf Kapitel und einen Schlussteil umfasst die Regel, die sie selbst *forma vitae* nennt, „Gestalt des Lebens". Eingangs erinnert sie an die „klassischen" Gelübde des Mönchtums: *Das heilige*

Evangelium unseres Herrn Jesus Christus beobachten durch ein Leben im Gehorsam, ohne Eigentum und in Keuschheit.

In die Mitte ihrer Regel hat Klara die beiden Grundsätze gestellt, um die sie mit höchstem Einsatz gerungen hat: die Armut und die Seelsorge durch Franziskaner. Leidenschaftlich verteidigt sie die *heiligste Armut:* Sie verpflichtet sich selbst, ihre Nachfolgerinnen und alle Schwestern, *weder Besitz noch Eigentum noch sonst irgendetwas, das mit guten Gründen Eigentum genannt werden kann, anzunehmen oder zu besitzen, weder persönlich noch durch eine eingeschaltete Person.* Allenfalls ein Garten für den Bedarf der Schwestern sollte erlaubt sein.

Klara musste sich mehrfach gegen Ansinnen verwahren, das Leben ihrer Gemeinschaft materiell abzusichern. So hält Thomas von Celano einen Schlagabtausch aus dem Jahr 1228 (?) zwischen Gregor IX. und Klara fest: *Wenn du wegen des Gelübdes Furcht hegst, sprechen wir dich von dem Gelübde frei. – Heiliger Vater, ich verlange, in keiner Weise von der Nachfolge Christi freigesprochen zu werden.* Gregor gab nach und erneuerte das „Privileg der Armut".

In demselben sechsten Kapitel der Regel geht Klara auf ihr zweites Hauptanliegen ein, die Seelsorge. Sie zitiert, was Franziskus ihr versprochen hat: Er wolle für sie ebenso wie für die Brüder seines Ordens *immer liebevolle Sorge und besondere Aufmerksamkeit hegen.* Beschwörend hat sie die Brüder wieder und wieder an den Willen ihres Gründers erinnert. Dahinter standen leidvolle Erfahrungen. Anspruchsvolle Frauen, die nach geistlicher Bildung verlangten, kämpften darum, dass die Seelsorge für sie nicht einem unwilligen, ungebildeten Weltklerus zugeschoben werde. Ordensleitungen sahen in der Seelsorge für Frauenklöster mehr und mehr eine Last, welche die Brüder von ihren eigentlichen Aufgaben abhielt: Lehre, Predigt und Mission draußen in der „Welt".

Die Äbtissin – auch Trösterin der Betrübten

Mit dem Titel Äbtissin hat Klara sich abgefunden; doch erklärt sie in der Regel eindringlich, die Leitung sei Dienst, ja sogar eine

Last; die Äbtissin werde Gott Rechenschaft geben müssen über die ihr Anvertrauten.

Zur Äbtissin soll, so gebietet es Klara, nur eine *professa* gewählt werden, die also die Gelübde abgelegt hat. Einer *non professa* sollen die Schwestern keinen Gehorsam schulden. Klara wollte einem Brauch vorbeugen, der viele Klöster ruiniert hat: Adel und Patriziat bedienten sich ihrer, um Söhne und Töchter angemessen zu versorgen.

Mit so großer und herzlicher Liebe soll die Äbtissin den Schwestern begegnen, *dass sie mit ihr reden und umgehen können wie Herrinnen mit ihrer Dienerin.* Die Äbtissin soll niemanden bevorzugen, vielmehr die Betrübten trösten und den Niedergeschlagenen die letzte Zuflucht sein. *Denn die Krankheit der Verzweiflung würde bei den Schwachen die Oberhand gewinnen, wenn bei ihr die Heilmittel zur Gesundung fehlten.*

Wahlrecht und Mitbestimmung

Meinen die *Schwestern in ihrer Gesamtheit,* die Äbtissin genüge nicht ihrem Amt, sollen sie *nach der vorgeschriebenen Form so schnell wie möglich eine andere zur Äbtissin und Mutter wählen.* Diese soll mindestens einmal pro Woche die Schwestern zusammenrufen und mit allen über das beraten, was dem Kloster zu Nutzen und Ehre gereicht. Die ganze Gemeinschaft soll über die Aufnahme neuer Schwestern befragt werden und dann mit Mehrheit entscheiden.

Als Frau aus dem Stadtadel von Assisi wird Klara beobachtet haben, dass sich in vielen Kommunen ihrer Heimat „Rat" oder „Senat" genannte Gremien gebildet hatten. Eine solche Einrichtung sollte es auch in San Damiano geben. Der Konvent sollte aus seiner Mitte also mindestens acht besonders urteilsfähige Schwestern als ständige Beraterinnen der Äbtissin wählen. In Fragen, die den Konvent als Ganzes betreffen, solle die Äbtissin *immer deren Rat hören.* Diese Schwestern konnten und sollten, wie andere Amtsträgerinnen, gegebenenfalls durch andere, neu zu wählende ersetzt werden. – So wie hier haben kirchliche und weltliche Einrichtungen seit dem Mittelalter auch andernorts Erfahrungen ausgetauscht, die sie mit ihrer Verfassung gemacht hatten.

Ungenau zur Arbeit, verstörend zur Bildung

Anders als Benedikt gebietet Klara nicht allen, sondern nur den Schwestern zu arbeiten, denen der Herr *die Gnade zu arbeiten* gegeben habe. Noch merkwürdiger, ja unbegreiflich ist, dass es Schwestern, *die nicht lesen und schreiben können (nescientes litteras),* untersagt sein soll, sich das nötige Können anzueignen.

Klara hatte eine solide Bildung aus ihrem Elternhaus mitgebracht und in ihren langen Klosterjahren so weit gefördert, dass sie Päpsten das Wasser reichen konnte. Als wolle sie bildungswillige Analphabeten zutiefst demütigen, schreibt sie: Sie sollen vor allem nach dem *Geist des Herrn* streben, sage der doch: *Selig die Verfolgung leiden wegen der Gerechtigkeit* (Mt 5, 10). Hätte die Gerechtigkeit nicht geboten, *Unwissende (nescientes)* wenigstens in die Schriftkultur einzuführen? Jahrhunderte sollten noch vergehen, ehe auch Frauen unterer Schichten ein Aufstieg durch Bildung möglich wurde.

Szenen aus dem Leben einer „Eingeschlossenen"

Fasten, nächtliches Wachen und Beten gehörten für Klara zur Nachfolge Jesu. Oft hat sie auf dem bloßen Boden geschlafen, bisweilen auf dem Reisig von Rebstöcken; ein Stück Holz ersetzte das Kopfkissen. Für Kranke sah sie immerhin Strohsäcke vor und *ein mit Federn gefülltes Kopfkissen* sowie, auf Wunsch, Socken und Polster. Seit 1224/25 litt Klara unter Krankheiten. Von der übermäßigen Abtötung des Leibes ließ sie dennoch nicht ab; seit 1252 konnte sie ihr Lager nicht mehr verlassen.

Gleichsam als Bestätigung, dass die Schwestern trotz härtester Einschränkungen genug zum Leben fanden, erzählt Thomas von Celano von Wundern, wie sie in der Bibel vorkommen. Einmal reichte Klara das letzte Brot zur Hälfte den Brüdern nach draußen und ließ den Rest für ihre Frauen in 50 Teile aufschneiden; alle wurden satt. Als ein andermal kein Öl im Hause war, stellte sie den leeren Krug vor die Tür und rief dem für solche Aufträge abgeordneten Bruder zu, er solle betteln gehen. Als dieser herbeikam, war das Gefäß bereits gefüllt. Legenden spiegeln Wirklichkeit. Päpste hatten den Schwestern das Betteln untersagt; an ihrer Stelle mussten daraufhin Brüder von Haus zu Haus gehen – sofern nicht Menschen der Umgebung gerade noch rechtzeitig den Schwestern Almosen vor die Tür stellten.

Gottvertrauen und Mut Klaras haben im Jahr 1240 Assisi vor der Eroberung durch muslimische Krieger bewahrt. Während ihre Mitschwestern vor Angst vergingen, ließ sie sich, da sie bettlägerig war, auf einer Bahre an die Tür tragen, so dass die Feinde sie sahen. Vorangetragen hatte man ihr ein *silbernes Kästchen* mit dem Allerheiligsten. Unter Tränen betete Klara, Christus möge ihre Schwestern und die Stadt schützen. Ihr Flehen wurde erhört; die *Hunde* (die Muslime) ergriffen die Flucht. Auf diese Legende gestützt, haben Künstler Klara häufig mit einer Monstranz dargestellt. Es ist unwahrscheinlich, dass sie ein solches Schaugefäß mit dem Allerheiligsten getragen hat; denn Frauen durften nicht einmal den Messkelch berühren.

Selbstbewusst und demütig – auch im Testament

Ich, Klara, die nur unwürdige Magd Christi. So eröffnet sie ihren neun Druckseiten langen letzten Willen. Einmal mehr fordert sie Armut, Demut, Ehrenhaftigkeit, Einfachheit und Eintracht. Sie hat Menschenkenntnis und Erfahrung genug, um auch mit dem *Lästigen und Bitteren* zu rechnen. Sie warnt die Schwestern, durch Schuld oder Unwissenheit vom rechten Weg abzuweichen und scheut nicht davor zurück, sie an einen biblischen Fluch zu erinnern: *Verdammt seien diejenigen, die von deinen Befehlen abweichen* (in Anlehnung an Ps 118,21). Klara versteht ihr Testament als *Zeichen des Segens Gottes und unseres heiligsten Vaters*

Franziskus; ausdrücklich fügt sie hinzu: *und meines Segens, eurer Mutter und Dienerin, matris et ancillae vestrae.*

Tod und Heiligsprechung

Klara ist zuzutrauen, dass ihre letzten Worte tatsächlich der Überlieferung entsprechen: *Du, sagte sie, Herr, seist gepriesen, der du mich geschaffen hast (Tu, inquit, Domine, benedictus sis, qui me creasti).* Franziskus hat in seinen letzten Jahren den „Sonnengesang" gedichtet, mit dem er Gott für seine Geschöpfe preist; Klara weiß, dass sie eins dieser wunderbaren Geschöpfe ist.

Nach ihrem Tod haben Amtsträger der Stadt Assisi den Leichnam bewachen lassen – angeblich, damit der kostbare Schatz nicht zu Schaden komme, eher wohl, damit er nicht gestohlen werde; denn trotz rigoroser kirchlicher Strafandrohungen war der Raub von Reliquien nicht ungewöhnlich.

Papst Alexander IV. hat Klara zwei Jahre nach ihrem Tod, am 15. August 1255, heiliggesprochen. In dem Verfahren haben Wunder eine große Rolle gespielt, zu denen es nach Anrufung Klaras gekommen war.

Mit entschärfter Regel – der Klarissenorden

Trotz – oder wegen? – ihrer Strenge sind schon bald nach dem Vorbild von San Damiano in der ganzen lateinischen Christenheit ähnliche Frauengemeinschaften entstanden. Seit 1232 gab es in Prag das erste Kloster der „armen Schwestern"; die böhmische Königstochter Agnes wollte leben wie Klara und deren Schwestern.

Papst Urban IV. hat zehn Jahre nach Klaras Tod ihre Regel weitgehend außer Kraft gesetzt und alle Franziskanerinnen als „Orden der heiligen Klara" *(Ordo S. Clarae)* zusammengefasst. Zur Sicherung ihres Lebensunterhaltes mussten sie Besitz annehmen. Eine päpstliche Verfügung aus dem Jahr 1298 schärfte allen Nonnen ein, gleich welchen Ordens, sie hätten sich nicht nur an die drei „klassischen" Gelübde zu halten, sondern zusätzlich auf Lebenszeit in der Klausur zu verharren.

Nicht wenige Frauen haben die „Vernonnung“ abgelehnt. Sie wollten leben wie die Bettelmönche, nicht aus der Welt fliehen und nicht versorgt sein. In Jungfräulichkeit, Armut und Ungesichertheit haben sie sich in den Dienst der Armen gestellt; vielerorts nannte man sie „Beginen“. Nicht wenige dieser Gemeinschaften wurden nach ein, zwei Generationen von bestehenden Frauenklöstern gleichsam aufgesogen.

Ein Blick in die Gegenwart

Klarissen sind weltweit verbreitet; um das Jahr 2000 zählten sie etwa 12 000 Schwestern. In ihren Klöstern wird das Testament Klaras jeden Freitag bei Tisch vorgetragen.

Elisabeth von Thüringen (1207 bis 1231)

Fürstin im Dienst der Niedrigsten

Wie ein Märchen liest sich das Leben der heiligen Elisabeth: Ein Fürst schickt Ritter in ein fernes Land; sie sollen für seinen Sohn um die Königstochter werben. Mit reicher Aussteuer verlässt die Prinzessin ihre Heimat. In der Fremde findet sie Freude und Leid: eine glückliche Ehe, gesunde Kinder und hohes Ansehen; doch sie verliert ihren über alles geliebten Mann. Nach selbstlosem Einsatz für Arme und Bedrängte ist ihr im Alter von nur 24 Jahren nach kurzer Krankheit ein gnädiger Tod vergönnt.

Königstochter in der Fremde

Elisabeth kam 1207 in der Königspfalz Sárospatak im Norden Ungarns zur Welt. Ungarn war, auch dank kluger Heiratspolitik, zu einer europäischen Großmacht aufgestiegen; die Brautwerber des Landgrafen Hermann I. von Thüringen, des bedeutendsten Territorialherrn im mitteldeutschen Raum, waren hoch willkommen. Die Ehe zwischen Ludwig, dem künftigen Landgrafen, und Elisabeth wurde wahrscheinlich schon 1208 vereinbart, als die Königstochter noch in den Windeln lag.

Elisabeths Mutter, Königin Gertrud, entstammte einer hoch angesehenen bayerischen Familie. Sie sorgte dafür, dass ihre Tochter eine angemessene Mitgift erhielt: kostbare Kleider, Seidengewebe, Goldschmuck, Silber im Wert von 1000 Mark (234 kg!). Mit vier Jahren kam Elisabeth an den fremden Hof; in adligen Kreisen war das bis ins 20. Jahrhundert nicht ungewöhnlich. Ungarische Mädchen in Elisabeths Gefolge halfen dem Kind über den Verlust der Heimat hinweg; sie waren ihre Gespielinnen, später ihre Vertrauten. Elisabeth und Ludwig hatten sich schon als Kinder gern.

Die Landgräfin

Im Jahr 1221 wurden Elisabeth und Ludwig getraut; sie war 14, ihr Mann 21 Jahre alt. Beide waren einander zugetan in tiefer Zuneigung, leidenschaftlicher Liebe, in wechselseitigem Vertrauen und beiderseitiger Treue; als ungewöhnlich empfand man Ludwigs Treue. Auf ein partnerschaftliches Verhältnis weist hin, dass sie einander auch nach der Heirat als „Bruder“ und „Schwester“ anredeten.

Mit der Eheschließung trat Elisabeth an die Spitze des thüringischen Hofes. In einem Alter, in dem viele Menschen heute ungezwungen ihrer Jugend leben, war sie zuständig für die Führung der Wirtschaft und die Leitung des Personals, für gesellschaftliche Verpflichtungen beim Empfang und bei der Beherbergung hochgestellter Gäste. Aufgeschlossenheit und Vielseitigkeit erleichterten es ihr, den Aufgaben gerecht zu werden. Zudem zeigte Ludwig großes Verständnis für Eigenarten seiner Frau, und seine Mutter zog sich noch im Jahr der Eheschließung in ein Kloster zurück. Im zweiten Ehejahr gebar Elisabeth ihr erstes Kind, einen Sohn, was ihre Stellung am Hof weiter stärkte. Eine frühe Mutterschaft war nicht ungewöhnlich; so wurde die Herzogin Hedwig von Schlesien, eine ihrer Tanten, mit gut 13 Jahren Mutter.

Elisabeth begleitete ihren Mann gern auf Reisen; die längste wird die in ihre Heimat im Jahr 1222 gewesen sein. Für die einfache Strecke, 1200 bis 1500 Kilometer, brauchte man mindestens 50 Tage. Man reiste bei Wind und Wetter auf kaum gebahnten Wegen, übernachtete oft im Zelt oder in verlausten Unterkünften, unter abenteuerlichen sanitären Verhältnissen. Elisabeth muss eine gute Reiterin gewesen sein und über eine robuste Konstitution verfügt haben, da sie solchen Strapazen offensichtlich gewachsen war – trotz dreier Schwangerschaften in sechs Jahren.

Einsatz für Notleidende

Musste Ludwig ohne seine Frau reisen, hatte die Landgräfin selbstständig Entscheidungen zu treffen. Im 13. Jahrhundert hat die

Gesellschaft der Gemahlin eines Landesherrn ein großes Maß an Freiheit eingeräumt; Elisabeth hat sie nach Aussage von Augenzeugen zu einer *einzigartigen und ungewöhnlichen Art zu leben* genutzt. Im Jahr 1226 erreichte eine schon mehrere Jahre grassierende Not ihren Höhepunkt. Missernten und Teuerung führten zu Hunger, Kindesaussetzung und sogar zu Kannibalismus; das Märchen von „Hänsel und Gretel" ist nicht pure Fantasie. Ludwig war zu einem Reichstag nach Italien unterwegs. Elisabeth machte Gebrauch von ihrer Schlüsselgewalt; sie verköstigte zeitweise bis zu 900 Arme täglich. Ähnlich handelten auch andere weltliche und kirchliche Große. Elisabeth aber verteilte sogar laufende Einkünfte. Wie Beschwerden der Verwalter nach der Rückkehr ihres Mannes zeigen, wusste sie sich mit ihren 19 Jahren gegen Widerstände durchzusetzen. Ludwig billigte das Verhalten seiner Frau; nur genau bestimmte Einkünfte sollten ihm künftig ausdrücklich vorbehalten sein.

Elisabeth begnügte sich nicht damit, im Notfall Hilfe zu leisten. Bei ihrem Einsatz hatte sie auch das Machbare im Blick und achtete die Würde gerade von Angehörigen der Unterschicht. In einem Hungerjahr brachte sie Habenichtse bis zur Ernte durch. Dann ließ sie an die arbeitsfähigen Männer Hemden, Schuhe und Sicheln verteilen; die Sicheln, damit die Männer sich bei der Getreideernte verdingen könnten, die Schuhe, damit sie ihre Füße nicht an Stoppeln verletzten. Eine solche Maßnahme wies in die Zukunft. Eisenwerkzeug war für Arme unerschwinglich; Elisabeth ermöglichte es Männern, sich und ihre Familien mit eigener Arbeit zu ernähren.

Obgleich Elisabeth stickige Luft nicht vertrug, ging sie in die Behausungen der Armen, brachte Kleider, übernahm Patenschaften für Kinder, pflegte Wöchnerinnen, speiste und bettete Kranke. Und das in Räumen, in denen zumal im Sommer ein grässlicher Gestank herrschte. Mit ihrem unstandesgemäßen Verhalten erweckte sie den Unmut ihrer Umgebung, erntete Vorwürfe und höhnisches Gelächter sogar ihrer Dienerinnen. Beirren ließ sie sich nicht.

Ihre Besuche hatten ihr die Augen für die bösen Folgen von Unterernährung und mangelhafter Hygiene geöffnet. Darum richtete sie am Fuß der Wartburg, dem Sitz der Landgrafen, ein Asyl für Kranke und Schwache ein. Auch diese Maßnahme war neu und zukunftsträchtig. In einem solchen Haus war die verhängnisvolle Abfolge der Übel zu bremsen: Elend und Enge, Ansteckung, Mattigkeit, verschärftes Elend, armseliger Tod. Wieder übernahm sie Dienste, vor denen andere sich ekelten.

Herausforderung ihrer Standesgenossen

Schon als Kind ist Elisabeth ihrer Umgebung aufgefallen. Als Marotte mochte man es abtun, dass sie ihrem Gefolge vorauseilte, um rechtzeitig in der Kirche zu sein; dass sie dort ihren Schmuck ablegte; dass sie bei Tisch entgegen der Etikette neben ihrem Mann sitzen wollte; dass sie grobes Roggenbrot aß wie arme Leute; dass sie Wolle spann statt Leinen, wie es sich für Damen geziemte. Solche Extravaganzen hätte man ihr wohl nachgesehen. Aber dabei blieb es nicht.

Gegenüber Konrad von Marburg, ihrem Beichtvater und Seelenführer, hatte Elisabeth sich verpflichtet, Speisen und Getränke zurückzuweisen, die unrechtmäßig erworben waren. Sie und ihre Dienerinnen, die sich ebenfalls daran hielten, lehnten also Nahrung ab, die vielleicht von Armen erpresst worden war. Ludwig hatte dieses Speisegebot gebilligt; als Landgraf war es ihm allerdings nicht möglich, es selber zu befolgen. Taten Elisabeth und ihre Frauen bei Tisch nur so, als griffen sie zu, sahen Gastgeber sich beschämt. Das soziale Bewusstsein hatte sich zumindest so weit geschärft, dass manche den Vorwurf spürten, der in solchem Verhalten lag. Elisabeth hat nicht nur die Armutsfrage gesehen, sondern auch das, was man „Bauernbedrückung“ genannt hat. Dazu gehörten die gewaltsame Eintreibung unrechtmäßiger Abgaben sowie die Manipulierung von Maß und Gewicht.

Aufs Blut reizte Elisabeth ihre Umgebung durch ihr Verhalten bei Aussatz, einer langwierigen und abstoßenden Krankheit, die Menschen zu Krüppeln macht; die Stimme wird schrill, das Gesicht entstellt. Da man Ansteckung fürchtete, wahrte man Abstand zu den Kranken. Den Ausgesetzten wurden oft nicht einmal die Rechte von Tieren eingeräumt.

Anders Elisabeth. *Sie scheute vor ihnen nicht mehr als vor Gesunden zurück.* Sie setzte sich zu ihnen, beschenkte sie, ermahnte sie zur Geduld, wusch ihnen Hände und Füße, küsste sogar die mit ekelhaften Geschwüren übersäte Haut. Sie begegnete Aussätzigen als Menschen gleicher Würde. Nach Überzeugung ihrer Umgebung erniedrigte sie damit auch ihren Stand. Untergrub sie nicht die gottgewollte Ordnung? Bereitete sie einen Umsturz vor? Für die Zeit Jesu ließ man Worte aus dem Magnificat gelten: *Er stürzt die Mächtigen vom Thron und erhöht die Niedrigen* (Lk 1,52). Doch auf der Wartburg, wo man einen Sängerwettstreit gefeiert hatte? Elisabeths Treiben war ekelhaft, unerträglich. Sie hat den Leuten am Hof viel zugemutet. Solange Ludwig ihr den Rücken stärkte, mussten Anfeindungen sich auf Worte und Gesten beschränken.

Rückzug aus der höfischen Welt

Ludwig hatte im Jahr 1224 gelobt, sich an dem Kreuzzug zu beteiligen, mit dem Kaiser Friedrich II. das Heilige Land aus der Hand der „Ungläubigen" befreien wollte. 1227 brachen die Kreuzfahrer auf. Der Landgraf starb in Süditalien, am 11. September 1227. Am 29. September wurde Gertrud geboren, das dritte Kind der Familie und später Äbtissin des Klosters Altenberg bei Wetzlar. Die Nachricht von Ludwigs Tod wird im Laufe des Oktober in Thüringen eingetroffen sein; sie stürzte seine Frau in unsägliche Trauer.

Zwanzig Jahre alt, durfte Elisabeth nach der damaligen Lebenserwartung mit weiteren 30 Jahren rechnen. Sie konnte als verwitwete Fürstin mit eigenem Hof leben oder eine zweite Ehe eingehen oder in ein Kloster eintreten, etwa in Kissingen, das von einer ihrer Tanten geleitet wurde. Kaum standesgemäß wäre es gewesen, wenn sie sich den Dominikanern oder Franziskanern angeschlossen hätte, einem der neuen Bettelorden, oder wenn sie sich für ein Leben als Einsiedlerin entschieden hätte.

Wiederverheiratung kam für Elisabeth nicht in Frage, hatte sie doch Ludwig gelobt, keine zweite Ehe einzugehen, wenn er vor ihr sterben sollte. Eintritt bei den Benediktinerinnen? Deren Lebensweise entsprach nicht ihren Vorstellungen von der Nachfolge Jesu. Der Aristokratin war ein Superlativ gerade gut genug: Sie wollte die am meisten verachtete Form des Daseins führen, vom Bettel leben, wie der ein Jahr zuvor verstorbene Franz von Assisi. Ihr Beichtvater verbot ihr diese Erniedrigung.

Nach heftigen Auseinandersetzungen mit der Familie ihres Mannes verließ Elisabeth im Winter 1227/28 die Wartburg und fand in Eisenach Unterschlupf in einem Schuppen. In dieser Zeit der Not hatte sie eine Vision, die ihr Kraft schenkte; Jesus wandte sich ihr erbarmungsvoll zu und sagte: *Wenn du bei mir sein willst, will ich mit dir sein.* Sie antwortete: *So Du, Herr, mit mir sein willst, will auch ich mit Dir sein und niemals von Dir getrennt werden.* Im Spätjahr 1228 zog sie nach Marburg, wo sie aus eigenen Mitteln ein Hospital gründete, eine anfangs bescheidene Einrichtung.

Damit antwortete Elisabeth auf Herausforderungen ihrer Zeit. In wachsenden Städten war mit Solidarität, wie man sie in ländlichen Großfamilien vielleicht übte, nicht zu rechnen. Arme und Behinderte, Kranke und Waisen fristeten ihr Leben auf den Gassen. Bischöfe und Adelige linderten ein wenig die Not; sie gründeten Hospitäler für Alte und Findelkinder, für Kranke, Obdachlose und Pilger. Elisabeth überschritt auch darin das gesellschaftlich geduldete Maß. Sie holte die Jämmerlichsten an ihren Tisch, pflegte die Schmutzigsten, wusch Tote. Sie hat Forderungen ernst genommen, die seit 1200 Jahren im Namen eines Armen, Heimatlosen erhoben worden waren: Hungrige, Kranke, Fremde sind „Brüder" Jesu. *Was ihr dem geringsten meiner Brüder getan habt, das habt ihr mir getan* (Mt 25,40). Adelige haben Elisabeth wegen ihres Einsatzes für die Schwächsten der Gesellschaft als töricht gescholten, wenn nicht für geistesgestört gehalten.

Ecken und Kanten Elisabeths sowie sektiererische Züge sollen nicht verschwiegen werden: Sie gab ihre Kinder in fremde Obhut; der Schmuck einer Kirche war ihr gleichgültig; eine alte Frau, die sich schlafend stellte, trieb sie mit einem Rutenschlag zur Beichte; um ein Mädchen vor den Verlockungen des Tanzes zu bewahren, ließ sie ihm das schön gelockte Haar abschneiden. Klaglos ertrug sie, dass ihr Beichtvater sie und ihre Dienerinnen wegen nichtiger Vergehen wiederholt demütigte und auspeitschen ließ.

Tod und Heiligsprechung

Elisabeth starb im Alter von nur 24 Jahren. Drei Schwangerschaften, harte Arbeit, Fasten, schwere seelische Belastungen, Schlafentzug durch nächtliches Beten werden den Körper so weit geschwächt haben, dass er einer Infektion keinen Widerstand entgegenzusetzen hatte. Vielleicht war es die Tuberkulose, die „weiße Pest", die bis in die Neuzeit vor allem junge Leute dahingerafft hat. Auf die Nachricht vom Tod Elisabeths strömte eine große Menge zusammen. Der Aufgebahrten wurden Fetzen der Kutte, Haare, ein Finger und Teile der Brüste abgeschnitten; solche Reliquien galten als Unterpfand ihres Schutzes.

Für viele Zeitgenossen stand fest, dass die Verstorbene in der Nähe Gottes weilte, der nach Aussage eines Augenzeugen schon kurz nach ihrem Tod an ihrem Grab ein Wunder wirkte. Um die offizielle Anerkennung Elisabeths als einer Heiligen bemühten sich vor allem Konrad von Marburg, ihr Seelenführer, und der Deutsche Orden, der sie als Schutzpatronin gewinnen wollte.

Papst Gregor IX. beauftragte im Jahr 1232 Erzbischof Siegfried von Mainz, Abt Raimund von Eberbach und Magister Konrad von Marburg, Zeugen zu Leben, Verhalten und Wundern der Landgräfin zu vernehmen und die Protokolle nach Rom zu senden. Diese Berichte sind erhalten als wesentlicher Teil der Akten zur Kanonisation Elisabeths. Dazu kommen Aussagen der

Dienerinnen, Lebensbeschreibungen und Urkunden. Das ganze Verfahren zeichnet sich durch eine außerordentlich kritische Grundeinstellung aus.

Die Kommission hat mehr als 600 Zeugen aufgerufen, geprüft, vereidigt und nach einem uralten Raster befragt: Wer, was, wo, mit wessen Hilfe, auf welche Weise, warum, wann, und so fort. Aufgezeichnet wurden Name, Alter, Geschlecht, Beruf, Heimatort und Heimatdiözese, Gebrechen oder Leid, Verlauf und Begleitumstände einer als wunderbar erlebten Heilung oder Rettung. Die Befragten wurden auf Ungereimtheiten angesprochen, andere mussten Beweismittel vorlegen. Man spürt die Nähe zur Inquisition; Magister Konrad hatte Erfahrung damit, Ketzer durch Fangfragen zu überführen.

In den Elisabethmirakeln fehlen Wunder, wie man sie aus der Bibel kennt, die Bändigung von Elementargewalten, die Vermehrung von Brot, Öl oder Wein. Umso reicher informieren sie über konkrete Zeitumstände: das Leben von Frauen und Kindern, Eltern-Kind-Beziehungen, Gebet, Kleidung, Krankheit, Nachbarschaft, Umwelt, Traum, Unfall, Verkehr, Wohnung usw.

Die meisten der Geheilten waren Frauen und Mädchen; viele hatten unter mehreren Gebrechen gelitten. So sei ein fünfjähriges Mädchen blind, taub, stumm und gelähmt gewesen. Unter den vom Tod Erretteten sind drei Ertrunkene. Die Berichte werfen ein Schlaglicht auf den Umgang mit Leid und Elend in der ländlichen Gesellschaft. So bezeugt eine Dame, ein grässlich entstelltes Kind oft in der Kirche vor sich gesehen zu haben; es war also nicht aus der Gemeinde ausgeschlossen. Ein gelähmtes Mädchen, das man an einem Sonntag zu anderen Mädchen geführt hatte, kam zur großen Freude ihrer Gespielinnen plötzlich ohne Krücken zurecht.

Männern fiel es anscheinend schwerer, Menschen mit abstoßenden Krankheiten zu ertragen. So bat ein Vater für seine entstellte Tochter um Gesundheit oder Tod. Ein anderer Vater hatte seinen missgebildeten Sohn wie ein *monstrum* verabscheut; ein

Sohn hatte sich geweigert, weiter mit seiner durch Nasenpolypen entstellten Mutter zusammenzuleben.

Geisteskrankheiten werden ebenso nüchtern aufgezeichnet wie ein Unfall oder angeborene Blindheit. Die Kommission stellt keine bohrenden Fragen zu irgendeiner Schuld. Davon ist auch dann nicht die Rede, wenn Geheilte zunächst vergeblich das Grab Elisabeths besucht hatten. Eher bekunden die Verhörten ein so gutes Gewissen, dass sie der Verstorbenen Vorwürfe machen oder ihr gar drohen. Eine Sophia hatte mit ihrer neunjährigen, von Buckel und Kropf geplagten Tochter vergeblich zehn Tage lang am Grabe gebetet. Bevor beide wieder heimziehen, murmelte die Mutter gegen die *Herrin Elisabeth: Allen Menschen will ich vom Besuch deines Grabes abraten, da du mich nicht erhört hast!* Zornig treten sie den Rückweg an. Unterwegs befiehlt Elisabeth der Tochter im Traum, aufzustehen – und das Mädchen ist geheilt!

Die Heiligsprechung

Nur vier Jahre nach ihrem Tod, am 27. Mai 1235, nahm der Papst die Landgräfin feierlich in den Kreis der Heiligen auf. Warum haben kirchliche Kreise die Heiligsprechung so überraschend schnell betrieben? Die Kommission, die Leben und Wunder der Landgräfin untersucht hatte, erklärte: *Zur Widerlegung der Verworfenheit der in dieser Zeit sich mehrenden Häretiker* habe Gott durch Elisabeth Zeichen setzen wollen. In der eigentlichen Urkunde zur Heiligsprechung sprach Gregor IX. die Hoffnung aus, die Heilige werde zur Mehrung des rechten Glaubens beitragen, den Ungläubigen den Weg der Wahrheit vor Augen führen und die Ketzer verwirren.

Die abendländische Christenheit steckte in einer Krise: Die Kreuzzugsbegeisterung war erlahmt, der wahre Glaube schien bedroht. Da waren zum einen die Waldenser, die arm wie die Apostel lebten und gegen die Kirche reicher Prälaten protestieren wollten. Dazu kamen die Albigenser, die sich als die Reinen verstanden, die „Katharer". Ihre Gegner haben daraus das Schmähwort

„Ketzer" gemacht. Die Albigenser hatten sogar eine Gegenkirche gegründet, mit eigener Lehre, eigenen Ämtern und Sakramenten. Das Auftreten der Waldenser und Albigenser war ein Symptom dafür, dass die Kirche, so glanzvoll sie in Erscheinung trat, an Glaubwürdigkeit eingebüßt hatte.

Franz und Klara von Assisi, Dominikus und andere hatten auf diese Entwicklung mit der Gründung von Bettelorden geantwortet. Elisabeth war eine von vielen, die außerhalb der Orden dazu beigetragen haben, dass ein erheblicher Teil der seinerzeitigen Armutsbewegung in der Kirche blieb. Mit Elisabeth konnten sich auch all die Frauen geehrt sehen, die weniger bekannt als sie, vor ihr, mit und nach ihr, oft durch ihr Beispiel aufgerüttelt, ein Leben der Arbeit in freiwilliger Armut führten, bekleidet mit dem schmucklosen Gewand der Frauen im Spitaldienst.

Etwa ein Menschenleben nach der Kanonisierung Elisabeths verfasste der Erzbischof von Genua, Jakobus von Voragine, die „Legenda aurea". Die „Goldene Legende", das meistgelesene Buch des Mittelalters, verherrlicht Leben und Wunder von Heiligen. Aus den ersten 1000 Jahren der Kirchengeschichte erzählt Jakobus von 122 heiligen Männern und 25 heiligen Frauen, zumeist Märtyrerinnen und Jungfrauen. Aus der Zeit nach 1000 stellt er die Ordensgründer Bernhard von Clairvaux, Dominikus und Franz von Assisi vor sowie den Märtyrer Thomas Becket, Erzbischof von Canterbury; dazu kommt als einzige Frau Elisabeth von Thüringen. Dies allein veranschaulicht, welch schlechte Chancen Frauen, zumal Ehefrauen hatten, zur Ehre der Altäre erhoben zu werden.

Leben und Wirken Elisabeths lassen sich nicht auf einen Nenner bringen, wohl aber in Kernaussagen verdichten: Elisabeth hat Forderungen nicht an andere gestellt, sondern an sich selbst. Ihrem Mann und ihren Kindern hat sie eingeräumt, ihr Leben nach ihren eigenen Vorstellungen zu gestalten.

Sie hat sich selbst verwirklicht, nicht auf Kosten, sondern im Dienst anderer. Den Freiheitsraum, den die Gesellschaft einer

Frau ihrer Stellung zubilligte, hat sie zur Verwirklichung neuartiger Ziele genutzt. Sie hat gezeigt, dass in den Forderungen des Evangeliums revolutionäre Sprengkraft steckt.

Elisabeth hat über das übliche Almosengeben hinaus Hilfe zur Selbsthilfe geleistet. Auch wenn sie deklassierende Arbeiten übernahm, blieb sie Fürstin. Sie wusste sich für ihren Mann ansehnlich zu kleiden, aber auch Arme, Kranke und Behinderte mit ihrer Heiterkeit anzustecken. Viele „Große" haben ihr Ansehen oder das ihres Volkes mit den Leiden Ungezählter erkauft. Elisabeths Größe zeigt sich darin, dass sie Freude in das Leben Leidender und Rechtloser gebracht, Mühseligen Hilfe, Hoffnung und Trost geschenkt hat. Damit hat sie über die Jahrhunderte ein Beispiel gegeben. Bis heute wird Elisabeth hoch verehrt, über die Grenzen der Konfessionen hinweg.

Birgitta von Schweden (1303 bis 1373)

Prophetin in einer zerrütteten Kirche

Du bist wahrhaft der Mörder der Seelen. Scharf, wie man es einer frommen Dame kaum zutraut, hat Birgitta Clemens VI. getadelt. Ein Vorgänger dieses Papstes war vor blutigen Fehden römischer Adelssippen nach Avignon ausgewichen; Clemens residierte dort von 1342 bis 1352. Für 80 000 Goldgulden kaufte er die Grafschaft Avignon; seine Residenz baute er zu einem prächtigen Palast aus. Mit seinem Treiben, erklärte Birgitta, rufe er: *Kommt und sehet mich in meiner Pracht und Würde! Kommt und leert eure Taschen!*

Die abendländische Christenheit war im 14. Jahrhundert durch Epidemien geplagt, durch Kriege zerrissen. Kraft und Trost suchten die Geschundenen in der Kirche; doch Inhaber geistlicher Ämter waren korrupt und missbrauchten ihre Macht. Nicht wenige fromme Christen suchten Zuflucht in mystischen Erfahrungen. So berief auch Birgitta sich für ihre Anklage gegen Clemens VI. auf Worte, die sie aus dem Munde Christi vernommen hatte. *Du bist ungerechter als Pilatus; der hat nur mich zum Tode verurteilt … du verurteilst unschuldige Seelen und lässt Schuldige frei.* Gegen Geld war von diesem Papst die Lossprechung von schwersten Sünden zu haben; säumige Zahler bedrohte er mit dem Ausschluss aus der Kirche; Bischofssitze verschacherte er an Unwürdige.

Birgitta war bereits 40 Jahre alt, als sie begann, im Namen Christi Ungerechtigkeit und Selbstsucht geistlicher und weltlicher Würdenträger anzuprangern. Sie stieß auf Spott und Ablehnung; doch vornehme Frauen und gebildete Kleriker schlossen sich ihr an. Als Frau aus einer rechtschaffenen schwedischen Adelsfamilie hatte sie vieles erfahren und gelernt, was ihr half, die Botschaft Christi für ihre Zeit zu verstehen und weiterzugeben.

Eine christliche Adelsfamilie

Mit 13 Jahren war Birgitta dem 18-jährigen Ulf Gudmarsson angetraut worden. Ihr Vater war Gerichtsherr eines schwedischen Bezirks gewesen; Birgittas Ehemann bewährte sich im gleichen Amt. Bei beiden lernte sie, dass ein Volk nur gedeiht, wenn Recht und Ordnung herrschen.

Neunzehn Jahre lebte das wohlhabende Ehepaar auf seinem Gut; Birgitta gebar acht Kinder. Sie leitete Söhne und Töchter, Mägde und Knechte zu einem Leben an, wie sie es aus ihrem Elternhaus kannte, mit regelmäßigem Gebet, frommen Lesungen, tätiger Nächstenliebe. Geistliche unterrichteten die Kinder. Einer von ihnen, Magister Matthias, sollte Birgitta lange Jahre als ihr Beichtvater begleiten. Sie war es gewohnt, dass Kleriker ihr dienten, sie belehrten, mahnten, berieten. 1335 waren die glücklichsten Jahre ihres Lebens vorbei.

Fünf Lehrjahre am Königshof

Birgittas Ehemann wurde als Ratgeber, sie selber als Hofmeisterin an den Königshof gerufen; ihre Kinder konnten sie nicht mitnehmen. Die älteste Tochter war verheiratet, die vier anderen Töchter, auch die erst ein Jahr alte Cäcilia, wurden Klöstern anvertraut. Drei Söhne blieben mit ihren Hauslehrern auf dem heimischen Gut; der Älteste, Karl, übernahm von seinem Vater das Richteramt. Nur der achtjährige Gudmar kam mit nach Stockholm; wahrscheinlich war er krank; mit elf Jahren ist er gestorben.

Von Sorgen um ihre Kinder hat Birgitta sich auch nicht gelöst, als sie schon lange mit ihrer Berufung zur Botin für Christus lebte. Eine Vision mahnte sie, wie leicht eine Mutter ihr eigenes Wohl mit dem ihrer Kinder verwechselt. Sie sah eine Gestalt unermüdlich in das Feuer unter einem Topf blasen. Ihr war klar: Das ist der

Eifer einer Mutter für ihre Kinder! Doch als sie den Bläser fragte, wer er sei, sagte er: *Ich bin einer, der Geschäfte machen will.*

Die Eheleute waren dem Ruf des Königs gefolgt, um ihrem Volk zu dienen; doch sie erlebten, dass am Hof ihr Rat wenig galt. Später wird Birgitta, von Christus beauftragt, den König mahnen, sich an bewährte Gesetze zu halten, gestrandete Schiffe nicht auszurauben, grausame Steuereintreiber zurechtzuweisen. Ratgeber durften so ungeschminkt nicht reden; den Eheleuten wurde ihr Amt zuwider; sie baten um Entlassung, um nach Santiago zu pilgern.

Auf der Suche nach Trost

Zwei Jahre dauerte ihre Pilgerreise; auf ihren Wegen durch Europa sahen sie, wie groß das Elend der Christenheit war. In Saint Denis bei Paris wird das Ehepaar den berühmten Heiligen Frankreichs aufgesucht haben, denn in einer ihrer späteren Visionen sieht Birgitta, wie Dionysios Christus um Erbarmen für das vom Hundertjährigen Krieg zerrissene Land anfleht. *Zwei überaus wilde Tiere verwüsten das Reich; das eine frisst und frisst, das andere will sich über alle erheben.*

Nach der Heimkehr wollte ihr Mann Zisterzienser werden; sie selber zog in das Gästehaus seines Klosters ein. Ulf starb, noch bevor er die Mönchsgelübde abgelegt hatte, und das Gästehaus wurde Birgittas Witwensitz. In einer Vision sieht sie ihren Mann; sein Fegefeuer sind die Sorgen um Frau und Kinder. Er mahnt Birgitta, zugunsten der Armen auf alle bewegliche Habe zu verzichten. *Die unbeweglichen Güter aber überlasse den Kindern.* Birgitta übergab das Landgut ihrem ältesten Sohn Karl und stellte sich darauf ein, als Gast des Klosters ein frommes Leben zu führen. Doch Ruhe war ihr nicht vergönnt; Christus rief sie in seinen Dienst.

Mystische Erlebnisse kannte Birgitta seit ihrer Jugend; sie waren ihr Zeichen gewesen, dass sie in der Liebe Christi geborgen sei. Doch nun erfuhr sie, dass Christus mehr von ihr verlangt; sie hörte seine Stimme: *Wisse, dass ich nicht allein um deinetwillen mit dir rede, sondern zum Heile aller Christen. Du wirst meine Braut und mein Kanal sein.*

Der Mund Christi

Die Berufung zur Botin Christi befreite sie nicht von der Sorge für ihre Kinder. Als sie einmal, bereits 70 Jahre alt, die Gottesmutter bat, ihr doch zu größerer Liebe zu Christus zu verhelfen, antwortete Maria: *Auch wenn es lieblich für dich ist, so zu reden, so gehe doch hin und flicke deiner Tochter den Rock zusammen.*

Getreu ihrer Berufung, *allen Christen* der *Kanal* Christi zu sein, leitete Birgitta getreu weiter, was ihr gegeben war. Tauchte sie aus einer oft lang währenden Versenkung auf, gab sie sogleich ihren geistlichen Helfern weiter, was sie geschaut und vernommen hatte. Sie diktierte die Botschaften in ihrer schwedischen Muttersprache, ihre Sekretäre zeichneten sie in der lateinischen Sprache auf, die Gebildete der ganzen christlichen Welt verstanden. Die *Offenbarungen der heiligen Birgitta* wurden weit verbreitet und in mehrere Sprachen übersetzt; bis heute finden viele Menschen in ihren Schriften spirituelle Erhebung. Oft hatte die weltkundige Frau im Namen Christi aber auch konkrete Verfehlungen der politisch Verantwortlichen ihrer Zeit aufzudecken.

Es begann damit, dass Christus sie von ihrem Witwensitz zum Königshof zurückschickte: *Geh zu Magnus, und ich werde durch deinen Mund sprechen!* Übel, die sie aus ihrer Zeit am Hof nur zu gut kannte, hat sie nun deutlich benannt. Schon lange grassierten Gerüchte von einer Seuche, gegen die es keine Rettung gebe. Der Adel tat, als gehe ihn das nichts an. Birgitta zitiert das Hofgeschwätz: *Gott ist barmherzig. Das Böse kommt nicht. Lasst uns machen, was wir wollen.* Sie entlarvt die Verlogenheit solchen Geredes von Gottes Barmherzigkeit und verkündet, was sie aus dem Munde Christi gehört hat: *Siehe, ich will aufstehen, und ich werde weder Jung noch Alt schonen, weder Reiche noch Arme, weder Gerechte noch Ungerechte.* – Drei Jahre später hatte die Pest Schweden erreicht.

Kurz nach ihrem Auftritt als Prophetin am Königshof erhielt Birgitta einen noch ungewöhnlicheren Auftrag.

Ordensgründerin, aber nie Nonne

Die Zerrüttung der Amtskirche war umso unerträglicher, als auch Klöster verkamen. Bei den Zisterziensern, wo Birgitta ihren Witwensitz hatte, herrschte Ordnung; doch auf der Wallfahrt nach Santiago hatte sie genug Übles gesehen, um zu verstehen, warum Christus ihr eines Tages erklärte, einst seien seine Weinberge ertragreich gewesen, doch nun seien *die Reben saftlos und dürr; die Wächter schlafen, Maulwürfe untergraben die Wurzeln.* Er legt Birgitta eine neue Ordensregel ins Herz.

Der Prior der Zisterzienser will sich die Regel nicht diktieren lassen. Hält man sich in schlechten Zeiten nicht besser an Erprobtes? Gleich der erste Satz mag ihn schockiert haben. Christus erklärt: *Diesen Orden will ich zur Ehre meiner liebreichsten Mutter zuerst und hauptsächlich durch Frauen errichten.* Aufs Höchste beunruhigt, bittet der Prior Gott um Rat; mitten im Gebet trifft ihn ein Schlag – ein Herzversagen? Nun ist er zur Hilfe bereit.

Voll Freude hatte Birgitta erkannt, dass Christus ihr ein Bild grundlegender Erneuerung der ganzen Kirche ins Herz gelegt hatte. In den Klöstern eines neuen Ordens sollen Männer und Frauen eine Gemeinschaft bilden, die derjenigen gleiche, die Christus bei der Himmelfahrt auf Erden zurückgelassen hatte: 13 Priester als Vertreter der zwölf Apostel zusammen mit Paulus; 60 Nonnen, vier Diakone und acht Laienbrüder als Bild der 72 „anderen Jünger“ (Lk 10,1); die Äbtissin als das Haupt, so wie es damals die Mutter Jesu war (Apg 2,13f).

Birgittas mystische Erfahrungen waren stets gefärbt von ihrer Weltkenntnis; das gilt auch für ihre Ordensregel. Die Äbtissin soll dafür sorgen, dass ihr Kloster keinen *Funken* Besitz habe, kann doch schon ein Funke verheerenden Brand auslösen. Von Erträgen aus eigenem Land soll das Kloster leben; zu Allerseelen soll die Äbtissin berechnen, was sie für das kommende Jahr an Vorräten brauche; alles Übrige gehöre den Armen. Auch wer keine Mitgift einbringen könne, dürfe eintreten. *Prächtige Häuser,* erklärt Christus, *sind so schwere Sünde, als wenn sie* (die Ordensleute) *meinen Armen Nahrung und Kleidung mit Gewalt geraubt hätten.*

In regeltreuen Klöstern gab man sich damals oft überspannter Askese hin. In Birgittas Orden soll es schlicht zugehen: Bei der Predigt sollen die Priester sich mit wenigen, einfachen Worten begnügen. Damit das Lob Gottes in der Kirche nie verstumme und doch Zeit zur Erholung bleibe, sollen Männer und Frauen sich abwechseln. Christus mahnt, der Leib, das *schwache Lasttier,* verdiene Nachsicht; zum Schlafen genüge zwar eine Schicht Streu, doch Federkissen sollen Kopf und Leib wärmen.

Birgitta bat König Magnus um ein Haus für eine solche Gründung, und dieser, von ihrer Weissagung noch erschüttert, überließ ihr sein Landhaus Vadstena. Nun fehlte noch die Billigung der Regel durch den Papst. Doch der residierte in Avignon, und sein Palast war *ein Feld des Stolzes, der Habgier, Selbstherrlichkeit und Korruption.* Christus schickt Birgitta nach Rom, lässt aber offen, was sie dort zu tun hat: *Deine Regel ist geschrieben, die Blüten sind da, die Frucht wird reifen, wenn ihre Zeit gekommen ist. Gehe du nach Rom und bleibe dort, bis du den Papst und den Kaiser gesehen und ihnen mitgeteilt hast, was ich dir sagen will.*

An dieser Stelle sei unseren Lesern ein Ausblick in das Jahr zugemutet, in dem die *Regel des heiligen Erlösers* endlich die päpstliche Billigung erhielt. Damit wäre ein Beispiel genannt, das zeigt, wie schwer es werden kann, die Hoffnung auf Erneuerung der Kirche nicht aufzugeben. 1346 hat Birgitta die Regel empfangen; als Urban VI. diese im Jahr 1378 billigte, war Birgitta schon fünf Jahre lang tot. Urban VI. war im Mai 1378 durch gültige Wahl Papst geworden; im Juli desselben Jahres erklärten die Kardinäle diese Wahl für ungültig. Das Schisma war ausgebrochen, das die westliche Christenheit viele Jahrzehnte lang spalten sollte.

Im verwahrlosten Zentrum der Christenheit

Im Herbst 1349 traf Birgitta in Rom ein. Die Pest hatte mehr als die Hälfte der Bewohner hinweggerafft; Häuser, Straßen und Kirchen waren voller Unrat. Birgitta fand standesgemäße Unterkunft; ein Kardinal, ein Bruder von Papst Clemens VI., nahm die hochadelige Dame und ihr Gefolge auf. Bald kannte Birgitta sich im römischen Adel aus; aus der Nähe beobachtete sie, wie die großen Sippen um den Reichtum der Kirche stritten. Politisch brisante Visionen drängten sich ihr auf.

Der Bischof von Mailand hatte im Streit um Kirchenbesitz in aller Öffentlichkeit den Bischofsstab und den Degen zugleich erhoben und ausgerufen, man solle dem Papst melden, er werde das eine mit dem anderen verteidigen. Birgitta veröffentlichte daraufhin eine Botschaft, die sie vom heiligen Ambrosius empfangen hatte, der 1000 Jahre zuvor Bischof von Mailand gewesen war: In seiner Kirche gebe es einen, dem nur eine Stunde für den Gottesdienst bleibe; im Übrigen fröne er seinen Machtgelüsten und fleischlichen Begierden oder erhole sich von seinen Ausschweifungen. Solche Visionen wurden Tagesgespräch; doch die Erneuerung der Kirche blieb aus.

Christus hatte Birgitta befohlen, in Rom zu bleiben, bis sie dem Papst und dem Kaiser seine Worte mitteilen könne. 1367 wagte der fromme Urban V. die Reise nach Rom. Er empfing Birgitta zur Audienz; doch diesem politisch schwachen Papst nützten ihre Mahnungen nichts. 1370 floh Urban vor revoltierenden Adeligen. Birgitta hatte ihn gewarnt: Wenn er Rom, die Mutter der Kirche, verlasse, werde er sterben. Kurz nach seiner Ankunft in Avignon starb Urban V., vor Verzweiflung zu Tode erkrankt.

In der langen Zeit vergeblichen Harrens fand Birgitta, wie viele Gläubige ihrer Zeit, Trost in Wallfahrten. Die Gläubigen trugen schwer daran, dass die Verantwortlichen der Kirche Sünde um Sünde auf sich luden; konnten solche Amtsträger denen noch helfen, die sich eigener Verfehlungen anklagen mussten? An heiligen

Stätten hoffte auch Birgitta, für die Kirche, für die Ihren und für sich selbst Erlass der Strafen zu gewinnen, die sie vom gerechten Gott erwartete.

Auf einer ihrer Pilgerfahrten, 1364 nach Süditalien, sah Birgitta, dass Sklaven dort unmenschlich behandelt wurden; sie hörte gar von Selbstmordversuchen. Sklaven in Süditalien waren, dessen darf man sicher sein, Muslime aus Nordafrika. Im Namen Christi tadelte Birgitta die Untaten: *Gott liebt auch diese dienenden Menschen; er hat alle aus Liebe erschaffen, alle hat er erlöst durch sein Leiden am Kreuz.*

So gut es möglich war, hielt Birgitta sich schon an ihre Ordensregel. Als eine Frau ihres Gefolges sich eine Arbeit suchen wollte, um Geld zu verdienen, weil die sonst übliche Unterstützung aus Schweden ausblieb, fragte Birgitta, was sie denn den Tag über treibe. *Ich bete, lerne Grammatik, ich schreibe. – Es ziemt sich nicht,* erklärte Birgitta, *um leiblicher Arbeit willen solche Arbeit aufzugeben.* Nach der Regel des Ordens sollten die Frauen sich nur dem Gebet, dem Studium und der Caritas widmen; dabei sollte es auch in Notzeiten bleiben. Wenn Geld ausblieb, mussten sie sich eben so lange einschränken, bis jemand aushalf.

Freude erlebte Birgitta von dreien ihrer Kinder. Im Jahr 1364 ließ ihre Tochter Katharina sich in Rom nieder; neun Jahre später konnte Birgitta ihr vom Sterbelager aus die Sorge um die Gründung des neuen Ordens übergeben. Zwei ihrer Söhne, Birger und Karl, trafen 1368 in Rom ein; sie begleiteten ihre Mutter zur Audienz bei Papst Urban. Nachdem sich die Hoffnung auf diesen tiefgläubigen Papst zerschlagen hatte, empfing Birgitta den Auftrag zu einer Wallfahrt ins Heilige Land. Zusammen mit ihren drei Kindern brach sie auf.

Die letzte Pilgerfahrt

Der Weg führte über Süditalien; in Neapel starb Karl. Sein unerwarteter Tod traf Birgitta schwer; würde er bei Gott Gnade finden? In einer ihrer längsten Offenbarungen sah sie, wie Maria ihren

Sohn verteidigte; durch Tränen und Gebete der Mutter sei er auch ohne die Bußwallfahrt schon reingewaschen. Der Teufel habe kein Recht, ihn dafür zu peinigen, dass er zu früh gestorben sei.

Vier Monate durchzogen die drei Pilger das Heilige Land. In Jerusalem empfing Birgitta eine erschütternde Vision von der Kreuzigung Jesu; sie sah den gemarterten Leib mit den Augen seiner Mutter, die an sich selbst erfährt, was ihrem Sohn geschieht. In Bethlehem wurde ihr die Geburt Jesu zum Vorausbild seiner Auferstehung. Maria hat ihre Hände zum Himmel erhoben, da liegt plötzlich vor ihr auf dem Boden des Stalls in leuchtendem Glanz das Kind, daneben zusammengefaltet die fleckenlose Haut der Nachgeburt. Große Künstler haben aus ihren Visionen gelernt; Matthias Grünewald und Dürer haben danach das Leiden und die Geburt Christi auf neue, bewegende Weise dargestellt.

Von den Strapazen der Reise hat die fast 70-jährige Pilgerin sich nicht mehr erholt. In Rom wird sie bettlägerig und sieht den Tod nahen. Zwei ihrer Kinder, ihre Beichtväter und ihre Hausgenossen stehen ihr bei; doch sie versinkt in Dunkelheit. Sie klagt sich an; sie hat das Geschenk der Berufung vertan! Drei Versuchungen sei sie verfallen: Ihr Leib habe ihr mehr bedeutet als ihre Seele, ihre Zunge mehr gesagt, als ihr aufgetragen war; ihr Eigenwille sei ihr wichtiger gewesen als die Liebe zu denen, die ihr vertraut haben. In dieser Finsternis hört sie die Stimme der Mutter Jesu: *Dies geschieht, damit du siehst, dass du ohne meinen Sohn nichts bist und kannst.*

Fünf Tage vor ihrem Tod erscheint ihr Christus und tröstet sie. Er habe sie allein gelassen, *damit die Braut umso mehr nach dem Bräutigam verlangt.* Die Frau, die sich als der *Mund* Christi verstehen durfte und als Prophetin die Verfehlungen der hohen Würdenträger einer zerrütteten Kirche angeprangert hat, darf in den letzten fünf Tagen ihres irdischen Daseins ihre Visionen wieder so entgegennehmen wie in ihrer Jugend, als Zeichen, dass sie in der Liebe Christi geborgen ist.

Jeanne d'Arc (1412 bis 1431)

Kind aus dem Volk, Nationalheldin und Heilige

Feierlich wurde Jeanne d'Arc am 16. Mai 1920 im Petersdom von Benedikt XV. in die Schar der kirchlich anerkannten Heiligen aufgenommen. Damit hatten zwei Geschichten ein Ende gefunden: Schon seit 1869 hatte man das Verfahren betrieben, das 1909 zur Seligsprechung durch Papst Pius X. geführt hatte. Die andere Geschichte hatte fast ein halbes Jahrtausend früher begonnen.

Das Bauernmädchen aus Lothringen

Jeanne wurde 1412 als Tochter angesehener, wohlhabender Bauern in Domrémy geboren. Später hat man den Namen des Dorfes um ihren Kosenamen *la Pucelle* ergänzt (abgeleitet von lateinisch *puella*, Mädchen, Jungfrau). Jeanne half ihren Eltern im Haus und auf dem Feld, beim Hüten des Viehs und beim Spinnen und Weben. Auffällig oft sah man sie schon als Kind in der Messe, beim stillen Gebet und bei der Beichte. Mit 18 Jahren hätte sie eine Familie haben können – wäre da nicht etwas gewesen, das schon den Zeitgenossen rätselhaft geblieben ist.

Als 13-Jährige vernahm Jeanne erstmals „Stimmen", später hatte sie auch „Visionen", in denen ihr Gott, die Heiligen Katharina und Margareta sowie der Erzengel Michael erschienen. Als sie 17 oder 18 Jahre alt war, erteilten die Stimmen ihr einen Auftrag, der den Rahmen ihres bisherigen Lebens sprengte. Sie war zunächst unsicher und sperrte sich. Doch die Stimmen setzten ihr immer nachdrücklicher zu: Sie solle die Belagerung von Orléans aufbrechen, den Dauphin (Thronfolger) zur Krönung nach Reims führen und die Engländer aus Frankreich vertreiben.

Visionen und Krieg

Im 14. Jahrhundert hatten viele Menschen, zumal Frauen, Visionen; aber die bezogen sich eher auf den persönlichen Glauben als auf politisches und militärisches Handeln. Daher ist auch die Lage des Landes zu betrachten. Obwohl das damalige Königreich kleiner war als der heutige Staat, wird hier der Einfachheit halber von Frankreich gesprochen.

Als Jeanne ihre Aufträge erhielt, bekämpften sich Franzosen und Engländer seit bald 100 Jahren. Auf Erbrechte gestützt, hatte der englische König im Jahr 1339 den französischen Thron beansprucht und bald darauf Nordfrankreich erobert. Was als dynastischer Streit begonnen hatte, ging in einen verbissen ausgefochtenen, bis 1453 dauernden Krieg über (Calais fiel erst 1558 an Frankreich; die Kanalinseln sind bis heute britisch). Französische Aufgebote erlitten schwere Niederlagen; Hunger und Seuchen verstärkten das Leid, das die Bewohner unbefestigter Dörfer und Klöster traf, unter dem aber auch Männer, Frauen und Kinder in eroberten Städten und Burgen litten.

Ende 1428 waren die Truppen der Franzosen demoralisiert und ihre Lage trostlos. Engländer belagerten Orléans, das einen wichtigen Übergang über die Loire beherrschte. Bald würden sie, so mussten vernünftige Menschen sich sagen, die Stadt und dann den Süden des Landes erobert haben. Vom Dauphin würde dann niemand mehr reden, und der König von England wäre auch als Herrscher über Frankreich anerkannt.

Vom Heimatdorf zum Königshof

Jeanne verließ am 25. Dezember 1428 das Haus ihrer Eltern, ohne sich von ihnen zu verabschieden. Beides hatten die „Stimmen" ihr geboten; nach deren Befehlen richtete sie sich auch bei ihren weiteren Schritten.

Anfang Januar 1429 fand die 17-Jährige in der unweit von Domrémy gelegenen Festung Vaucouleurs beim Kommandanten Gehör. Nach zunächst vergeblichen Anläufen konnte sie Robert de Baudricourt und einige seiner Leute von ihrer Sendung überzeugen, erhielt ein Pferd, Männerkleidung, Geld und militärisches Geleit. Der Trupp brach Mitte Februar auf und war neun Tage lang unterwegs, zum Teil nachts, wenn es durch Gebiet ging, das die Engländer beherrschten. Anfang März kam er in Chinon (südlich der Loire) an, wo der Dauphin residierte.

Vom Spott der Hofschranzen und von der Abweisung durch Berater ließ Jeanne sich nicht beirren. Bald stand sie vor dem Dauphin. Auch mit dessen Unglauben wurde sie fertig; sie gewann ihn für die Botschaft, die ihr die „Stimmen" gegeben hatten. Das heißt nicht, dass der Dauphin immer zu ihr gehalten hätte. Er schwankte zwischen eher lauer Begeisterung und entmutigender Unzuverlässigkeit.

Nach Orléans – und Reims!

Bevor der Thronfolger dem Bauernmädchen Truppen, Material und Geld anvertraute, ließ er Jeanne prüfen. Das kostete Zeit, dabei brannte sie darauf, ihre Aufträge auszuführen. Gelehrte Männer überzeugten sich von ihrer Rechtgläubigkeit; schließlich gab es im Lande noch Ketzer. Kundige Frauen bestätigten ihre Jungfräulichkeit. Nachdem Jeanne als glaubwürdig anerkannt war, ließ man für sie eine Rüstung anfertigen und übertrug ihr den Befehl über Männer, die alles andere als Elitekrieger waren; Jeanne aber hatte sie bald für ihr Vorhaben gewonnen.

Gleich zu Anfang gelang ihr ein Schlag, mit dem weder Freund noch Feind gerechnet hatte: Sie schaffte es, einen Proviantzug in das belagerte, verzagte Orléans zu führen. Unterwegs hatten sich viele von ihrer Zuversicht anstecken lassen; begeistert zogen sie mit ihr in die Stadt ein. Von Jeanne angefeuert, gingen die Eingeschlossenen nun zum Angriff über und vertrieben die Engländer aus ihren befestigten Stellungen. Obwohl Jeanne bei einem Ausfall verletzt und vom Pferd geworfen wurde, spornte sie schon bald darauf ihre Krieger zu neuen Taten an. Am 8. Mai 1429 sahen sich die Engländer gezwungen abzuziehen. Orléans war befreit.

Bedeutender noch als der militärische Erfolg war, dass sich die Stimmung der Franzosen hob und ihre Kampfbereitschaft stieg. Nach verlustreichen Niederlagen hatten sie erfahren, dass die Engländer zu besiegen waren. Und Jeanne? Sie hatte den ersten Auftrag ihrer „Stimmen“ glücklich ausgeführt und drängte auf neue Taten.

Getragen vom Vertrauen ihrer Krieger und trotz lähmender Bedenken des Hofes eroberte Jeanne Orte wie Auxerre, Troyes, Châlons – und sogar Reims, den altehrwürdigen Krönungsort. Am 17. Juli 1429 wurde der Dauphin als Karl VII. endlich König von Frankreich – in der richtigen Kathedrale, vom richtigen Bischof und mit dem richtigen Öl. Krönung und Weihe ließen auch Zweifel an der Legitimität des Thronfolgers verstummen, hatte man doch sogar in dessen engster Umgebung gemunkelt, der Sohn König Karls VI. sei er nicht. Während der Krönungsfeier stand Jeanne neben dem Altar, die Fahne des Sieges in der Hand.

Auf dem Höhepunkt des Ruhms

Jeanne hatte einzigartige Erfolge errungen. Da ist es an der Zeit, ein wenig innezuhalten und zurückzuschauen, um ihren Aufstieg besser zu verstehen.

Seit den ersten Wochen ihres öffentlichen Auftretens hatte Jeanne auffällige Eigenschaften gezeigt. Fromm und gläubig, war sie zielstrebig auf drei große Ziele zugegangen: Aufhebung der Belagerung von Orléans, Krönung des Dauphin, Vertreibung der Engländer. Sie hatte Fremde, auf deren Unterstützung sie angewiesen war, für sich und ihre Vorhaben gewonnen. In einem Brief forderte sie als Gesandte Gottes wie selbstverständlich die Engländer auf, in ihr Land heimzukehren. Sollten sie nicht gehorchen, werde sie alle töten lassen *(Et si ne veullent obeir, je les feray tous occire)*.

Jeanne verstand die Sprache des „kleinen Mannes“ und ging fröhlich auf hartgesottene Krieger zu. Nach der Eroberung fester Plätze bändigte sie die Soldateska. Sie verfügte über eine Ausstrahlung, die Menschen ihres Umfeldes nicht in Worte fassen konnten. Erschien sie am Lagerfeuer, verstummten die Zotenreißer, und es schwieg, wer sich gerade noch vermeintlicher Heldentaten gebrüstet hatte. Krieger, die nachts neben ihr im Stroh geschlafen hatten, versicherten, ihr gegenüber keinerlei Begierde verspürt zu haben.

Körperlich, geistig und seelisch war Jeanne belastbar und ausdauernd. Sie lernte schnell, auch bei Nacht durch unbekanntes Gelände zu reiten. Sie war ein militärisches Naturtalent. Anders als nicht wenige Berufssoldaten hatte sie den strategischen Wert von Orléans erkannt. Offiziere bescheinigten ihr taktische Kompetenz: Angriffe habe sie so vorbereitet und durchgeführt, die Artillerie so eingesetzt, wie ein Heerführer mit langer Erfahrung es nicht besser hätte machen können. Mutig stürmte sie ihren Leuten voran, von weitem erkennbar an ihrem Banner, das sie statt des Schwertes in der Faust hielt, weil sie niemanden töten wollte.

Im Rückblick sieht alles einfach aus, konsequent und logisch: Gleich zu Anfang ein weithallender militärischer Erfolg, dann der politische Paukenschlag, schließlich die Zurückdrängung der Eroberer. Um das zu erreichen, hatte Jeanne Schwerpunkte setzen, verhandeln, überzeugen und – ganz gegen ihre Natur – geduldig sein müssen.

Statt der Einnahme von Paris – Kerker und Prozess

Nach dem Höhepunkt in Reims sah Jeanne sich einmal mehr in einer Art Zweifrontenkrieg: Mit allen Kräften wollte sie gegen die Engländer vorgehen – und musste doch erst einmal mit offenem und verstecktem Widerstand im eigenen Lager fertig werden. Kriegsmüdigkeit war nach den vielen Leiden verständlich. Sollte man sich, statt die beispiellosen Erfolge aufs Spiel zu setzen, nicht besser mit den Engländern verständigen? Das Desinteresse des Königs an einer Fortsetzung des Kampfes wirkte lähmend; an Paris lag ihm nicht viel.

Nach manchem Hin und Her wurde Jeanne am 23. Mai 1430 von Burgundern gefangen genommen; die verkauften sie an die mit ihnen verbündeten Engländer. Diese übergaben Jeanne der kirchlichen Gerichtsbarkeit. Als Richter, Beisitzer, Gutachter usw. traten von Januar bis Mai 1431 weit mehr als 100 Personen in Erscheinung. Vorsitzender des in Rouen tagenden Gerichts war Pierre Cauchon, Bischof von Beauvais, den Engländern nahestehend. Zwar wollte er ein Verfahren in einwandfreier Form; doch sind schwere Mängel nicht zu übersehen.

Jeanne befand sich nicht in kirchlichem Gewahrsam, wie es im Falle eines Glaubensgerichts geboten gewesen wäre, sondern in einem von Engländern bewachten Kerker. Vergeblich bat sie, die Wache durch eine Frau zu ergänzen. Sie musste sich gegen Zudringlichkeiten und Versuche wehren, sie zu vergewaltigen. Um ein wenig besser geschützt zu sein, zog sie einmal mehr Männerhosen an.

Die Ankläger waren dialektisch und rhetorisch geschult; sie konnten sich ablösen, ergänzen, die Verhöre in die Länge ziehen, um einer ermüdeten Jeanne belastende Aussagen zu entlocken, vor allem zu den „Stimmen" und „Visionen". Niemand stand ihr zur Seite, der sie vor bösartigen Unterstellungen gewarnt oder ihr geholfen hätte, zu unterscheiden zwischen der ihr vertrauten Kirche und der „kämpfenden Kirche", zu der sich die Ankläger zählten – niemand außer den „Stimmen", die sie nicht verlassen hatten, und auf die gestützt sie wie Jesus und die Propheten sprach: Darum sei sie *in die Welt gesandt …, Im Namen Gottes …* Solche Worte wirkten auf die Ankläger wie Gotteslästerung.

Um Jeanne weiter belasten zu können, wurden im Laufe der Monate auch Personen aus ihrer Heimat und andere Zeugen verhört. Die Ankläger wollten Jeanne für den Rest ihres Lebens als Häretikerin im Kerker sehen, die Engländer wollten ihren Tod auf dem Scheiterhaufen. Karl VII. sollte um seine Glaubwürdigkeit gebracht werden und als Kreatur einer Hexe erscheinen. Der Rachedurst der Engländer sollte gestillt werden für das, was die Anhänger Karls VII. ihnen unter Jeannes Führung angetan hatten.

Jeanne verteidigte sich, meistens hellwach und nicht selten schlagfertig, klar und mit gesundem Menschenverstand. Vor jeder Sitzung erneut vereidigt, schränkte sie wiederholt die Tragweite ihres Schwurs ein, damit man sie später nicht des Meineides bezichtigen könnte. Ungeniert forderte sie *Übergeht das!*, oder sie erklärte, sie werde sich zu einer Frage nicht äußern. Bei anderer Gelegenheit fragte sie: *Hat das mit dem Prozess zu tun?* Oder sie versicherte, auf ihr Gedächtnis gestützt, eine Frage schon früher beantwortet zu haben. Die Protokollanten blätterten in ihren Unterlagen und gaben ihr Recht.

Mehr als einmal zeigte sich ein Richter verblüfft angesichts der klugen Antwort Jeannes. Berühmt geworden ist eine niederträchtige Fangfrage: Ob sie im Stand der Gnade sei? *Wenn ich es nicht bin, möge Gott mich in sie stellen. Und wenn ich es bin, möge Gott mich in ihr bewahren (Interrogata an sciat quod ipsa sit in gracia Dei. Respondit: Si ego non sim, Deus ponat me; et si ego sim, Deus me teneat in illa).* Ein Ja hätte man als ketzerische Anmaßung, ein Nein als Eingeständnis von Schuld deuten können.

Ein andermal will man von ihr wissen, welcher der Päpste der wahre sei. Listig fragt sie zurück, ob es zwei gebe. Immerhin hatte sie gelegentlich zu verstehen gegeben, dass sie vom Schisma mit mehreren Päpsten wusste. Zum Erzengel, der ihr erschienen war; ob der nackt sei? *Meint ihr, Gott habe nichts, um ihn zu bekleiden?!* Oder: Ob die heilige Margareta Englisch spreche? – Wie sollte sie? Sie stehe doch nicht auf der Seite der Engländer! Oder: Habe sie nicht durch ihre Krieger Engländer töten lassen? – Die hätten doch rechtzeitig in ihr Land zurückgehen können!

In einem Gutachten begründete die Theologische Fakultät der Universität Paris den Anklagepunkt des Abfalls vom Glauben damit, dass Jeanne sich das Haupthaar habe abschneiden lassen, das Gott ihr wie einen Schleier geschenkt habe. Gelegentlich wird ihr zur Last gelegt, unter Missachtung des Heils ihrer Seele und auf

Anstiften des Teufels sich nicht geschämt zu haben, *in männlicher Kleidung,* die ihr doch durch das Gebot Gottes und der Kirche verboten sei, den Leib des Herrn zu empfangen.

Gegen Ende des Verfahrens wurden Behauptungen und Unterstellungen der Anklage sowie Aussagen Jeannes zu einer Liste von Verfehlungen verdichtet. Eine Auswahl davon lautet, alphabetisch gereiht: Aberglauben, Blutdurst, Dämonenanbetung (erschlossen aus Visionen, die Jeanne geschildert hatte und während derer sie kniete), Feenspuk, Glaubensirrtum, Glaubensspaltung, Gotteslästerung, Götzenglaube, Häresie, heidnisches Gehabe, Irrlehren, Ketzerei, Lüge, Männerkleidung, männlicher Haarschnitt, Missachtung der Eltern, Mord (da Jeanne nicht als Krieger anerkannt wurde, seien Männer als Mordopfer zu betrachten, wenn sie in Kämpfen gefallen waren, die sie angeführt hatte), versuchter Selbstmord (bei einem Fluchtversuch war sie von einem Turm gesprungen, aber glimpflich davongekommen), Zauberei *und andere Verbrechen gegen die göttliche Majestät.*

Am 24. Mai verkündet das Gericht sein Urteil. Während man es verliest, appelliert Jeanne an den Papst. Man erwidert ihr, das sei nicht möglich und auch nicht nötig, da ihre Richter im Einklang mit der heiligen Mutter Kirche sprechen und handeln. Dann widerruft sie ihre Aussagen. Als sich die Überraschung gelegt hat, liest man ihr eine – wohl nur wenige Sätze umfassende – Abschwörung vor, die sie unterzeichnet. In die Prozessakten wurde eine Langfassung aufgenommen, in der es unter anderem heißt: *Je confesse que j'ay tres griefment pechié … Ich bekenne, dass ich sehr schwer gesündigt habe, indem ich lügnerischer Weise so tat, als hätte ich Erscheinungen Gottes, der Engel und der Heiligen Katharina und Margareta, und dass ich andere verführt habe …* Jeanne wird daraufhin von der Exkommunikation freigesprochen und als reuige Ketzerin zu *ewigem Kerker* verurteilt. *Mit dem Brot des Schmerzes und dem Wasser der Traurigkeit* soll sie Buße tun, das Verübte beweinen und das Beweinte fürderhin nicht mehr begehen.

Was könnte Jeanne zu ihrem unerwarteten Schritt bewogen haben? Er entsprach wohl dem Drängen von Seelsorgern. Sie selber nannte bald darauf die Angst vor dem Feuer. Eine Quelle berichtet, vielleicht um Jeanne als unglaubwürdig hinzustellen, sie sei an ihren „Stimmen“ irre geworden, hätten die ihr doch die Befreiung in Aussicht gestellt.

Als Zumutung, wenn nicht als Verrat betrachteten Engländer das Urteil, enthielt es doch die Salvationsklausel *Vorbehaltlich unserer Gnade und Mäßigung.* Sollte Jeanne etwa später einmal freigelassen werden? Wer wusste schon, ob Karl VII. sich nicht eines Tages aufraffen würde, für die Frau tätig zu werden, der er seinen Thron verdankte. Und die dann nichts Eiligeres zu tun hätte, als die Engländer endgültig zu vertreiben!

Neue Kehrtwendung des Verfahrens am 28. Mai: Einige Richter suchen Jeanne im Kerker auf und stellen fest, dass sie wieder Männerkleidung trägt. Jeanne rechtfertigt sich damit, die sei für sie angemessener, da sie unter Männern leben müsse. Sie räumt ein, dass Gott und die Heiligen Katharina und Margarete wieder mit ihr gesprochen haben. Lieber wolle sie auf einen Schlag sterben als lange im Kerker leiden … – Jahre später gibt ein Gerichtsdiener zu Protokoll, was Jeanne ihm anvertraut hatte: Man habe ihr die Kleider weggenommen und Männerkleidung hingeworfen; nach längerem Streit mit ihren Bewachern sei ihr nichts anderes übrig geblieben, als die verbotene Kleidung anzuziehen.

Das Gericht kommt am 29. Mai zu dem Ergebnis, Jeanne sei der weltlichen Gerichtsbarkeit zu übergeben als rückfällig und irrgläubig *(relapsa, heretica)*, verstockt, ungehorsam usw. Am folgenden Tag bekommen Jeanne, ihre Richter und viel Volk auf dem Marktplatz in Rouen zunächst eine Predigt zu hören über ein Wort des Apostels Paulus, das an diesem Tage mehrdeutig, wenn nicht zynisch wirkt: *Wenn darum ein Glied leidet, leiden alle Glieder mit* (1 Kor 12,26). Es folgen wohlmeinende Ermahnungen, Jeanne möge an das Heil ihrer Seele denken, und eine Aufzählung ihrer Verbrechen, diesmal in Kurzform. Dann verkündet Petrus, *durch göttliches Erbarmen Bischof von Beauvais,* das endgültige Urteil: Einmal mehr zählt er ihre Untaten auf und stellt fest, Jeanne sei wie ein faules Glied vom Körper der einen Kirche abzuschneiden, auf dass sie nicht andere Glieder anstecke, und sie sei der weltlichen Macht zu übergeben. Jetzt hätte der weltliche Richter in Erscheinung treten, das Urteil des kirchlichen Gerichts zur Kenntnis nehmen und kundtun müssen, wie eine rückfällige Ketzerin nach Recht und Gesetz zu bestrafen sei. Das unterblieb, ein schwerer Formfehler.

Der Henker, der schon ungeduldig gewartet hatte, führte die Verurteilte zu dem längst vorbereiteten Scheiterhaufen. Fromm ergeben, bat Jeanne um ein Kreuz. Ein englischer Krieger band zwei Stückchen Holz zu einem Kreuz zusammen, das Jeanne an ihr Herz drückte. Solange ihre Stimme das erlaubte, rief sie laut *Jesus! Jesus!* Sie starb am Vormittag des 30. Mai 1431. Auf Befehl der Engländer wurde ihre Asche in die Seine gestreut, damit nur ja niemand Überreste von ihr kultisch verehren könne. – Nicht einmal 20 Jahre zuvor war in Konstanz der böhmische Reformator Jan Hus als Ketzer verbrannt und die Asche in den Rhein geschüttet worden.

In ausführlichen Schreiben an Kaiser und Papst, Könige und Herzöge, das Kardinalskollegium sowie andere kirchliche und weltliche Würdenträger erläuterten Heinrich VI., König von England und Frankreich, sowie die Universität Paris ihre Sicht der Dinge im Fall Jeanne. Sie betonten damit die hohe Bedeutung, die sie dem Verfahren beimaßen. Sie feierten sich als Schützer der wahren Gläubigen und als Bekämpfer bösartiger Häretiker. Heinrich VI. behauptete, es habe vor der Verbrennung noch ein weltliches Gerichtsverfahren gegeben. In seinem Schreiben an Amtsträger in seinem Königreich Frankreich klagte er Jeanne zusätzlich an, Aufruhr geschürt, den wahren Frieden gestört und mörderischen Krieg erneuert zu haben, *en perturbant toute vraye paix et renovellant guerre mortelle.*

Fünfundzwanzig Jahre später – die Rehabilitierung

Nach längeren Vorbereitungen und einem Prozess, in dessen Verlauf wieder Zeugen befragt, alte Akten geprüft und neue angelegt worden waren, wurde am 7. Juli 1456 das Urteil verkündet, das Jeanne vollständig rehabilitierte. Die für ihren Tod Verantwortlichen wurden weder angeklagt noch bestraft.

Vieles von dem, was Jeanne gesagt und getan hat, bleibt fremd: Gott und seine Heiligen beauftragen ein Kind aus dem Volk, zugunsten Frankreichs politisch und sogar militärisch einzugreifen. Die junge Frau identifiziert sich mit ihrer Sendung, was ihr ein aufreizendes Selbstbewusstsein verleiht. Fromm, mutig und wie geschult im Kriegshandwerk, erfüllt sie bedeutende Teile ihres Auftrags. Sie verstört ihre Zeitgenossen mit der Kampfansage an ein Großreich, zu dem Menschen unterschiedlicher Sprachen und Kulturen gehörten: Gott habe den Engländern England, den Franzosen Frankreich zugewiesen. Sie beruft sich auf persönliche Bindungen zu Gott und den Heiligen, am kirchlichen Lehramt vorbei, und auf Visionen, die ihr allein zuteil geworden seien, die aber Völker und Länder betreffen. Dem kirchlichen Gericht spricht sie die Befugnis ab, über sie zu richten, und will nur den Papst, ja sogar nur Gott als Richter anerkennen. In solchen Behauptungen steckten Triebkräfte, die in den folgenden Jahrhunderten die mittelalterliche Welt aus den Angeln heben sollten: Nationalismus, Protestantismus und Individualismus.

Caritas Pirckheimer (1467 bis 1532)

Fels in der Brandung

Mit klaren Worten verkündete die Äbtissin Caritas Pirckheimer im Frühjahr 1525 dem Beauftragten des Rates der Stadt Nürnberg einen Beschluss ihres Konventes: *Nun ist zu dyßen zeitten so vill zwyspeltigkeit und irthum, daz schir nymant wayß, was er glauben soll; darumb hab wir all miteinander beschloßen, in dem allten gelauben und in geistlichem stand zu verharn und nichs news wollen aufnemen, das nit von der cristlichen kirchen aufgenumen werd.* Caritas ging noch darüber hinaus: Sollte sie Zugeständnisse machen, würden die Schwestern ihr nicht mehr gehorchen. – Der „Pfleger", der Beauftragte des Rates der Stadt für ihr Kloster, hat diesen Beschluss entgegengenommen und weitergereicht.

In diesem Gespräch erreichte die Auseinandersetzung der Stadt Nürnberg mit dem dortigen Klarissenkloster einen Höhepunkt. Langfristig hat der Rat sich durchgesetzt und die Reformation in der Stadt eingeführt. Doch Caritas und der von ihr geleitete Konvent verdienen schon deshalb Beachtung, weil nicht allein Sieger in der Erinnerung weiterleben sollen.

Gebildet und treu ihrem Glauben

Barbara Pirckheimer stammte aus einer angesehenen Nürnberger Familie. Mit zwölf Jahren trat sie zur weiteren Ausbildung in das Kloster St. Klara ein. Von dessen Ansehen zeugt die ehrenvolle Aufgabe, dass die Schwestern von Zeit zu Zeit den Krönungsornat des Königs ausbesserten. Im Jahr 1483 (?) wurde Barbara als Novizin aufgenommen und nahm den Namen Caritas an; 1503 wurde sie zur Äbtissin gewählt.

Caritas kam aus einer Familie, in der man hohe Bildung schätzte. Ihr Bruder Willibald (1470-1530) war ein weitbekannter

Humanist, der aus dem Griechischen ins Lateinische übersetzte und sich für Medizin und die Naturwissenschaften interessierte; er korrespondierte mit Konrad Celtis, Erasmus von Rotterdam, Philipp Melanchthon, Johannes Reuchlin und anderen Geistesgrößen. In einem Brief vom Juni 1513 erklärte Caritas ihrem Bruder, gelehrt sei sie nicht, doch eine Freundin gelehrter Männer; auch höre und lese sie gern Reden der Gebildeten. Sie kannte die Mystik Taulers und die Predigten Savonarolas; die von Erasmus besorgte Ausgabe des Neuen Testaments benutzte sie schon im Jahr des Erscheinens, 1516. Auch sie korrespondierte mit Künstlern und Humanisten. Briefe von ihr und an sie wurden gedruckt, ebenso Schriften aus ihrer Feder, manche in mehreren Auflagen.

Seit Mitte 1522 breitete sich reformatorisches Denken in Nürnberg aus. Caritas zeigte sich als kluge Verteidigerin des Glaubens, den sie liebte. Das Außerordentliche ihrer Zeit, das Deutschland verändert und die abendländische Kirche erschüttert hat, ist ihr schon bald aufgefallen. Das bezeugen ihre Briefe und tagebuchartigen Aufzeichnungen der Jahre 1524 bis 1528, die sie in einem später „Denkwürdigkeiten" genannten Buch zusammenstellen ließ und das die Hauptquelle für die folgende Darstellung ist. Als sie sich und ihren Konvent mit immer neuen Eingaben dem Rat der Stadt gegenüber rechtfertigen musste, kam ihr zugute, dass sie sich schon wiederholt zu Frömmigkeit, Kirche und Kloster, zu Fragen der Familie, zur Literatur sowie zu Geldanlagen und Rechten ihres Klosters schriftlich geäußert hatte. Manche Briefe dienten ihr auch als Entwürfe für amtliche Schreiben; in anderen machte sie ihrem bedrängten Herzen Luft.

Von Unruhen zum offenen Konflikt

Die reformatorisch Gesinnten stießen sich daran, dass ihre Stadt immer noch Klöster beherberge. Im August 1523 wurde eine Predigt in der Kirche St. Klara gestört. Seit dem Herbst 1524 kam es zu Spannungen zwischen dem Rat und den Klarissen. Ostern 1525 beschloss der Rat, in dem Anhänger Luthers inzwischen überwogen, die lateinische Messe zu untersagen, strittige Fragen der kirchlichen Lehre zu entscheiden und die sechs Männerklöster der Stadt aufzulösen; die zwei Frauenkonvente forderte er zur Selbstauflösung auf. Die Klarissen lehnten das ab, und die Auseinandersetzung spitzte sich zu. Sie sollte mehr als 70 Jahre dauern! Mit wenigen Ausnahmen blieben die 60 Schwestern, die der Konvent im Jahr 1525 zählte, ihrem Gelübde treu.

Ein Kampf mit ungleichen Waffen

Der Rat saß am längeren Hebel, da er im Spätmittelalter Rechte über Kirchen in der Stadt ausgebaut hatte und seine Zustimmung geben musste, wenn jemand in ein Kloster eintreten wollte. Ein „Pfleger" sorgte für die Verbindung mit der jeweiligen Einrichtung. Im Falle der Klarissen war das seit 1514 Kaspar Nützel († 1529), seit 1502 Angehöriger des Rates und von diesem wiederholt mit schwierigen Gesandtschaften betraut. Für die Klarissen, zu denen seit 1519 auch seine Tochter Klara gehörte, war er Ansprechpartner, Helfer und Aufseher. Er beriet die Äbtissin in wirtschaftlichen Fragen, prüfte Rechnungen und entschied über Kauf oder Verkauf von Liegenschaften. Caritas fragte ihn einmal, ob es ihnen wohl erlaubt sei, Zinsen zu nehmen.

Nützel setzte sich früh für Ziele der Reformatoren ein. Er überdehnte seine Zuständigkeiten und übte massiven Druck auf die Klarissen aus, damit sie sich nicht weiter gegen die neue Lehre sperrten. Caritas sah sich ihm gegenüber in einer heiklen Lage, musste sie ihm doch schmeicheln und danken, auf dass er Anliegen ihres Konvents gegenüber dem Rat vertrete. In einem Brief vom 23. März 1525 an ihren Bruder Willibald nennt sie Nützel einen *falschen man*.

Kampfplätze und Kampfweisen

Jederzeit konnte der Rat Änderungen verlangen, die tief in das Leben des Konvents eingriffen; sie betrafen Fragen der Lehre und des Klosterlebens sowie Rechte der Stadt. Die Klarissen kamen aus der Defensive nicht heraus. In Eingaben argumentierten sie sorgfältig, um nur ja keine Angriffsfläche zu bieten. Das half ihnen bestenfalls vorübergehend, weil der Rat nicht genehme Schreiben ins Leere laufen ließ. Er setzte auf Überredung und Drohung, Verdächtigung, Verleumdung und Zermürbung. Schrittweise verschärfte er den Druck.

Von Ausnahmen abgesehen, blieb den Nonnen physische Gewalt allerdings erspart, vor allem wohl dank der Mahnungen einflussreicher Zeitgenossen. Zudem wollte die bedeutende Reichsstadt nicht unnötig den Kaiser reizen, der ebenfalls dem „alten" Glauben treu blieb. Schließlich sollten die Mitglieder des Reichstages, der in den 1520er Jahren mehrmals in Nürnberg tagte, nicht verschreckt werden. Die Auseinandersetzung wurde also in erster Linie mit Worten geführt, die mündlich und schriftlich vorgetragen wurden.

Caritas argumentierte mit der Bibel und mit der Kirchengeschichte, mit Äußerungen von Kirchenvätern und Reformatoren, und mit der Vernunft. Sie ging höchst diplomatisch vor und gab sich bescheiden. Leicht fließen ihr Worte wie *uns armen, ellenden, betrubten kinden* in die Feder. Jahrelang ließ sie in Glaubensfragen ihre Gegner auf Granit beißen. Das hinderte sie nicht, von ihrem Konvent zu sprechen als einer Gemeinschaft einfältiger, wenig gebildeter Frauen, die nicht diskutieren können und deshalb leicht von ihren Überzeugungen abzubringen seien *(die nit groß verstants sind und nit hoh disputirn kunen, in dem wir leicht verfürtt möchten werden)*.

Hilfreich waren für Caritas der Rückhalt im Konvent, ihre Menschenkenntnis, ihre umfassende Bildung und ihr Interesse am Zeitgeschehen; nicht zuletzt hatte sie kluge Berater: Das waren in der „Welt" vor allem ihr Bruder Willibald, im Konvent ihre Schwester Clara.

In kurzen Scharmützeln und langen Debatten hat Caritas sich gern auf Grundsatzfragen eingelassen: Wie hält es der Rat mit der Freiheit? Was darf die Obrigkeit? Dass weltliche Macht

Grenzen hat, lehren schon die Evangelien. Unbestritten war, dass auch Mönche und Nonnen den städtischen Rat als die von Gott gesetzte Obrigkeit anerkennen müssen. Gutmeinende rieten den Klarissen nachzugeben; ein Abt, der noch zum „alten“ Glauben hielt, räumte dem Rat das Recht ein, sogar in Fragen der Lehre zu entscheiden. Caritas hielt dagegen. Sie seien *in allen zeitlichen dingen* dem Rat gefolgt, aber *waß unser sel anging, kundt wir nymant volgen dann unßer eigen gewissen.*

Caritas argumentiert mit der Freiheit: Sogar die Türken erlauben unterworfenen Christen, ihren Glauben zu leben. Hart traf sie ihre Widersacher mit dem Hinweis auf eine der großen Schriften Luthers: Zwang übe man auf sie aus zu einer Zeit, da draußen *die ewangelisch freyheit* gepredigt werde. Die Klarissen wollten niemanden bedrängen, aber auch nicht bedrängt werden.

Derartige Antworten nahm der Rat ungnädig auf und beschuldigte die Schwestern, *widerspenig* und ungehorsam zu sein. Caritas verwahrte sich gegen solche Unterstellungen und berief sich auf Rechte, die Päpste, Könige und Kaiser ihnen verliehen hatten und die man nicht einseitig aufkündigen könne.

Eröffnet hatte der Rat den Streit damit, dass er den Klarissen im Advent 1524 die Franziskaner als Seelsorger entzog. Die Schwestern waren empört, die Äbtissin blieb höflich und erinnerte an das traditionell gute Verhältnis zwischen Kloster und Stadt. Sie wüssten, dass sie fehlbar seien, und würden sich gern bessern. Der Rat bestätigte ihnen und den Franziskanern Zucht, Ehrbarkeit und guten Leumund. Caritas fragte zurück: Warum lasse man sie nicht in Frieden, wenn keinerlei Verfehlung bekannt sei? Dazu fiel dem Rat nichts Besseres ein als der Verweis auf Klagen aus ungenannt bleibenden Orten; damit es gar nicht erst zu *unfrid und nachred* komme, müsse man auch in Nürnberg die Klöster abschaffen.

Schlagfertig hält die Äbtissin dagegen: Nie habe man ihnen das Recht abgesprochen, ihre Beichtväter zu bestimmen; sie wollen sich von denen nicht trennen, die ihnen mehr als 250 Jahre treu gedient und das göttliche Wort gepredigt haben. Unverblümt äußert sie sich zu ehemaligen Mönchen und Priestern, die an die Stelle der frommen Väter treten sollten, die der Rat ihnen willkürlich genommen habe. Ihre Ausdrucksweise ist dem Grobianismus der Zeit verhaftet: *abtrunig pfaffen; apostaten; außgelofen maynaidigen puben; wildem gesynd* … Ausgerechnet die *gayln unkeuschen pfaffen*, die nichts von den Sakramenten halten, sollen ihnen die Kommunion reichen? Beichten wollten sie bei dem, der ihnen *eben* sei und bei niemandem sonst. Alle anderen würden sie nur lehren, was Schande und Schaden bringe.

Der Rat blieb hart. In der Klosterkirche wurde also keine Messe mehr gefeiert, und kranken Klarissen blieb der Trost von Beichte, Kommunion und letzter Ölung verwehrt. In einer Eingabe klagt Caritas, mittlerweile müssten Schwestern schon drei ganze Jahre lang ohne alle christlichen Sakramente sterben wie das Vieh.

Weniger erbittert verlief der Streit über Fragen des Glaubens, die Gelübde, das Fasten, über Speiseordnungen und Folgen der verlangten Öffnung des Klosters und des freien Zugangs zu den Schwestern. Und wie hielten es die Klarissen mit den Heiligen? Trocken antwortet Caritas: Sollten sie einmal zu viel des Guten getan haben, möge man das ihnen als *plöden weibspildern nit verubeln.* Sie verehrten den heiligen Franziskus, beteten ihn aber nicht an wie einen Gott. Im übrigen werde Augustinus von den Reformatoren doch hoch geschätzt. Und das Leben als Nonnen? Niemand könne ihnen verwehren, jungfräulich zu leben, wenn sie das so wünschten. Und ihre Tracht? Sie wissen, dass *die kuten nit selig macht.* Aber das Gewand abzulegen, wäre ja nur der Anfang; anschließend müssten sie den Orden und die Gelübde aufgeben und evangelisch werden!

Heftig entbrannte der Kampf über die Frage, ob Eltern sich auf das vierte Gebot berufen können, um ihre erwachsenen Töchter gegen deren Willen aus dem Kloster zu holen. Lebhaft verwahrte Caritas sich gegen die Behauptung, ihnen bleibe das reine Wort Gottes verborgen. Wahrheitsgetreu versichere sie dem Rat, dass sie alle Tage im Alten und im Neuen Testament lesen, im Chor und bei Tisch, auf deutsch und auf lateinisch, und dass sie sich mühen, die Bibel nach ihren Kräften richtig zu verstehen. Mit spitzer Feder fügt sie hinzu, Tag um Tag schicke man ihnen reformatorische Kampfschriften ins Haus, deren Inhalt sie sehr bedrücke.

Weiteren Angriffen begegnet Caritas mit Intelligenz und Witz. Alle Tage bete ihr Konvent um Erleuchtung: Sollte die neue Lehre eine Gnade sein, dass Gott sie auch ihnen schenke; wäre sie aber ein Übel, dass er sie davor bewahre. Theologischen Zank und Streit wollen sie Gelehrten überlassen. Aber leugnen Neuerer nicht gar die Göttlichkeit Christi? Welchem Reformator soll man folgen? Angesichts der Unklarheiten des neuen Bekenntnisses wollten die Schwestern beim alten Glauben bleiben, bis Gott für Einigkeit sorge; in dem, was die ganze Kirche dann annehme, wollten auch sie *nit widerspenig* sein.

Zwangspredigt, Einzelbefragung …

Um die Verstockten zur Einsicht zu bewegen, nötigt der Rat die Nonnen, Predigten zu hören, die von ihm eingesetzte ehemalige Mönche und Weltpriester halten. Die Überzeugungsversuche dauern bis zu vier Stunden, in denen die Klarissen ein unerträgliches Geschimpfe und Lästerungen über Messe, Orden und geistlichen Stand über sich ergehen lassen müssen. Einmal wird ihnen vorgeworfen, sie seien noch schlimmer als die Juden. An der Barmherzigkeit Gottes zweifeln die Schwestern trotz allem nicht. Sie bitten ihn, sie weiter zu behüten.

Inmitten endloser Dispute kommt es zu filmreifen Szenen. So legt Caritas einmal im Anschluss an die Belehrung durch eine Abordnung des Rates für sich persönlich und „auf Befehl" des Konvents ein Bekenntnis ab: Weder lebend noch sterbend wollen sie sich von der heiligen Christenheit trennen noch von dem, was sie gelobt haben. Da habe sich der ganze Konvent erhoben und damit bezeugt, dass sie in ihrer aller Namen gesprochen habe.

Der Rat setzt durch, dass eine Kommission die Nonnen einzeln über geistliche und weltliche Dinge befragt. Als 39 Schwestern verhört sind, geben die Schnüffler entnervt auf: *Alle singen dasselbe Lied.* Bei dem Gedanken, dass eine derartige Heimsuchung sich wiederholen könne, seufzt Caritas auf: Gott möge sie vor solcher Plage bewahren.

Und immer wieder Streitgespräche mit dem Pfleger

Auf klare Worte der Äbtissin antwortet der Pfleger mit dem humorlosen Eifer des frisch Bekehrten, der weiß, was richtig ist und was nicht. Nützel überschüttet die Nonnen mit Vorwürfen, um ihnen ein schlechtes Gewissen einzureden. Die ganze Stadt habe sich doch für die neue Lehre entschieden, alle Prälaten und Klöster sich gutwillig ergeben, nur sie nicht. Blieben sie halsstarrig, komme es zu Aufruhr, wie es ja die Bauern vorführten, und die Stadt werde verderben. Caritas entgegnet, in so unruhiger Zeit dürfe man nicht leichtfertig Unfrieden heraufbeschwören; sie jedenfalls gäben niemandem Ursache zu Aufruhr.

Bald darauf erhebt der Pfleger schriftlich weit härtere Vorwürfe; er müsse *noch deutscher reden:* Mit ihrem störrischen Verhalten seien sie verantwortlich für Mord und anderes Unglück. Daraufhin erneuern die Klarissen ihren Vorsatz, bei ihrem Glauben und in ihrem Konvent zu bleiben. Sie raten der Äbtissin, nun auch ihrerseits dem Pfleger *teutsch* zu schreiben.

Einzelne Lichtblicke und ein Jubelfest

Im November 1525 hat Philipp Melanchthon ein langes Gespräch mit Caritas Pirckheimer; beide sind voneinander beeindruckt. Sie ist überzeugt, noch keinen so umgänglichen *lutterischen* erlebt zu haben; einzig in der Frage der Gelübde seien sie uneins gewesen. Melanchthon lehne Zwang in Fragen des Glaubens und des Gewissens ab. Er sei als guter Freund von ihnen geschieden und habe wohl dem Rat der Stadt von Gewaltmaßnahmen gegen ihr Kloster abgeraten.

1529 feiert der Konvent ein *jubeljar,* das 25-jährige „Dienstjubiläum" der Äbtissin, was es in der langen Geschichte des Klosters noch nie gegeben hat. In einem Brief an ihren Vater Willibald beschreibt Katharina Pirckheimer, Klarisse und Nichte der Caritas, das Fest. Nach einem Wortgottesdienst wird die einzige geweihte Hostie ausgestellt, die dem Konvent verblieben ist. Die Schwestern knien und empfangen in Gedanken das heilige Sakrament. Sie trösten sich mit einem Wort des heiligen Augustinus: *Crede et manducasti,* „Glaube und du hast kommuniziert".

Dann nimmt Caritas Platz vor dem Altar. Die Schwestern treten vor, von der ältesten bis zur jüngsten, und umarmen herzlich ihre Äbtissin. Caritas steckt jeder einen schlichten Ring an den Finger als Zeichen einer neuen *vermehelung* mit ihrem Bräutigam Christus und zur Erinnerung an schwere Jahre, die sie einmütig und gehorsam in beständiger Treue gemeistert hätten.

Worte, Gesten und Geschenk lösen unbeschreiblichen Jubel aus. Die Schwestern können es kaum abwarten, vor die Äbtissin zu treten und sie fast zu erdrücken. Sie singen, tanzen und tragen Caritas zum Festessen. An diesem Tag habe niemand ans Sparen gedacht. Willibald hatte edlen Wein und Silbergeschirr geschickt, und alle hätten erlebt, wie recht der Psalmist hat: *Vinum laetificat cor hominis: Der Wein erfreut des Menschen Herz* (Ps 104,14). Mehrfach flicht Katharina in ihren Bericht *großen trost* ein; die Worte lassen ahnen, was hinter ihnen liegt. Sie dankt ihrem Vater und anderen Wohltätern: *Gott sey euer aller ewiger lon und geb euch daz ewig fur daz zeytlich.*

Dem Rat ist es nicht gelungen, die Klarissen zur Selbstauflösung zu bewegen. Vergeblich die seelsorgliche „Austrocknung" und die Schikanen. Schließlich ließ er den Konvent aussterben. Novizinnen durften nicht mehr aufgenommen werden, weshalb der Anteil pflegebedürftiger Schwestern ständig stieg.

Caritas Pirckheimer ist 1532 gestorben. Als Äbtissin folgte ihr Clara, ihre Schwester, später dann ihre Nichte Katharina. 1536 zählte der Konvent noch 39 Schwestern. 1596 (oder 1590?) ist die letzte Klarisse gestorben. Seit 1574 hatte man in der Klosterkirche evangelische Gottesdienste gefeiert.

Im Jahr 1525 hatte Caritas Pirckheimer in einer Eingabe an den Rat von Nürnberg über *zwyspeltigkeit und irthum* geklagt. Die Spaltung, an der sie litt, ist bis heute nicht geheilt.

Mary Ward (1585 bis 1645)

Wegbereiterin anspruchsvoller Mädchenbildung

Im Jahr 1951 hat Papst Pius XII. Mary Ward als die „unvergleichliche Frau“ gepriesen, die das katholische England der Kirche in finsterer Zeit geschenkt habe. 320 Jahre zuvor hatte Papst Urban VIII. befohlen, Mary Wards Pflanzungen als *der Kirche Gottes schädlich mit Stumpf und Stiel auszurotten.* – Widersprüchlicher ist wohl keine Frau von Päpsten beurteilt worden.

Leben in einer Zeit der Kirchenverfolgung

Als Tochter eines katholischen Landadeligen wurde Mary Ward 1585 in England geboren. Gut 50 Jahre zuvor hatte Heinrich VIII. sich und sein Reich aus der katholischen Kirche gelöst und Widerspenstige enteignen oder gar hinrichten lassen. In England galten Katholiken seit 1570 als Verräter, da Papst Pius V. sie vom Treueid auf das Königshaus entbunden hatte. Fanatische Katholiken hatten 1605 geplant, den König, seine Familie und das Parlament in die Luft zu sprengen. Der Anschlag war vereitelt worden, aber Katholiken mussten fortan einen antipäpstlichen Eid leisten. Zudem mussten sie hohe Strafen bezahlen, wenn sie sich weigerten, die Gottesdienste der anglikanischen Staatskirche zu besuchen. Eine Folge war, dass eine katholische Untergrundkirche entstand.

Als Kind sehnte Mary sich nach dem Martyrium. Ein entfernter Verwandter war hingerichtet worden; ihre Großmutter mütterlicherseits, bei der sie längere Zeit lebte, war insgesamt 14 Jahre eingekerkert gewesen. Unter dem Verdacht, zu den Verschwörern des Sprengstoffanschlags zu gehören, war ihr Vater inhaftiert, aber bald entlassen worden.

Suche nach dem von Gott bestimmten Weg

Seit der Zeit Heinrichs VIII. gab es in England keine Klöster mehr, doch Mary hatte von Frauen und Männern gehört, die ihr Leben Gott geweiht hatten. Als sie 16 Jahre geworden war, beschloss sie, es ihnen gleich zu tun. Ihre Eltern und ihr Beichtvater mahnten sie, ein anderes Glaubenszeugnis sei wichtiger. Ihre Pflicht sei es, eine Familie zu gründen, viele Kinder zu guten Christen zu erziehen und das katholische Element in England zu stärken! Nach langem inneren Ringen erklärte Mary, dazu sei sie nicht berufen. Heiratskandidaten, die man ihr vorschlug, wies sie zurück. Als sie 21 Jahre alt war, hatte sie sich durchgesetzt, hartnäckig und zäh, wie sie es noch oft tun sollte, wenn sie überzeugt war, Gottes Willen ausführen zu müssen.

Im Jahr 1606 reiste sie auf das Festland, um in Saint-Omer, im heutigen Nordfrankreich, bei den Klarissen einzutreten. Doch bald schon kam sie zu der Erkenntnis, dass Gott ihr nicht das Leben in einem herkömmlichen Kloster zugedacht habe. Sie kehrte in ihre Heimat zurück und arbeitete in der katholischen Untergrundkirche. Englische Frauen schlossen sich ihr an; mit ihnen zusammen fuhr sie 1609 wieder nach Saint-Omer. Dort nannte man sie die „Englischen Fräulein“. Die Gruppe sollte der Kern des „Instituts der Englischen Fräulein“ werden; Mary und ihre Mitstreiterinnen beschlossen, englische Mädchen christlich zu erziehen und sorgfältig zu unterrichten, und zwar nicht nur solche aus wohlhabenden Kreisen.

Aufgaben im Apostolat und in der Schule

Mary verstand ihre Gründung als Werk Gottes, der sich ihr – so schrieb sie rückblickend im Jahr 1619 – mit den Worten zu erkennen gegeben habe: *Take the same of the Society: Nimm das Gleiche von der Gesellschaft!* Mary bezog diesen Befehl auf die Societas Jesu, den Jesuitenorden, der sich seit 1534 in vielen Ländern für die Stärkung der katholischen Kirche einsetzte. Sie war 25 Jahre alt, als sie die Regel der Jesuiten, angepasst an ihre

Frauengemeinschaft, übernahm. Damit hatte sie sich auf eine Gratwanderung begeben. Die Englischen Fräulein wollten nach einer Regel leben, die ihnen erlaubte, sich frei in der Öffentlichkeit zu bewegen. Würde der Papst das billigen?

Zu der von Mary im Jahr 1616 erarbeiteten Grundordnung gehörten Armut, Keuschheit und Gehorsam. Der Autorität der Ortsbischöfe entzogen, nur der Aufsicht durch Beauftragte des Papstes unterstellt, wollten die Englischen Fräulein nach dem Vorbild der Jesuiten *zur Ausbreitung der heiligen katholischen Kirche* beitragen.

Im Jahr 1622 hat Mary ihrer Gemeinschaft einen denkbar weiten Wirkungsbereich zugewiesen. *Zu den Häretikern, Türken und anderen Ungläubigen, und auch nach Indien* (d.h. Amerika) wollten sie und ihre Gefährtinnen gehen, wenn der Papst ihnen das befehle. Unter dem Banner des Kreuzes sollten auch Frauen sich schwitzend plagen *(insudare)* und an vorderster Front den Sendungsauftrag der Kirche ausführen. Nicht vergessen war die Untergrundkirche in England, sollten die Englischen Fräulein doch auch zur Bekehrung ihres Landes beitragen.

Dafür brauchte es gut ausgebildete, im Glauben gefestigte, körperlich und seelisch belastbare Frauen, die im Schutz einer unauffälligen Kleidung Zutritt in die Häuser ihres Arbeitsfeldes fänden. Wie die Christen der Urkirche mussten die Englischen Fräulein bereit sein, sich auf immer wieder andere Menschen einzustellen. Ein von weitem erkennbares Ordenskleid, wie man es von Nonnen erwartete, hätte da nur gestört. Außerhalb einer Klausur wollten die Schwestern sich frei bewegen können; an die Stelle regelmäßigen Chorgebets trat das Breviergebet, wie bei Priestern.

Aus dem Jahr 1623 sind aus England vielfältige Tätigkeiten der Englischen Fräulein überliefert. Solange man diese neuartigen Glaubensboten nicht erkannte und inhaftierte, gaben sie Religionsunterricht für Kinder und Erwachsene aus verschiedenen Gesellschaftsschichten. Als Haushaltshilfen und Krankenpflegerinnen suchten sie das Gespräch mit glaubensgefährdeten Katholiken und mit „Häretikern" (Anglikanern). Suchenden wiesen sie Wege zu untergetauchten Priestern.

Der auf lange Sicht bedeutendere Teil des Wirkens der Gemeinschaft kam auf dem Kontinent in Gang. Auch hier war es noch längst nicht ausgemacht, ob dieser Landesherr und jene Familie beim „alten" Glauben bleiben oder sich den Lehren der Reformatoren zuwenden würde. In Saint-Omer hatte Mary eine Schule gegründet, die Mädchen für zwei gleich wichtige Aufgaben ausbildete. Manche würden für den Ordensstand, vielleicht gar für das eigene Institut gewonnen werden und als eine Art Feuerwehr überall dort ihren Dienst aufnehmen, wo Kirche und Glauben unmittelbar bedroht wären. Die meisten würden später als Hausherrinnen ihre Familien in der Kirche verankern. Darum sollten gerade Mädchen das Rüstzeug für Glaubensgespräche erhalten. Mary legte Wert darauf, dass die ihr Anvertrauten höhere Bildung erwarben, möglichst auch Latein lernten, das europaweit noch immer die Sprache der Kirche und der Gebildeten war.

Das Wirken der Englischen Fräulein in Saint-Omer sprach sich herum; bald bemühte man sich an vielen Orten darum, sie für eine Niederlassung zu gewinnen. In den Jahren 1616 bis 1621 gründeten Mary und ihre Schwestern Mädchenschulen in Lüttich, Köln, Trier; 1622 bis 1624 in Rom, Neapel und Perugia; 1627 in München. Im Jahr 1628 besuchten in Wien 465 Schülerinnen ihr Institut. In der Schule von Pressburg wurden, wie ein Lehrplan aus demselben Jahr belegt, vier Altersklassen in „göttlichen" und in „weltlichen" Fächern unterrichtet. Zu ersteren gehörten Beten, Kirchenlieder und Katechismus, Heiligenverehrung und Wallfahrten, in den oberen Klassen auch das Breviergebet, eine noch sorgfältigere Gewissenserforschung und eine Einführung in die Geheimnisse der Messe. In den „weltlichen" Fächern ging es um das Lesen und Schreiben in der Volkssprache, später auch in Latein, und das Rechnen. Dazu kamen

Vokal- und Instrumentalmusik, Nadelarbeiten und sogar die Zubereitung von Heilmitteln aus Kräutern. Weltliche und geistliche Fächer standen unter dem Leitspruch der Jesuiten: Alles zur höheren Ehre Gottes.

Jesuitinnen?

Nicht nur mit ihrer Regel knüpfte Mary an das Werk des Ignatius von Loyola an. Aus dessen Leitspruch hat sie 35 Sätze einer Selbstverpflichtung abgeleitet: Beim Schlag der Glocke kurz bedenken, dass jede vernunftbegabte Seele nach Gottes Bild geschaffen ist; regelmäßig um Gnade bitten für sich selber und alle anderen, besonders für ihre Gemeinschaft und für die Gesellschaft Jesu; die heiligen Sakramente empfangen, sooft der Seelenführer das erlaube...

Viele Jesuiten beobachteten das Wirken Marys und ihrer Schwestern mit unverhohlener Bewunderung und waren zu helfen bereit. Andere mahnten, die Satzung ihrer Gesellschaft schließe einen weiblichen Zweig aus. Als das Institut mehr und mehr in die Kritik kirchlicher Amtsträger geriet, lehnten Jesuiten die Seelsorge für die Schwestern ab. Im Jahr 1625 war einer verstorbenen Schwester noch mit offizieller Genehmigung ein Grab in der Lütticher Jesuitenkirche gewährt worden. Zwei Jahre später wurde ein Jesuit, der kranken Englischen Fräulein die Sterbesakramente gespendet hatte, von seinem Oberen hart getadelt; künftig sollte das verboten sein.

Viel unterwegs – ohne gesund zu sein

Selbst wenn Krieg oder Pest drohte, brachen die Englischen Fräulein auf, um in fernen Ländern Mädchenschulen einzurichten. Mary war an vorderster Front daran beteiligt, obwohl ein schweres Leiden (sie hatte vermutlich Gallen- und Nierensteine) sie fast ihr ganzes Leben lang quälte; von ihrem 26. Lebensjahr an war sie nie mehr richtig gesund.

Im Jahr 1621 reiste sie zu Fuß von Saint-Omer nach Rom, um die päpstliche Billigung ihrer Gründung zu erlangen. Ihre neunköpfige Gruppe verfügte über zwei Pferde; das eine trug das Gepäck, das andere die Person, die Hilfe am dringendsten brauchte. Gebirge und Flüsse waren zu überqueren; nur in Nancy, Mailand und Loreto rasteten sie je einen Tag. Nach 70 Tagen hatten sie fast 2000 Kilometer geschafft. Unterwegs wurden sie bestohlen, und als sie mittellos in Rom ankamen, hörten sie, dass Verfahren an der Kurie erfahrungsgemäß lange dauerten.

In Briefen deutete Mary an, wie es um sie stand. 1627 schrieb sie, sie fühle sich erschöpft und sei übel dran, aber in keiner Gefahr. Ein Jahr später meinte sie, wohl kräftig untertreibend, sie sei irgendwie schwach. Während ihres letzten Aufenthaltes in Rom diagnostizierten Ärzte bei ihr Leber- und Nierenentzündung; Fieber, Husten und blutiger Auswurf ließen an eine Tuberkulose denken. Obendrein litt sie ständig an Kopfschmerzen und schlechter Verdauung. Mehrfach war sie in ihrem Leben dem Tod so nahe, dass sie drei- oder viermal die Letzte Ölung empfangen hat.

Nur Frauen...

Für ihr schulisches, apostolisches und karitatives Wirken hat Mary Ward viel Lob, doch letztlich weit mehr Tadel geerntet. Wiederholt bekam sie zu hören, die Englischen Fräulein seien „nur Frauen". Das hat sie tief getroffen; denn im Dezember 1617 hat sie drei programmatische Vorträge gehalten, in denen *but wemen* (so und anders geschrieben; „nur Frauen") wie ein Leitmotiv vorkommt. Sie musste sich Klarheit verschaffen, sich und ihren Schwestern Mut machen.

Mary räumt Unzulänglichkeiten ein, hält aber gelassen fest, *but wemen* sage nur, wer die Wahrheit nicht genügend liebe. Denn es gebe nicht eine Wahrheit für Männer und eine für Frauen, sondern nur *die Wahrheit des Herrn.* Den Willen, gut zu handeln, haben Frauen ebenso wie Männer; Heilige hätten bewiesen, dass auch Frauen Großes leisten können. *Und ich hoffe auf Gott, künftig wird man sehen, dass Frauen viel bewegen.* Mary bekennt sich zu der Kirche, die von Männern geführt wird, in der Frauen nicht die Sakramente verwalten noch öffentlich predigen.

Wie aber steht es in anderen Bereichen? Noch in der Mitschrift des Vortrags bebt ihre Empörung: *Wo sind wir denn anderen Geschöpfen so unterlegen, dass sie von uns als „nur Frauen" sprechen?!* Einen jüngst nach England gekommenen Ordensmann habe sie sagen hören, nicht für 10 000 Welten wolle er eine Frau sein, weil eine Frau Gott nicht erfassen könne. Mary tröstet ihre Schwestern: Sie habe nicht widersprochen, sondern nur gelächelt; Erfahrung lehre sie anderes, aber die fehle diesem Mann. Einen anderen *father* habe sie kennengelernt, der ihnen zwar gewogen sei, sich aber nicht davon abbringen lasse, Frauen seien, anders als Männer, von Natur aus *voll von Ängsten und Rührung*. Nein, Frauen können genauso vollkommen sein wie Männer, meint sie schließlich, wenn sie die Wahrheit lieben und wahres Wissen suchen.

Hohe Anerkennung und niederträchtige Verdächtigung

In Gesprächen und Briefen, Gutachten und Visitationsberichten wurde den Englischen Fräulein bescheinigt, sie seien bescheiden, fromm und erfreuten sich eines ausgezeichneten Rufes. Gegen ihre Lebensweise sei nichts einzuwenden; auch ein Bischof könne sie billigen. Im Namen von Papst Paul V. gab die Konzilskongregation am 10. April 1616 in Rom ein positives Votum ab. Das Institut hat sich gern darauf berufen.

Rom hatte gesprochen; aber solange die ersehnte päpstliche Bestätigung fehlte, blieben dringend benötigte Zuwendungen aus. Es gab weiterhin viel Lob. So dankte der Erzbischof von Gran der Vorsehung für das Wirken der Englischen Fräulein, sei doch die Erziehung der weiblichen Jugend wohl noch wichtiger als die der Knaben, vor allem in Ländern mit vielen Häretikern. Warum sollten diese Frauen nicht auch eine Tätigkeit ausüben, wie sie von Frauen in der Urkirche überliefert ist?

Doch ablehnende Stimmen, die es von Anfang an gegeben hatte, wurden zunehmend stärker und schriller. Sie kamen, wie könnte es anders sein, von Katholiken, auch aus England. Selbst anonyme Schmähschriften und verleumderischer Klatsch haben zur Urteilsbildung der Verantwortlichen beigetragen und sind in den päpstlichen Archiven erhalten geblieben. Lang ist die Liste der Verfehlungen, die auch in namentlich gezeichneten Schriften den Schwestern zur Last gelegt wurden. Nur selten gab man den Angeklagten zu lesen, was über sie geschrieben worden war.

Doch es blieb nicht aus, dass Mary und ihre Gefährtinnen von unbewiesenen, ehrverletzenden Vorwürfen erfuhren und darunter litten. Freiheitssüchtig und verschwenderisch seien sie, stolz und geschwätzig, ausschweifend und verdorben. Schwerwiegender als die wirklich gegebene Verschuldung mancher Niederlassung war in den Augen kirchlicher Richter, dass die Frauen hinsichtlich Klausur und Kleidung gegen Beschlüsse des Tridentinums (1545 bis 1563) und früherer Konzilien verstießen. Ärgerlich sei, dass sie freien Umgang mit Männern hätten, weit schlimmer noch, dass sie in der Öffentlichkeit über religiöse Themen sprächen, auch im Beisein von Priestern, und sich damit priesterliche Funktionen anmaßten. Sogar in die Mission wollten sie gehen und dort predigen! Dabei hätten Frauen nie apostolisch gewirkt und seien dazu auch nicht fähig. Die Niederlassungen der Englischen Fräulein seien zu schließen und das Institut als Ganzes aufzulösen!

Die Kampagne gipfelte in der Auflösung des Instituts durch Urban VIII., *Bischof, Knecht der Knechte Gottes.* Die Urkunde ist auf den 13. Januar 1631 datiert; veröffentlicht wurde sie am 27. Mai 1631. Die Bulle, fast viereinhalb engbedruckte Seiten lang, sollte dem *ewigen Gedächtnis* dienen. Ohne Belege beizubringen, spricht der Papst von *ernsten Gefahren und Ärgernissen,* von *Verwegenheit* und *Unkraut;* die Englischen Fräulein hätten sich an Vorhaben gewagt, die viel zu groß seien für die Schwäche ihres Verstandes (*ingenii imbecillitati;* Schwachsinn), die gegen die weibliche Bescheidenheit und die jungfräuliche Sittsamkeit verstießen. Dieses schädliche Gewächs sei aus der Kirche auszureißen. *Wir unterdrücken, löschen aus, zerstören, schaffen ab.*

Urban VIII. und seine Berater hoben somit die Erlaubnis auf, die Papst Paul V. dem Werk der Englischen Fräulein erteilt hatte. Wer seiner Bulle zuwiderhandle, erklärte Urban, ziehe sich den Ausschluss aus der Gemeinschaft der Gläubigen und die Verweigerung der Sakramente zu.

Angegriffen als Ketzerin, Schismatikerin und Rebellin

Mary arbeitete zu der Zeit in München, der bedeutendsten Niederlassung der Englischen Fräulein. Sie ermahnte ihre Schwestern, dem Papst gehorsam zu sein. Am 7. Februar 1631, mehr als drei Monate vor der Veröffentlichung der Auflösungsbulle, ließ das Heilige Offizium sie ohne vorherige Befragung verhaften und einkerkern; ihre Schriften wurden beschlagnahmt. Die neunwöchige Freiheitsberaubung galt als „Schutzhaft“ *(custodia)*. Mary hielt die Verbindung zu ihren Getreuen mittels Kassibern aufrecht, die sie statt mit Tinte mit Zitronensaft geschrieben und in denen sie die Namen von Personen verschlüsselt hatte. Diese Form der Geheimbotschaft war ihr wohl aus englischen Gefängnissen bekannt.

In einer noch im selben Jahrhundert verfassten Vita Mary Wards äußert sich ein Vertreter der kirchlichen Behörde mit bösen Worten: Mary solle ergriffen werden als *ein Khezerin, Shismatica und ein Rebellin der chatollischen khürchen.* Die Gemeinschaft war in ihrer Ehre getroffen; Mary litt darunter, dass man ihr als einer unter dem Verdacht der Ketzerei Inhaftierten lange Zeit den Trost der Sakramente vorenthielt. Der für sie verantwortliche Geistliche aber bescheinigte ihr beispielhafte Geduld und Bescheidenheit.

Damit man ihr den Prozess machen könne, sollte Mary umgehend nach Rom geschafft werden. Doch im Februar waren die Alpen nicht zu überqueren. Zudem war sie wieder einmal schwer erkrankt; sie hatte schon die Letzte Ölung empfangen, als man sie geschwächt aus der Haft entließ.

Am 10. April 1631 schilderte Mary dem Papst ihre Lage: Als verstockte Feindin der Kirche bezeichnet; unter Lebensgefahr der Sakramente und der Freiheit beraubt; von Katholiken und Häretikern verachtet, ihren Angehörigen entfremdet … Sollte all das nicht reichen, biete sie ihr *armes und kurzes Leben* als Sühne für Fehlverhalten an. Mary schloss ihre ergreifende Bittschrift mit *sua humilissima Serva; Ihre demütigste Dienerin.* Man könnte *serva* auch mit *Sklavin* übersetzen.

Im Juni 1631 ging das Gerücht um, Mary und eine ihrer treuesten Gefährtinnen sollten in Rom verbrannt werden. Mary reiste nach Rom. Unter dem Verdacht der Häresie wurde sie dort bis 1637 überwacht. Die Inquisition fing Boten und Briefe ab. Der Verdacht der Häresie erwies sich als haltlos. Doch die Bulle, mit der Urban das Institut als *Unkraut* geächtet hatte, wurde nicht aufgehoben; immerhin wurde Mary selbst rehabilitiert. Wiederholt hat Urban VIII. sie sogar mit Brot und Wein beschenkt. Trotzdem behielt die Inquisition sie weiterhin misstrauisch im Blick – eine herbe Übung in Demut für die englische Adlige.

Nachdem Mary wieder einmal mit dem Tod gerungen und die Ärzte zu einer Erholung in der Heimat geraten hatten, erlaubte man ihr, Rom zu verlassen. Nach Aufenthalten in Paris und Lüttich kam sie 1639 in dem von einem Bürgerkrieg geschüttelten England an. Im Jahr 1645 ist sie in der Nähe von York gestorben. Ihre letzten Worte hat sie an Mitschwestern gerichtet, die ihr seit Jahrzehnten vertraut waren und die nun ihr Lager umstanden: *Ich lege euch eure Berufung ans Herz; möge sie dauerhaft, wirksam und von Liebe getragen sein.* Sie betonte das letzte Wort, *affectionate.*

Das vermeintliche Unkraut trägt reiche Frucht

Trotz feierlich verkündeter Ächtung lebte Marys Werk weiter. Ihre Schwestern beherzigten die letzten Worte der Gründerin. Einsichtige Bischöfe und weltliche Herrscher förderten das Institut, in dem Mädchen anspruchsvolle Bildung erwerben konnten. Die späteren Päpste brachten es nicht über sich, die Verfehlung ihres Vorgängers klar als solche zu bezeichnen. Noch im Jahr 1749 untersagte Benedikt XIV. den Englischen Fräulein, sich auf ihre Gründerin zu berufen. Erst 1877 erhielt das Institutum Beatae Mariae Virginis (IBMV) die endgültige päpstliche Anerkennung, und erst 1909 erlaubte Pius X., Mary Ward als dessen Stifterin zu bezeichnen. Gelegentlich seines Besuches in England 1982 nannte Papst Johannes Paul II. Mary Ward und ihre Gefährtinnen *heilige Frauen (holy women)*, die Frauen unserer Tage anregen, *ihren rechtmäßigen Platz im Leben der Kirche einzunehmen, wie es ihrer Gleichheit der Rechte und ihrer besonderen Würde gebührt (inspire women today to take their rightful place in the life of the Church, as befits their equality of rights and particular dignity).*

Zu dieser Zeit wirkten Tausende von Mary Ward-Schwestern in zwei rechtlich unabhängigen Zweigen in Europa, Asien, Afrika, Amerika und Australien, vor allem in Schulen und in der Sozialarbeit. Jüngst erfüllte sich der Wunsch der Gründerin, ihr Werk möge den Namen Jesu tragen: Seit dem Jahr 2004 nennt sich ein Zweig des Ordens *Congregatio Jesu* (CJ).

Maria Theresia (1717 bis 1780)

Mutige Herrscherin, katholisch und aufgeklärt

Am 20. Oktober 1740 trat Maria Theresia, 23 Jahre alt, die Nachfolge ihres Vaters an. Eine Frau an der Spitze des Habsburgerreiches! Das hatte es noch nie gegeben! Karl IV. hatte keinen Sohn; bei allen europäischen Mächten hatte er für die unerhörte Regelung geworben. Doch im eigenen Hause hatte er Wesentliches versäumt. Maria Theresia war, so unglaublich das ist, auf die Übernahme der Herrschaft nicht vorbereitet; sie konnte schön singen, tanzen und zeichnen; sie hatte Französisch, Italienisch, Spanisch und Latein gelernt; doch Regierungsgeschäfte waren ihr fremd.

1750 verfasste Maria Theresia einen ausführlichen Rückblick auf ihre Herrschaft, einen zweiten 1756. Beide Schriften hat sie ihren Nachkommen gewidmet. Sie sollten ihre politischen Testamente sein, in denen sie weitergab, was ihr geholfen hatte, den Aufgaben als Herrscherin gerecht zu werden.

Geleitet vom Glauben, dass Gott es also wollte

In ihrem ersten Testament schreibt Maria Theresia, sie wäre *mit Freuden … zu einer Großherzogin von Toskana worden, wann ich geglaubet hätte, dass Gott es also wollte.* Es hätte ihr genügt, die Gattin ihres Franz Stephan zu sein, des Herzogs von Toskana. Da sie *ohne eigenes Zutun und Verlangen* zur Herrschaft gelangt war, wollte sie nicht fragen, was ihr persönlich gefalle, sondern nur, was die jeweilige Aufgabe von ihr verlangte. In ihrer langen Regierungszeit hat Maria Theresia Gegebenheiten, die nicht zu ändern waren, immer wieder in der Überzeugung angenommen, dass Gott es so gewollt habe und dass sie sich um der Ehre Gottes willen dafür einsetzen müsse, dass daraus Gutes entstehe.

Die nüchterne Beurteilung verfahrener Situationen war bitter nötig, solange es auf der Kippe stand, ob sie die bunte Sammlung habsburgischer Länder in der Hand behalten könne. Der Kurfürst von Bayern meldete ein Erbrecht auf Böhmen an; König Friedrich II. von Preußen besetzte Schlesien und bot der jungen Erzherzogin als Ausgleich seine Hilfe an. Die Ratgeber ihres Vaters drängten Maria Theresia anzunehmen. *Wann Gott nicht selbst einen Strich gemacht hätte durch Absterben aller,* erklärt sie im Rückblick, wäre sie *niemals in Stand gewesen zu remedieren* (Heilmittel anzuwenden).

Friedrich II. hätte einen so schlichten Glauben verspottet. Als Leittext für den Dankgottesdienst nach dem ersten Sieg über Österreich hat er einen oft zitierten Vers gewählt: *Dass eine Frau herrscht, erlaube ich nicht, sie soll sich still verhalten* (1 Tim 2,11). Der auf seine aufgeklärte Vernunft stolze König war gewiss nicht bibelgläubig, doch dieses Mal ließ er darüber predigen, dass ein Bibelwort wahr geworden sei. Maria Theresia hat die Niederlage angenommen. Gott habe das *zugelassen,* schreibt sie, *um jedermann, besonders aber mir zu weisen, dass ihme allein meine Rettung zu danken habe.* – Einen Monat vor der verlorenen Schlacht hatte sie ihr viertes Kind geboren, endlich einen Sohn!

Als Treuhänderin für den ersehnten Thronerben hat die unerfahrene Herrscherin erstaunlich klug gehandelt. Sie weilte noch in Ungarn, wo sie die zu ihrem Erbe gehörende Stephanskrone empfangen hatte, als die Nachricht eintraf, die Bayern seien in Böhmen eingefallen. Im Reichstag, den kleinen Joseph auf dem Arm, bat Maria Theresia den ungarischen Adel um Hilfe. *Von allen verlassen flüchten wir einzig und allein zu den Ungarn und ihrer altberühmten Tapferkeit.* Von ihren Tränen ergriffen, riefen die Versammelten: *Wir weihen unser Leben und unser Blut!* Nicht nach Böhmen sandte Maria Theresia die gefürchteten ungarischen Krieger, sondern nach Bayern.

Der Kurfürst von Bayern eroberte Prag; ein paar Monate später empfing er in Frankfurt die Kaiserkrone, die seit Jahrhunderten nur Habsburger getragen hatten. Doch die Ungarn hatten München besetzt, und ein gutes Jahr später war der bayerische Fürst aus Böhmen vertrieben. Als er im Januar 1745 starb, war Maria Theresias Ansehen so gestärkt, dass die Kurfürsten ihren Gemahl Franz Stephan zum Kaiser wählten.

Ende desselben Jahres aber sah Maria Theresia sich gezwungen, endgültig auf Schlesien zu verzichten. *Nichts als die Unterwürfigkeit in den göttlichen Willen,* schrieb sie, *machet mir diesen von Tag zu Tag mehrers empfindenden schweren Verlust einigermaßen noch erträglich.* Sie hat nie geleugnet, dass der Verlust Schlesiens an die Preußen die schlimmste Niederlage ihres Lebens war, doch sie hat ihn als gottgewollt hingenommen. Und sie hat daraus Mut geschöpft.

Im Rückblick spricht sie von jenem Unglück als einer Wende in der Geschichte der Habsburger. Von da an sei sie gegen *tief eingewurzelte Übel* vorgegangen, was keiner ihrer Vorgänger sich getraut habe. Mit berechtigtem Stolz fügt sie hinzu, für sie sei dieses Wagnis *weit gefährlicher* gewesen. Sie war die erste Frau in Mitteleuropa, die selbstständig regierte, gerade 28 Jahre alt; und sie nahm einen Umbau ihres Staates in Angriff, der den Adel und die Kirche alte Rechte kosten sollte.

Historiker sprechen vom Zeitalter des Absolutismus. In Frankreich glänzte Ludwig XV. in höchstem Luxus; Friedrich II. holte berühmte Schöngeister an seinen Hof und mehrte seinen Ruhm als Feldherr. Kaiserin Maria Theresia hat ihre Herrschermacht als Verpflichtung verstanden, in ihrem vielgestaltigen Reich für das Wohl der Menschen zu wirken.

Mutter vieler Kinder und Länder

Sechzehn Kinder hat Maria Theresia zur Welt gebracht; sechs sind in jungen Jahren gestorben. Ihre Anweisungen an die Erzieher und ihre Briefe an ihre Kinder bezeugen, wie sehr sie sich um ihre Söhne und Töchter sorgte. Doch zuerst wollte sie die *allgemeine und erste Mutter der Länder* sein. Vor allem ihre Töchter haben darunter gelitten. Für sich selber hatte Maria Theresia eine Liebesheirat durchgesetzt; ihre Töchter mussten sich in politische Ehen fügen.

Als sie die Verlobung ihrer Tochter Josepha mit dem König von Neapel arrangierte, hat sie selber ihr Kind ein *Opfer der Politik* genannt. Josepha erkrankte an den Pocken und kam nicht mehr als Braut in Frage; an ihrer Stelle musste die jüngere Schwester, Maria Karolina, nach Neapel ziehen. Von der Mutter in langen Briefen ermahnt, hat sie sich an der Seite eines unfähigen Gatten bewährt. Obwohl Maria Theresia wusste, wie sittenlos es in Versailles zuging, war sie stolz darauf, dass sie die Heirat der 15-jährigen Marie Antoinette mit dem Dauphin zustande gebracht hatte. Ihre ausführlichen Mahnungen änderten wenig daran, dass die junge Frau sich eitlem Luxus hingab. Glücklich ist Marie Antoinette nicht geworden; 1793 haben Revolutionäre sie und ihren Mann mit der Guillotine hingerichtet.

Für ihr Reich hat Maria Theresia mit natürlicher Herzlichkeit und Dankbarkeit tüchtige Männer an sich gebunden, mit deren Hilfe es ihr gelang, auch harte Maßnahmen durchzusetzen.

Franz Stephan, geliebter Gatte und nobler Mitregent

In Franz Stephan hatte Maria Theresia einen Mitregenten, der bedingungslos zu ihr stand. Sie kannte ihn als einen Mann von Mitgefühl und wirtschaftlichem Sachverstand; sie wusste, wie sehr er litt, wenn er sah, welche Werte ein Krieg vernichtet. Als der Kurfürst von Bayern sich Böhmens bemächtigte, zog Franz Stephan dennoch ins Feld. *Unterstützt meinen armen Gatten,* schrieb Maria Theresia ihrem Kanzler, *er härmt sich viel zu sehr für seine Truppen wie für das Land.*

Auch Franz Stephan hatte ihr geraten, kampflos auf Schlesien zu verzichten. In seiner ungarischen Provinz bewies er, dass die Wirtschaftskraft der verlorenen Provinz zu ersetzen war. Er baute eine Textilindustrie auf, in der Zehntausende Arbeit fanden. Die Steuereinnahmen wuchsen; er selber wurde reich.

In Regierungsgeschäften übte Franz Stephan Zurückhaltung; stattdessen führte er seiner Frau einen guten Lehrmeister zu: Graf Tarouca entwarf einen Stundenplan für die Herrscherin und achtete darauf, dass sie ihn pünktlich einhielt. Die tägliche Messe gehörte ebenso dazu wie vernünftige Mahlzeiten, Zeit für die Kinder und acht Stunden Regierungsarbeit: Aktenstudium, Verordnungen, Beratung durch Minister, Empfang von Bittstellern und vieles andere.

1765 starb Franz Stephan. Wie viel er Maria Theresia bedeutet hat, zeigt der veränderte Lebens- und Regierungsstil der Witwe. Verloren war die ruhige Zuversicht, verloren die Fröhlichkeit, mit der sie einst die Vertreibung der Bayern aus Böhmen mit einem berittenen Damenkarussell gefeiert hatte. Die schwarze Kleidung legte sie nie mehr ab; jeden Monat beging sie den Todestag ihres Gatten in stiller Einkehr. Einer Freundin schrieb sie, die Asche des Aschermittwochs sei ihr ein Trost, *mein Theil, den ich mit viel Bereitwilligkeit umfasse.* In diesen Jahren war es, dass sie von einer ihrer Töchter, für die sie eine politische Ehe plante, unerträglich kühl sagte: *Wenn sie nur ihre Pflichten gegen Gott und ihren Gatten erfüllt und für ihr Seelenheil sorgt, dann würde ich zufrieden sein.* Durch ihre Sittenkommission ließ sie Sänger und Tänzer überwachen; von ihren Feinden wurde sie als *Betschwester* verlacht.

Der Bruch des Jahres 1765 wirkte sich umso härter aus, als Maria Theresia drei Monate nach ihrem Franz Stephan den Grafen Haugwitz verlor, *einen großen Minister und wahren Freund,* der ihr, wie sie schrieb, *meine Fehler in aller Klarheit öfter dargestellt.* Es ehrt auch sie, dass sie so von ihm sprach.

Haugwitz und die Zentralisierung der Verwaltung

Graf Haugwitz hatte beobachtet, dass sein Heimatland Schlesien den Preußen mehr einbrachte als zuvor den Habsburgern. Er rechnete Maria Theresia vor, dass es sich lohne, dem preußischen Vorbild zu folgen. Sie werde über mehr Geld in der Staatskasse und über ein stets einsatzbereites, genügend großes Heer verfügen, wenn sie nicht mehr von den Landständen Truppen und Steuern anfordere, sondern durch eigene Ämter für die Rekrutierung, Ausbildung und Versorgung der Soldaten sorge, und wenn Beamte, die nur an ihre Weisung gebunden seien, die Steuern festlegten und einzögen.

Haugwitz half, heftigen Widerstand aus Adel und Klerus zu überwinden. Anfang Mai 1749 konnte Maria Theresia eine geradezu revolutionär anmutende Verfassung verkünden, die sie einem Ziel näher brachte, das ihr am Herzen lag. Da vor Gott alle Menschen gleich sind, müsse der von Ihm bestimmte Herrscher jedem Reichen und Armen *die Gott gefällige Gerechtigkeit* zukommen lassen. Bisher waren ausgerechnet die wirtschaftlich Stärksten, Adel und Klerus, von Steuern befreit gewesen; nun hatten auch sie Steuern zu zahlen. Bis dahin waren Finanzverwaltung und Justiz ineinander verfilzt gewesen; nun entstand eine unabhängige Rechtsprechung.

Damit war ein Prozess angestoßen, der zu einem Staat führte, in dem Beamte dafür sorgten, dass jeder zu seinem Recht kommen und Tüchtige zu Ansehen und Wohlstand aufsteigen konnten. In Kreisämtern saßen Bürgerliche als würdige Vertreter der Monarchin; an der neuen Militärschule konnten nicht nur Adelige das Offizierspatent erwerben. Verdiente Offiziere wurden an die kaiserliche Tafel geladen, auch solche, die erst lernen mussten, dass Tischtücher nicht zum Schneuzen da sind. Solche Reformen haben dazu beigetragen, dass Österreich eine blutige Revolution erspart geblieben ist, wie sie Frankreich erschüttern sollte.

Vor einem derartigen Umbruch blieb die Habsburger Monarchie auch dank der Volkstümlichkeit der Herrscherfamilie bewahrt. Adelstraditionen lebten weiter, doch sonntags ging die königliche Familie zu Fuß in die Kirche und so auch andere hohe Damen und Herren. Als Joseph, der Nachfolger seines Vaters im Amt des Mitregenten, die kaiserlichen Lustgärten den Bürgern öffnete, war Maria Theresia voll damit einverstanden.

Im Testament von 1750 hatte Maria Theresia eine weitere *große Remedur* angekündigt. Die katholische Religion stehe in höchster Blüte, doch sie schade dem öffentlichen Wohl, da die Geistlichen, was sie *besitzen, leider! nicht so anwenden, wie sie sollten.* Dem frommen Haugwitz konnte Maria Theresia die Sanierung kirchlicher Zustände nicht zumuten. 1753 wurde Graf Kaunitz ihr Staatskanzler.

Kaunitz und neue Kriege

Kaunitz war eitel und schnell gekränkt. Maria Theresia hat ihm notfalls geschmeichelt, wusste sie doch, was sie an dem geschickten Politiker hatte, der zudem ihren Hass auf den Preußenkönig teilte.

Als erstes schmiedete Kaunitz ein antipreußisches Bündnis, und im Jahr 1756 entschloss Maria Theresia sich zum Krieg. In ihrem im selben Jahr verfassten Testament äußert sie noch die Hoffnung, dass *der Allmächtige meines Hauses sich erbarmen* und ihr helfen werde. Sieben Jahre zog der Krieg sich hin; am Ende hatte Friedrich II. nichts gewonnen als Feldherrenruhm, und Maria Theresia nichts als Abscheu vor jedem weiteren Krieg. Und doch sollte sie noch in zwei Kriege hineingezogen werden, Kriege, bei denen sie sich im Unrecht wusste.

Im Jahr 1772 nutzte Friedrich II. innenpolitische Wirren in Polen und eignete sich polnische Gebiete an; Russland griff ebenfalls zu. Maria Theresia fürchtete, das preußisch-russische Bündnis werde sich gegen ihr Reich wenden, und beteiligte sich an der Aufteilung Polens. *Sie weinte, aber sie nahm,* spottete der Preuße; sie selber schrieb an Kaunitz: *Muss bekennen, dass ich mich sehen zu lassen schäme.*

Im Winter 1778/79 zog ihr Sohn Joseph sie in einen Krieg hinein. Das Herrscherhaus der Wittelsbacher starb aus; Maria Theresia warnte Joseph: Wenn er bayerische Gebiete usurpiere, werde Friedrich gegen ihn ins Feld ziehen. Sie überwand ihren Abscheu gegen den Preußenkönig und bot ihm hinter Josephs

Rücken Verhandlungen an. Ihrem Sohn schrieb sie: *Wir können uns nicht klar aussprechen, da wir ungerechte Dinge wollen.* Der Krieg brach dennoch aus. Er dauerte nur einen Winter; es kam kaum zu Gefechten, doch die Bevölkerung litt unter Plünderungen; Tausende starben an Krankheiten und Hunger. Im Mai 1779 schlossen die kriegsmüden Gegner Frieden; auf dem Verhandlungswege erhielt Joseph Niederbayern und die Oberpfalz.

Reformen im Verhältnis von Staat und Kirche

Seit Langem hatte Maria Theresia geplant, kirchliche Strukturen aufzubrechen, die eine straffere Staatsführung behinderten. Im Jahr 1763, nach dem Siebenjährigen Krieg, hatte sie endlich genügend Freiraum dazu.

Protestantische Herrscher waren Gebieter ihrer Landeskirche. Erste Schritte hin zu der heute selbstverständlichen Trennung von Kirche und Staat hat die gläubige katholische Herrscherin Maria Theresia getan. Ihr Gemahl Franz Stephan hatte sich gegen aufklärerischen Spott selbstbewusst zu seinem „Köhlerglauben" bekannt, und er hatte mit Sachverstand Zehntausenden ordentlich bezahlte Arbeit verschafft. Diesen Berater hätte Maria Theresia auch für ihre Kirchenpolitik hoch geschätzt; die beiden, die ihr zur Seite standen, Kaunitz und ihr Sohn und Mitregent, waren rasch mit scharfen Urteilen über alt eingewurzelte Religiosität bei der Hand.

Die Bevölkerung wuchs; nicht nur in der kaiserlichen Familie gab es viele Kinder. Durch das Gebot der Nächstenliebe sah Maria Theresia sich verpflichtet, die Wirtschaftskraft ihrer Länder zu fördern. Ihre Untertanen sollten erarbeiten können, was sie für sich und die Ihren brauchten. Die vielen kirchlichen Feiertage, Prozessionen, Wallfahrten hinderten die Bevölkerung daran, nützliche Arbeit zu tun. Einem Feldmarschall, der um Urlaub für eine Romwallfahrt bat, antwortete Maria Theresia: *Ich halte nichts von Kirchfahrten; Gott ist überall.* Sie verstand ihr Mühen im Staatsdienst als Gottesdienst. Sollten ihre Untertanen die Arbeit für ihre Familien nicht ebenso verstehen?

Maria Theresia setzte eine Verminderung der Zahl kirchlicher Feiertage durch – mit Billigung Roms, doch gegen Widerstand aus der Bevölkerung. Man sah sich festlicher Vergnügungen beraubt und vermisste geselliges Beisammensein. Protest erhoben auch Geistliche, die für den noch reicheren Schmuck ihrer Kirchen und Klöster gern die Geschenke der Wallfahrer annahmen, die damit für ihr Seelenheil sorgen wollten.

Doch unter überzeugten Katholiken gab es nicht wenige, denen Auswüchse barocker Frömmigkeit missfielen. Trautson, der Erzbischof von Wien, hatte seine Geistlichen ermahnt: Es gehe nicht an, dass die Gläubigen *durch alle Kirchen den Ablässen nachlaufen, ohne zu wissen, was ein Ablass sei, und auf Verehrung eines Heiligen und auf sein Bildnis mehr Vertrauen setzen als auf die Verdienste Christi.* Christen müssten lernen zu unterscheiden, was wesentlich und was unwesentlich für ihren Glauben sei.

Der Kanzler Kaunitz erklärte seiner Herrin, wenn es im Christentum auch Unwesentliches gebe, dann müsse das politische Konsequenzen haben. Dann dürfe, ja müsse die Kirche nur regeln, was ihr durch göttliche Einsetzung aufgetragen sei: die Predigt des Evangeliums, Gottesdienst, Spendung der Sakramente, Leitung der Christen in ihrem Gewissen. Das Recht, ja die Pflicht des Staates aber sei es, unnütze Formen der Frömmigkeit zu beschränken.

In manchem hat Maria Theresia ihrem scharfsinnigen Berater zugestimmt. Ihren Sohn Leopold, der das Herzogtum Toskana geerbt hatte, mahnte sie, dem Heiligen Vater *in jeder Angelegenheit der Religion und des Dogmas* ergeben zu sein; aber er dürfe nicht dulden, *dass die römische Kurie sich im geringsten in Regierungsangelegenheiten einmischt.* Einen anderen Vorschlag des Kanzlers lehnte sie ab. Sie weigerte sich, Klöster aufzulösen, die keinen wirtschaftlichen Nutzen hatten; denn man brauchte sie als Versorgungsinstitute für alleinstehende, wohlhabende Damen. Zwei ihrer Töchter waren unverheiratet geblieben; als Äbtissinnen leiteten sie Damenstifte, die ihre Mutter in Prag und Innsbruck gegründet hatte.

Im Sinne der Kaiserin gut angelegt waren Gelder für den Bau von Pfarrkirchen. Sie war überzeugt, dass die Religion bürgerliche Tugenden festige; darum hielt sie es für billig, dass die Staatskasse für den Bau von Kirchen aufkam, damit niemand mehr als eine Stunde Wegs zu Kirche habe. Aus demselben Grund verlangte sie von den Pfarrern, sonntags nicht nur die Messe zu feiern, sondern auch Christenlehre zu halten, um ihre Pfarrkinder in dieser Stunde über die religiösen Wurzeln bürgerlicher Pflichten zu belehren.

Später ist ihr Sohn und Nachfolger Joseph härter vorgegangen; rücksichtslos hat er auch gut geführte Klöster aufgelöst. In einer Hinsicht kann man ihn für weitherziger halten. Er erließ das Toleranzpatent, das auch den Protestanten öffentliche Gottesdienste erlaubte. In den Jahren, in denen er Mitregent war, hatten Mutter und Sohn sich heftig darüber gestritten.

Überzeugt von der katholischen Wahrheit

Im Jahr 1778 fragte ein auswärtiger Gesandter in Wien an, ob die Kaiserin beabsichtige, die Protestanten zu vertreiben. Hofrat Posch meldete seiner Herrin, was er geantwortet hatte: *Die Kaiserin ist viel zu vernünftig, billig, menschlich, als dass ihr solches in den Sinn komme.* Maria Theresia lobte ihren Hofrat. Da sehe er, fügte sie hinzu, wie *gehässig* man von ihr rede. Sie hatte recht; der fremde Gesandte hätte wissen müssen, dass so etwas in den bisher 38 Jahren ihrer Regierung nicht vorgekommen war.

Öffentliche protestantische Gottesdienste hat Maria Theresia nicht geduldet; noch im Jahr ihres Todes hat sie einen entsprechenden Antrag aus Mähren abgelehnt. Doch keinesfalls wollte sie arbeitswillige Untertanen verlieren. Ihr Vater Karl VI. hatte die Protestanten in Randbezirke seines katholischen Reiches umgesiedelt; Maria Theresia setzte auf Erziehung. Darum hatte sie ja den Pfarrern geboten, sonntags Christenlehre abzuhalten; ihre Untertanen sollten lernen, dass die wahre Kirche sie auch zu guten Bürgern mache.

Aufgeklärte Denker forderten jedoch, ein jeder müsse selber entscheiden, welchem Glauben er sich anschließe, und niemand dürfe da hineinreden. Für Maria Theresia war es bitter zu erkennen, dass ihr Sohn Joseph genauso dachte; sie sah darin Eitelkeit. *Nichts ist bequemer,* schrieb sie ihm, *unserer Eigenliebe zu schmeicheln, als eine zwanglose Freiheit. Das ist das Wort, das man im aufgeklärten Jahrhundert an Stelle der Religion gesetzt hat.* Sie fragte ihn, wie man sich die Zukunft der habsburgischen Länder denken solle, wenn der Thronerbe sich solche Vorstellungen zu Eigen mache. *Was soll aus uns werden ohne festen Kult, ohne Unterwerfung unter die Kirche?* Aus bedingungsloser Unterwerfung unter die Kirche hatte Maria Theresia sich mit ihren Reformen des Verhältnisses von Kirche und Staat längst gelöst; doch von aufklärerischer Verachtung für ehrwürdige Überlieferungen hielt sie nichts.

Bildung braucht Wurzeln

Maria Theresia erwartete von den Pfarrern, dass sie menschenfreundliche Erzieher seien. Doch dafür waren diese nicht ausgebildet. An den Universitäten ergingen Jesuiten sich in theologischen Schulstreitigkeiten; in Ordensschulen hielt man sich an je eigene alte Lehrtraditionen; die Hochschullehrer sprachen Latein.

Hilfe kam, unerbeten und überraschend, aus Rom. Der Papst hob den Jesuitenorden auf; der Orden hatte sich allzu viele Feinde gemacht. Bald wehte an den Universitäten im Habsburgerreich ein anderer Wind. Für ihre Kirchenpolitik hatte Maria Theresia sich auf ein Aufsehen erregendes Buch gestützt, in dem der Benediktinerabt Stefan Rautenstrauch das Verhältnis des kirchlichen zum öffentlichen Recht neu durchdacht hatte. Sie hatte Rautenstrauch gegen Angriffe verteidigt und beauftragte ihn nun, einen theologischen Lehrplan zu erarbeiten. In diesem Leitfaden erhielten Fragen nach geschichtlichen Grundlagen des Glaubens breiten Raum; Rautenstrauch selber verfasste eine von tiefem Glauben geprägte Pastoraltheologie in deutscher Sprache.

Beides kam Maria Theresia entgegen. Zu ihrem Umfeld gehörten Katholiken, die sich zum sogenannten Jansenismus bekannten, einer seit 1713 von Rom verbotenen Gestalt des Katholizismus. Diese Reformkatholiken predigten feste moralische Grundsätze und Rückkehr zur Einfachheit der Urkirche. Die Witwe, die den Tod ihres Franz Stephan nicht verwinden konnte, fand Trost in strenger Frömmigkeit. Damit konnte sie einer Zeit standhalten, in der spitze Ironie gegen die Religion vielen als Beweis eines scharfen Verstandes galt. Ihr Hofarzt Gerard van Swieten war ein frommer und kluger Jansenist. Ihm übertrug Maria Theresia den Aufbau naturwissenschaftlich-medizinischer Fächer an den Universitäten.

Mehr noch als die hohen Studien lag der *Mutter ihrer Länder* die elementare Bildung am Herzen. Nur wenige Eltern konnten ihre Kinder einer Klosterschule anvertrauen oder sich gar Privatlehrer leisten; Maria Theresia aber wollte erreichen, dass es in ihrem Reich keinen gebe, dem mangels Bildung der Aufstieg versagt blieb. Einen Helfer fand sie wieder in Schlesien. Ignaz Felbiger, Abt eines Chorherrenstifts, hatte sich Gedanken darüber gemacht, warum preußische evangelische Schulen erfolgreicher waren als seine Stiftsschulen. Sie beauftragte ihn, eine Schulordnung für ihre Länder zu entwerfen. Im Jahr 1774 verpflichtete sie alle Eltern, die keinen angemessenen Unterricht bezahlen konnten, ihre Kinder die Elementarschule durchlaufen zu lassen, damit sie lesen, schreiben, rechnen lernten, religiöse Unterweisung erhielten, über ihr Land unterrichtet würden, und das alles in klarer deutscher Sprache.

Aus Gottes Hand nahm sie auch den Tod an

Maria Theresia war eine selbstbewusste, starke Herrscherin; doch am Ende ihres Lebens hat sie sich darein gefügt, alle Macht abzugeben. Wie einst, als ihr Gatte Franz Stephan ihr noch zur Seite stand, war sie wieder bereit, Unabänderliches als gottgewollt anzunehmen.

Am 26. November 1780 empfing sie die Sterbesakramente, um mit allem, was sie getan und unterlassen hatte, vor ihren Richter treten zu können. Sie rief ihre Kinder zusammen und schrieb, so gut sie es noch konnte, für jedes besondere letzte Mahnungen nieder. Am 29. November waren die Schmerzen so heftig, dass sie den Arzt bat, ihr zu sagen, wann es so weit sei. Als der den Kopf schüttelte, sagte sie: *Also muss es noch schlimmer kommen.* Den vom Arzt gebrachten Trank lehnte sie ab: *Ich bedanke mich, disz gehört nur um mich aufzuhalten.* Am Abend fragte Joseph, ob sie gut genug liege. Sie antwortete: *Gut genug, um zu sterben.* Kurz darauf hat Maria Theresia ihren letzten Atemzug getan.

Florence Nightingale (1820 bis 1910)

Eine weltliche Heilige

Veteranen des Krimkrieges erinnerten sich Jahrzehnte später dankbar, wie teilnahmsvoll Florence Nightingale sich Kranken und Verwundeten zugewandt hatte. Auf ihren nächtlichen Runden sprach sie diesen und jenen an; nicht allen konnte sie zulächeln, weil sie zu Hunderten da lagen. *Aber wir konnten ihren Schatten küssen, wenn er auf uns fiel, und zufrieden legten wir unsere Köpfe wieder auf das Kissen.*

Florence stammte aus einer wohlhabenden Familie der englischen Oberschicht. Ihr Vorname erinnerte an ihren Geburtsort Florenz. Fünf Jahre vor ihrer Geburt hatte der Wiener Kongress ein Vierteljahrhundert der Kriege und Umbrüche beendet. Vier Jahre nach ihrem Tod brach der Erste Weltkrieg aus, die „Urkatastrophe des 20. Jahrhunderts". Zu den kleineren, doch nicht weniger schlimmen Konflikten gehört der Krimkrieg (1854 bis 56), der für Florence schicksalhaft wurde.

Erneuerung christlichen Lebens aus praktischer Nächstenliebe

Nach Aufklärung und Französischer Revolution war christliches Leben in neuer Weise aufgeblüht, gespeist aus der Gerichtsrede Jesu (Mt 25,31ff): Über die ewige Seligkeit sollen nicht das Glauben an Dogmen und die Befolgung von Riten entscheiden, sondern das Verhalten gegenüber den Hungrigen, Durstigen, Nackten, Fremden, Kranken, Gefangenen: *Was ihr dem geringsten meiner Brüder getan habt, das habt ihr mir getan.* Zu den Frauen und Männern, die große Not gesehen und zugepackt haben, um unermessliches Leid zu lindern, gehören Caroline Chisholm (1808 bis

1877), die sich der Fremden angenommen hat, die mittellos auswandern mussten, Henri Dunant (1828 bis 1910), der Begründer des Roten Kreuzes, und Florence Nightingale, die ihr Leben in den Dienst von Kranken und Verwundeten gestellt hat.

Florence war Anglikanerin. Sie litt darunter, dass Frauen wie sie in ihrer Kirche keine angemessene Aufgabe fanden. Für Männer habe die Kirche Bistümer, Erzbistümer und *ein wenig Arbeit*. Und für Frauen? *Ihre Köpfe, ihre Herzen, ihre Hände würden sie ihr schenken. Aber sie weiß nicht, was sie mit ihnen machen soll.* Seit dem 16. Jahrhundert gab es in England keine Klöster mehr, also auch keine Mönche und Nonnen, die ihre Aufgabe darin sahen, Bedürftigen zu helfen.

Aufwachsen unter außergewöhnlich günstigen Umständen

Zusammen mit ihrer Schwester lernte Florence bei ihrem Vater Latein, Griechisch, Geschichte, Philosophie und Mathematik. Hebräisch brachte sie sich selber bei, um die Bibel lesen zu können. Französisch, Italienisch und Deutsch lernte sie von Muttersprachlern. Was die Breite und Tiefe ihrer Bildung angeht, brauchte sie sich vor Universitätsabsolventen nicht zu verstecken. Höchst ungewöhnlich war ihre mathematische Begabung. Eine international anerkannte Statistikerin wurde sie, weil sie Neugier mitbrachte und es verstand, Daten zu sammeln und zu analysieren. In ihren Schriften fällt auf, mit welcher Leichtigkeit sie vielschichtige Sachverhalte in Worte fasste.

Gott sprach zu mir

Alles schien auf ein angenehmes Leben hinauszulaufen, wie ihre Mutter es führte: Heirat, Kinder, Sommer- und Winterwohnsitz, Reisen, Theater-, Konzert- und Museumsbesuche, Einladungen, Einsatz zugunsten philanthropischer Gesellschaften usw. Durch ein Erlebnis, das Florence genau datiert, aber nicht weiter beschreibt, wurde ihr klar, dass ihr ein anderer Weg zugedacht war:

Am 7. Februar 1837, nicht lange vor ihrem 17. Geburtstag, rief Gott sie zu seinem Dienst, *God spoke to me and called me to His service.*

Einstweilen lebte Florence, wie das in ihren Kreisen üblich war. Sie machte mit ihren Eltern und ihrer Schwester weite Reisen; bis zu ihrem 30. Lebensjahr hatte sie Frankreich, Italien, Ägypten, Griechenland und Deutschland kennengelernt. Im Laufe der Jahre gewann sie Klarheit über ihre Berufung. Ehe und Mutterschaft lehnte sie für sich ab, obwohl es an Heiratskandidaten nicht fehlte. Schließlich war sie sicher, Gott habe sie zur Krankenschwester bestimmt. Ihre Familie sah in diesem Beruf einen gesellschaftlichen Abstieg, weshalb sich vor allem ihre Mutter jahrelang gegen das Vorhaben sperrte. Mit der ihr eigenen Zähigkeit verfolgte Florence jedoch ihr Ziel.

Im Selbststudium eignete sie sich Kenntnisse der Krankenpflege an. 1842 hörte sie von dem evangelischen Pfarrer Theodor Fliedner (1800 bis 1864), der zusammen mit seiner Ehefrau Friederike in Kaiserswerth am Rhein das Amt der Diakonisse wiederbelebt und eine Einrichtung geschaffen hatte, zu der Schule und Waisenhaus, Besserungsanstalt und Spital gehörten und in der junge Lernschwestern, auch solche vom Lande, in der Krankenpflege ausgebildet wurden.

In Kaiserswerth, das sich bald europaweiten Ansehens erfreute, absolvierte Florence von Juli bis September 1850 ein Praktikum. Von der Atmosphäre des Hauses und der Arbeit Fliedners sowie der Diakonissen war sie sehr angetan. In ihrer ersten, 1851 anonym erschienenen Veröffentlichung stellte sie Kaiserswerth englischsprachigen Lesern vor. Später meinte sie, der Aufenthalt am Niederrhein habe ihrem Leben eine klare Richtung gegeben. Denn sie hatte gefunden, wonach sie lange gesucht hatte: eine gesellschaftlich anerkannte, christlich fundierte Arbeit für Frauen, und zwar außerhalb eines Klosters, ohne Gelübde und Klausur. Bald darauf besuchte sie auch Spitäler in Paris. Sie beneidete die Katholiken darum, dass bei ihnen die religiös gebundenen

„Töchter der christlichen Liebe" – nach ihrem Gründer Vinzenz von Paul (1581 bis 1660) Vinzentinerinnen genannt – im Dienst ihrer Mitmenschen wirken konnten.

Im August 1853 übernahm Florence die Leitung eines Londoner Heims für verarmte kranke adlige Damen. Das war ein bescheidenes Arbeitsfeld für eine Frau ihrer Fähigkeiten; aber auch diese Tätigkeit ihrer Tochter war den Eltern zuwider. Florence litt an Depressionen. Da ihr Vater fürchtete, sie könne sich das Leben nehmen, lenkte er ein. Er setzte seiner Tochter eine ansehnliche Rente aus; die erlaubte es ihr, als sie Jahre später krank von der Krim heimkehrte, sich in einem vornehmen Londoner Viertel eine Wohnung mit fünf Bediensteten zu leisten.

Im Herbst 1854 machte Sidney Herbert, den Florence 1847 in Rom kennen und schätzen gelernt hatte, nun einflussreiches Mitglied des britischen Kabinetts, ihr ein Angebot, wie sie es wohl nicht einmal in ihren kühnsten Träumen erhofft hatte. Mit Frauen ihrer Wahl solle sie für das britische Hauptlazarett in der Türkei einen weiblichen Sanitätsdienst aufbauen und leiten, um kranke und verwundete Soldaten zu pflegen. Für Florence war das die einmalige Chance, ihre vielfältigen Begabungen in den Dienst an Menschen einzubringen.

Kämpfe an vielen Fronten

So geriet Florence Nightingale in den Krimkrieg, den Großbritannien, Frankreich und das Osmanische Reich gegen Russland führten. Vordergründig ging es um Rechte an heiligen Stätten in Jerusalem. Doch hatte Großbritannien eingegriffen, damit Russland nicht den Bosporus und die Dardanellen unter seine Herrschaft bringe und die Verbindung nach Indien gefährde. Der Krieg war unpopulär, weil Christen sich mit Muslimen gegen christliche Russen verbündet hatten.

Am 3. November 1854 kam Florence beim Hauptlazarett in Scutari an, gegenüber von Konstantinopel auf der asiatischen Seite des Bosporus. Ihre erste Amtshandlung zeugte von ausgesprochen praktischem Sinn: Mit einem Stück Kreide nummerierte sie die Pritschen des Lazaretts und hatte so ihr Arbeitsfeld kennen gelernt. Bald erfuhr sie mehr: Der Krieg war nur unzulänglich vorbereitet, Eifersüchteleien unter den Verantwortlichen schadeten, das Klima war ungesund.

Florence verstand es, für ihre Anliegen zu werben. In Briefen und Leserbriefen mischt sie genaue Lagebeschreibungen mit einprägsamen Anklagen: Unfähige Pflege wirkt tödlich wie Arsen; oder: Unsere Kranken und Verwundeten verenden wie Tiere *(go off like animals)*. Gelegentlich schließt sie mit *Excuse confusion in great haste ever yours, Entschuldigen Sie das Durcheinander in großer Eile immer Ihre …*

Vieles von dem, was Florence empörte, war die Folge gedankenloser, dabei tödlicher Routine. Seit dem Sieg über Napoleon, 1814/15, hatte England keinen größeren Krieg mehr geführt und notwendige Modernisierungen unterlassen. Damit ist die erste Front genannt, an der Florence hartnäckig kämpfte. Sie sah mehr als ihre Umgebung; wichtiger noch: Sie fand sich mit Mängeln nicht ab, sondern setzte sich für Verbesserungen ein. Trotzdem litt sie noch Jahrzehnte später unter dem Gedanken, nicht genug getan zu haben; Tag um Tag wurde sie von den Gesichtern derer heimgesucht, die sterben mussten, weil sie ihnen nicht hatte helfen können.

Nur unzulänglich war für die einfachen, von den Offizieren verachteten und misshandelten Soldaten gesorgt, so dass in manchen Monaten mehr als die Hälfte der Eingelieferten starb. Florence erkannte, wie sich solche Todesraten erklärten: Es fehlte an Lebensmitteln, Medikamenten und Verbandsmaterial, an trinkbarem Wasser und Kanalisation, an passender Kleidung für den Sommer sowie für den Winter. Mangels Transportmitteln konnten Wochen verstreichen, bis Kranke und Verwundete ihre erste ärztliche Versorgung erhielten. Haarsträubende hygienische Verhältnisse begünstigten Seuchen. Mit nur einem Schwamm wurden viele Wunden ausgewaschen. Sechs Monate nach Beginn der Kämpfe waren keine Vorkehrungen für einfache chirurgische Eingriffe getroffen. Gleichgültig reagierte die Verwaltung auf überfüllte Krankensäle und überlastete Ärzte. Von den 97 800 Soldaten, die das Expeditionskorps zählte, starben an Krankheiten 17 600, fast viermal mehr als durch Feindeinwirkung. Die Toten verscharrte man in Massengräbern.

Die zweite Front, an der Florence Tag um Tag zu kämpfen hatte, waren gesellschaftliche Zwänge. Bislang war es Sache von Männern gewesen, verwundete und kranke Soldaten zu pflegen. Frauen konnte man sich beim Militär allenfalls als Prostituierte und Marketenderinnen vorstellen. Und da kam so eine *Lady* und wollte altgediente Stabsärzte belehren, wie ein Lazarett zu führen sei! Manche sprachen statt von *Nightingale* (Nachtigall) von *Bird* (Vogel). Auch Konventionen erschwerten das Miteinander: Wie sollte sie argumentieren, wenn ein Offizier einer *Lady* nicht widersprechen durfte?

Konfessionelle Streitigkeiten sorgten für eine dritte Front. In der britischen Armee dienten viele Katholiken, vor allem Iren. Deshalb mochte es ja angehen, dass einige Schwestern katholisch waren. Aber deren Anteil überstieg den der katholischen Soldaten, für Antipapisten ein unhaltbarer Zustand. Schlimmer noch: Nonnen standen im Verdacht, eher die Bettlägerigen als ihre Gebetszeiten zu vernachlässigen, eher für die Seele als für den Leib zu sorgen; obendrein seien sie darauf aus, Anhänger für ihre Kirche zu gewinnen. Florence fragte vor allem nach der Eignung, konnte Fehler irischer Nonnen aber nicht ausstehen. Solche Konflikte haben ihr einen weiteren Schimpfnamen eingetragen: *Goddess of Humbug*, „Göttin des Schwindels". Französische Nonnen, die zum französischen Expeditionskorps gehörten, erfreuten sich bei ihr hohen Ansehens, weil sie diszipliniert seien.

Eine vierte Front stellte für Florence die Bürokratie in ihrer Heimat dar. Zwar hatte sie in Staatssekretär Herbert einen ihr überaus gewogenen Helfer; doch bevor das Kriegsministerium das Notwendigste genehmigte, wanderten Anordnungen durch acht Abteilungen. Unter den Verzögerungen litten die Siechen, für die Florence sich verantwortlich wusste.

Einsatz bei Tag und Nacht

Von Anfang an war Florence rastlos tätig, oft 12 bis 15 Stunden am Tag, wenn es sein musste auch 20 Stunden. Tausenderlei musste sie gleichzeitig auf den Weg bringen und darüber wachen, dass ihre Anordnungen auch ausgeführt wurden. Einmal beschreibt sie sich als Koch, Putz- und Waschmann, Hausmeister und Lagerleiter, der auch „Läusekämme etc. etc." verwaltete. Um sich des Ungeziefers erwehren zu können, trug sie ihr Haar kurz geschnitten. Sie orderte Bedarfsartikel in kühnen Mengen, etwa 3000 Zinnteller, 500 Schalen, 2000 Yards festen Stoff für Handtücher. Nachdem sie darüber geklagt hatte, die Soldaten müssten fressen wie das Vieh, schickte man aus England Messer, Gabeln, Löffel und Trinkgefäße, ebenfalls in Tausendermengen. Sie forderte Scheren, um die Haare zu schneiden, sowie pro Soldat eine Bürste, Kamm und Rasierzeug. Sie rechnete vor: Mangels Wannen könnten Kranke und Verwundete nur etwa alle 80 Tage einmal gebadet werden. Und: Pro Pritsche fünf Laken – zwei zum Beziehen, zwei seien in der Wäsche, eins bleibe für den Notfall. Was am Ort billiger zu haben sei, werde dort beschafft. Seife aber solle so viel wie möglich aus England geschickt werden, denn die „hiesige" sei schlecht.

Wiederholt äußerte Florence sich geradezu revolutionär – etwa, dass die Würde auch des gemeinen Soldaten Respekt verdient. Da Amputationen im Krankensaal ausgeführt werden mussten, sorgte sie für einen Wandschirm, damit der Leidensgefährte, der am nächsten Tag an der Reihe war, nicht sehe, wie sein Kamerad unter dem Messer verblutete. Sie hatte einen Blick für den einzelnen Menschen und dessen Not. Jahrzehnte später, 1887, schrieb ihr ein Veteran, er habe ihr seinerzeit geklagt, was ihm bevorstehe – und sie habe diese unnötige Amputation verhindert!

Mit dem klaren Kopf der Mathematikerin vermochte Florence kühn und kühl zu handeln. Ihre Erfolge erklären sich damit, dass sie geschickt mit dem umging, was ihr zur Verfügung stand: Geld von der Regierung und aus ihrem eigenen Vermögen, Spenden und Beziehungen. Sie scheute die Öffentlichkeit und blieb lieber im Hintergrund; dort aber stellte sie virtuos die Weichen, um Menschen für sich und ihre Ziele zu gewinnen.

The Lady with the Lamp

Auch als Florence sich fast nur noch mit der Verwaltung beschäftigte, wachte sie am Lager von Sterbenden und schrieb oder diktierte Kondolenzbriefe an die Angehörigen. Das ist der Kern der Florence Nightingale-Legende, die auf einen Artikel der *Times* zurückgeht und die ihr den Ehrennamen „Die Dame mit der Lampe" eingetragen hat. Wenn das Personal sich der verdienten Nachtruhe hingegeben habe, Schweigen und Finsternis über den Tausenden von Kranken liege, könne man Florence sehen, so der Zeitungsartikel, wie sie ihre einsamen Runden gehe, eine kleine Lampe in der Hand, um nach den Leidenden zu schauen. Wer sie dann erblicke, wisse sich gesegnet *(blessed by the sight of her).* Ihre Popularität stieg in mythische Höhen. Mancher Leser der *Times* mag an den Johannesprolog gedacht haben: „Das Licht leuchtete in der Finsternis" (Joh 1,5). Längst wusste Florence, was Gott ihr zugedacht hatte, als sie noch nicht einmal 17 Jahre alt gewesen war.

Kein Verständnis für abweichende Meinungen

Florence war sehr anspruchsvoll, verlangte blinden Gehorsam, konnte nur unzulänglich delegieren und meinte deshalb, allzu viel selber tun zu müssen. Ihr fehlten Geduld, Großzügigkeit, Kompromissfähigkeit und auch Takt. Sie neigte zur Schwarz-Weiß-Sicht und kannte nur Freund oder Feind. Sie konnte Pflegerinnen, die ihr widersprachen, zeitlebens rachsüchtig verfolgen. Viel Ärger und Kummer hätte sie sich und den Frauen erspart, die unter ihr hart arbeiteten, wenn sie bemerkt hätte, dass ihre Mitstreiterinnen sich nach einem Wort der Anerkennung sehnten.

Arrogant erklärte sie, keine Zeit zu haben, andere zu ermutigen; das sei für sie „trivial“. Raffte sie sich wirklich einmal zu einem Lob auf, fiel das allerdings überwältigend aus.

Nach Monaten körperlicher und seelischer Überlastung erlitt Florence am 13. Mai 1855 einen Zusammenbruch. Dank der aufopferungsvollen Pflege durch eine ihrer Vertrauten überlebte sie, musste allerdings noch eine Zeit lang in einer Sänfte getragen werden.

Förderung überfälliger Reformen

Im Sommer 1856 kehrte Florence als gefeierte Nationalheldin nach England zurück. Bis in die 1880er Jahre litt sie an Depressionen und Nervosität, die wahrscheinlich Folge der Brucellose waren, einer heimtückischen Krankheit, die sie von der Krim mitgebracht hatte. Obwohl oft ans Bett gefesselt, wirkte sie voller Tatendrang, nun zugunsten von Reformen in Großbritannien und in Indien. Getrieben vom Zorn über Missstände verleugnete *und* nutzte sie ihre Weiblichkeit, um Macht in der von Männern beherrschten Welt zu gewinnen. Einflussreiche Personen empfing sie in ihrer Wohnung. Einmal wies sie ihre Dienerin an, das Buch eines Mannes, den sie zum Tee erwartete, so ins Regal zu stellen, dass ihr Gast es im Laufe der Besprechung sehen müsste.

Erfahrungen aus dem Krimkrieg brachte sie in die Arbeit einer Regierungskommission ein, die das Sanitätswesen der Armee reformieren sollte. Erstmals in der britischen Geschichte wurden dabei Verpflichtungen des Staates gegenüber den Hinterbliebenen der Gefallenen festgeschrieben. Diese Arbeiten leiteten eine Reform des öffentlichen Gesundheitswesens ein.

1859/60 gründete Florence eine Fachschule zur Ausbildung von Krankenschwestern, weltweit die erste nicht-kirchengebundene Einrichtung dieser Art. Damit hat Florence den modernen Beruf der Krankenschwester begründet. Sie ging noch davon aus, dass Lernschwestern eine religiöse Berufung mitbrachten. Aber auf keinen Fall dürften sie nur fromm und gehorsam sein; das reiche für ein Pferd, nicht für einen Polizisten und erst recht nicht für eine Krankenschwester. Diese sollten in Spitälern, aber auch in Armenvierteln arbeiten. Manche von Florence erhobene Forderung ist bis heute umstritten, etwa: den Patienten die Wahrheit über ihren Zustand zu sagen. Eine andere Erkenntnis wurde wiederentdeckt: Man dürfe Patienten keinen Tag länger als notwendig in der Klinik halten.

In einem Zeitschriftenbeitrag mit dem aufrüttelnden Titel *How People may live and not die in India,* „Wie Menschen in Indien leben können und nicht sterben", prangerte Florence 1863 Rassismus und Überlegenheitsdünkel der britischen Verwaltung in Indien an, die tatenlos Millionen verhungern lasse. Gestützt auf ihr eigenes Informationssystem, forderte sie in Eingaben an die zuständigen Ämter und in wirkungsvollen Appellen an die Öffentlichkeit Verbesserungen in der Landwirtschaft, vor allem den Ausbau der künstlichen Bewässerung. Indien brauche einfache Spitäler *(cottage hospitals),* Frauenstationen, Ärztinnen und ausgebildete Krankenschwestern. Den Auftrag des Schöpfers an den Menschen „Macht euch die Erde untertan" (Gen 1,28) solle man durch Kanalisation und den Bau von Waschhäusern verwirklichen.

Ebenfalls in den 1860er Jahren verlangte Florence, die Armenhäuser in England und Irland um eigene Krankenstationen zu erweitern, in denen ausgebildete männliche und weibliche Pflegekräfte arbeiten sollten. Um erkrankte Arme hatten sich bis dahin gesunde Arme gekümmert, unausgebildet und oft dem Alkohol verfallen.

Bei statistischen Studien waren Florence die hohe Mütter- und die erschreckende Kindersterblichkeit aufgefallen. Man dürfe nicht als gottgegeben hinnehmen, dass bei Spitalentbindung, auf die Arme angewiesen waren, weit mehr Frauen starben als Wohlhabende bei Hausentbindung. Florence setzte sich dafür ein, dass Hebammen eine ihrer Verantwortung angemessene Ausbildung erhielten und dass sie und die Krankenschwestern in den Genuss einer Berufsunfähigkeits- und einer Altersversicherung kamen.

Von den vielen anderen Reformen, die Florence auf den Weg gebracht oder gefördert hat, sei eine weitere erwähnt: Sie hat die Aufmerksamkeit auch auf den ländlichen Raum gelenkt. Man müsse die Brunnen sanieren und, auf Dorf- und auf Bezirksebene, eigene Pflegedienste einrichten. Solche Forderungen blieben so lange Zukunftsmusik, wie es an Einsicht und Geld fehlte. Die Institutionalisierung von Dorfhelferinnen und Sozialstationen geht jedenfalls auch auf Anregungen zurück, die Florence vorgetragen hat.

Im In- und Ausland hat Florence viel Anerkennung gefunden. Als erste Frau wurde sie in die Royal Statistical Society gewählt; später wurde sie Ehrenmitglied der American Statistical Association. Im Deutsch-Französischen Krieg 1870/71 haben beide Seiten ihren Rat zum Einsatz von Sanitäterinnen eingeholt und sie später mit Verdienstkreuzen geehrt. Als erste Frau in England erhielt sie 1907 den „Order of Merit", mit dem Jahrzehnte später auch Mutter Teresa ausgezeichnet wurde. 1915 hat man ihr in London ein Denkmal errichtet; so hatte man bis dahin nur Königinnen erhöht.

Obwohl Florence seit jungen Jahren mit gesundheitlichen Problemen und später mit schweren Krankheiten zu kämpfen hatte, wurde sie 90 Jahre alt. Sie starb 1910, im Schlaf. Ein Staatsbegräbnis in der Westminster Abbey, der Grablege der englischen Könige, lehnten ihre Angehörigen ab. Florence Nightingale fand ihre letzte Ruhe auf einem Dorffriedhof im Grab ihrer Familie.

Weltliche Heiligkeit

Florence durfte es noch erleben, dass der Beruf der Krankenschwester gesellschaftliche Anerkennung fand. Vieles von dem, was sie seit dem Krimkrieg gefordert hatte, kam nicht nur den Verwundeten in späteren Kriegen zugute.

Weltweit wurde und wird Florence verehrt. Krankenhäuser hat man nach ihr benannt; Pflegende begehen an ihrem Geburtstag den Internationalen Tag der Pflege. 1949 hat die noch junge Bundespost „Helfern der Menschheit“ Wohlfahrtsmarken gewidmet. Elisabeth von Thüringen führte die erste Serie an, zu der fünf weitere Frauen gehörten: Die Schwedin Elsa Brandström („Engel von Sibirien“ in russischen Gefangenenlagern des Ersten Weltkrieges; 1888-1948), die Engländerin Elizabeth Fry („Engel der Gefängnisse“; 1780-1845), die Künstlerin Käthe Kollwitz (1867-1945), die Frauenrechtlerin Bertha Pappenheim (1859-1936) und Amalie Sieveking (1794-1859), die Mitbegründerin organisierter Sozialarbeit in Deutschland. Die Briefmarken mit dem höchsten Nennwert, 40 + 10 (Pfennig), trugen das Bild von Bertha Pappenheim und Florence Nightingale.

N.N. (1903 bis 1986)

Eine Frau aus der großen Schar, die niemand zählen kann

Der Name der Frau, von der wir hier erzählen, ist ihren Kindern und Kindeskindern lieb und teuer. Wir nennen sie N.N. (*nomen notum*, Name bekannt), weil wir mit ihr eine der vielen Christinnen vorstellen, die keine Kirchengeschichte mit Namen nennt und die doch Beachtung verdienen. Verdankt das Christentum seinen lebendigen Fortbestand seit nunmehr gut 2000 Jahren nicht auch – oder gar vor allem – der Treue der ungezählten einfachen Gläubigen?

Aufgewachsen ist N.N. als das dritte von sieben Kindern eines Bergmanns in Wanne, in der, wie man vor 100 Jahren spöttelte, „polnischen Hauptstadt von Westfalen". Als Ehefrau eines Eisenbahners ist sie Mutter von zehn Kindern geworden. Als sei es selbstverständlich, hat sie sich mit außergewöhnlichem Mut von ihrem Glauben leiten lassen.

Volkstümliche Frömmigkeit

Gern hat N.N. ihren Kindern Geschichten aus ihrem Leben erzählt; vieles davon ist in die von ihren Töchtern gesammelten „Erinnerungen an unsere Mama" eingegangen, auf die unsere Biographie sich stützt. Geschichten aus ihrer Kindheit fehlen darin – waren sie ihr nicht fröhlich genug?

Wenn N.N. ihre alte Mutter besuchte, saßen ihre Kinder auf der Küchenbank; durchs Fenster sahen sie nur einen schmalen Gang im Hinterhof; auf der einen Seite war eine Mauer, auf der anderen Brettertüren zu den Aborten der sechs Mietparteien. Im hinteren der beiden anschließenden Zimmer lag Oma S. zu Bett.

Dort war es finster, denn das Fenster öffnete sich zur Waschküche. In dieser Wohnung ist N.N. aufgewachsen.

In der Hungerzeit nach 1945 kam ihr beim Brotschneiden manchmal ein polnisches Lied über die Lippen: *Mało chleba*; „wenig Brot“ kannte N.N. auch aus ihrer Kinderzeit. – Die Polen, die Ende des 19. Jahrhunderts ins Ruhrgebiet eingewandert waren, lebten anfangs in ärmlichen Verhältnissen, doch stolz bekannten sie sich zu ihrem Glauben. Wenn N.N. in Kindertagen sonntäglich gekleidet zur Kirche ging, hat man ihr bestimmt nicht angesehen, wie armselig ihr Zuhause war. N.N. hat diesen Stolz gepflegt. Nach 1945 tauschte sie Wäsche und Kleider gegen Lebensmittel, doch nie gab sie die „guten Sachen“ für den Kirchgang weg oder gar den Zylinder, den ihr Mann aufsetzte, wenn er bei der Fronleichnamsprozession den „Himmel“ trug.

Das Kirchenjahr wurde auch in der Familie gefeiert. Wenn der Vater in den heiligen Wochen abends dienstfrei hatte, setzten sich alle vor dem Abendgebet noch einmal um den Tisch, in der Weihnachtszeit vor die Krippe. Dann wurde gesungen, und der Vater las Geschichten aus einem der wenigen Bücher im Hause vor. Es hieß „Als der Heiland kam“. Nach der Sonntagsmesse wurde der Tisch festlich gedeckt, einmal im Monat auch am Samstag. Denn vor dem „Jugendsonntag“ schickte N.N. ihre Größeren zur Beichte. Anschließend gab es ein gutes Abendbrot; als die Zeiten besser waren, sogar mit Kakao, Brötchen und Butter.

Damals ging man, wenn man katholisch war, natürlich zur Messe und wenigstens an einem Tag im Jahr auf Wallfahrt. N.N. verstand es, daraus kleine Feste zu machen. Wenn die Familie zur Muttergottes von Neviges fuhr, gönnten die Eltern ihren Kindern nach dem Gottesdienst und dem Kreuzweg, was es sonst nie gab, Einkehr bei einer Wirtin. Legenden von dem einen oder anderen Heiligen waren den Kindern bekannt, weil zu deren Tag familiäre Riten gehörten. Wer am 21. Dezember, dem Fest des Apostels Thomas, zu spät aus dem Bett kam, wurde als der „Thomasesel“ gehänselt, der immer erst als Letzter begriff, worauf es ankam.

N.N. lebte in der Kirche wie in einer Familie, die so berühmt, groß und alt ist, dass niemand sie ganz kennen kann. Als 1978 ein Pole Papst wurde, erklärte sie: „Dem könnte ich einen guten polnischen Kaffee kochen."

Auf der Suche nach Anerkennung

Zwölf Jahre war N.N. alt, als ihr Vater an der „Steinlunge" starb. Zum Glück verdienten die beiden ältesten Geschwister schon etwas Geld, und für N.N. fand sich ein Platz auf einem Bauernhof. Es sollte nicht das letzte Mal sein, dass Menschen, an denen ihr lag, sie abschoben.

Auf dem Hof war man auf Hilfe angewiesen. Seit einem Jahr tobte der Erste Weltkrieg, und die Männer waren an der Front. Wie tüchtig die junge N.N. gearbeitet und gelernt hat, bewies sie, als sie später für ihre Familie zu sorgen hatte. Unter ihren Händen wurde Wildnis zu Gartenland; jedes Jahr zog sie zwei Ferkel auf; im Herbst wurde geschlachtet. Alles, was Stall und Garten zu bieten hatten, hat sie vielfältig verwertet.

Auch von dem Bauernhof hat N.N. nicht viel erzählt; zu klagen lag ihr nicht. Besonders hart wird es gewesen sein, dass sie die westfälische Mundart kaum verstand. Umso wichtiger war der Kirchgang. In Wanne war die Kirche für das Kind ein schönes Haus gewesen, in dem es genügend Platz für sie gab; in der Dorfkirche von Albachten konnte N.N. mitbeten und mitsingen, zuhören und verstehen. In der Sonntagsmesse fand sie ihr Leben lang eine Heimat; nur Mahnpredigten waren ihr zuwider. Einmal hat sie freilich selber Drohungen von der Kanzel her provoziert; davon wird noch zu berichten sein.

Unter der Inflation nach dem Ersten Weltkrieg hatten gerade die kleinen Leute zu leiden. Nun genügte es nicht mehr, dass Mutter S. ihre Tochter N.N. versorgt wusste; das junge Mädchen musste für ihre Familie Geld verdienen. Von einer ihrer Arbeitsstellen hat sie ihren Kindern spannend erzählt: Sie war Küchenmädchen in Marienthal bei Münster, einer Irrenanstalt, wie man damals sagte. Einen echten Prinzen habe sie gesehen, einen Mann, klein wie ein Kind. Wenn man sagte: „Alex, gib Pfötchen!", habe er lachend das Händchen gereicht. Wie schwer sie auch dort gearbeitet hat, hat N.N. erst verraten, als eine ihrer Töchter, die in Münster studierte, sich wunderte, dass ihre Mutter die Stadt kaum kannte. „Marienthal? Da blieb keine Zeit für Spaziergänge."

Vielleicht waren es die Ordensschwestern von Marienthal, die N.N. auf eine Gemeinschaft aufmerksam gemacht haben, in der ein frommes Mädchen, auch wenn es arm und ungebildet war, Ansehen gewinnen konnte.

Schönstätter Marienschwester

Erst nach ihrem Tod fanden ihre Kinder, verborgen unter der Leibwäsche, ein Foto, auf dem N.N. als Nonne zu sehen ist, vor Glück strahlend. Auf einem zweiten Foto, wohl aus ihrer Zeit als Postulantin, stehen junge Mädchen am Ufer des Rheins im Wasser, die Beine bis übers Knie entblößt; alle lachen. In Schönstatt muss N.N. ihre beste Jugendzeit erlebt haben; doch vor ihren Kindern hat sie das verschwiegen.

Im Jahr 1914 hat Josef Kentenich die Schönstatt-Bewegung gegründet, 1926 das Säkularinstitut der Marienschwestern. Wer die Spiritualität von Schönstatt kennt, wird verstehen, wieso die Fotos N.N. als glückliche junge Frau zeigen. Vorbild der Marienschwestern ist Maria, die mit „säkularen" (weltlichen) Mühen am Erlösungswerk ihres Sohnes beteiligt war, mit den Arbeiten, Freuden und Schmerzen, wie Mütter sie kennen, die für Kinder sorgen.

Warum hat N.N. nie von Schönstatt erzählt? Die Frage ist nicht zu beantworten. Sie hatte kein Gelübde gebrochen, als sie Schönstatt verließ. Marienschwestern können auch nach längerer Zugehörigkeit die Gemeinschaft verlassen, ohne der Schönstatt-Bewegung untreu zu sein. Ebenso gut wie nach Neviges hätte die Familie des Eisenbahners nach Vallendar fahren können, um die „dreimal wunderbare Mutter" in Schönstatt zu besuchen. Es ist nie geschehen. Hatte man N.N. aus irgendeinem Grunde auch dort „abgeschoben“? Solange sie bei Kräften war, ist sie eine Frau gewesen, die leicht aufbrauste. Hatte man ihr in Schönstatt ihre Heftigkeit verübelt?

Nach ihrer Zeit in Schönstatt war N.N. Dienstmädchen in einem Arzthaushalt. Der Abschied von dort ist ihr schwergefallen; auch die „Frau Doktor“, so erzählte sie später, habe geweint, als sie kündigte; bald schon habe sie sich jedoch nicht mehr an ihr ehemaliges Hausmädchen erinnert. Wieder die bittere Erfahrung, dass Menschen, bei denen sie gern gewesen war, leicht auf sie verzichteten.

Die gute Stelle hatte N.N. aufgegeben, weil ihre kranke Schwester Hilfe brauchte. Für monatelange Dienste in deren Familie erntete sie den Spott ihres Schwagers, der dem „Führer“ für Arbeit und Brot dankbar war. Er lachte über „das Huhn“, das „nach jedem Schluck Wasser zum Himmel guckt“.

Mit 32 Jahren hat N.N. eine Aufgabe übernommen, die ungewöhnlichen Mut erforderte und der sie bis ins hohe Alter treu geblieben ist.

Familiengründung mit fünf Söhnen auf einmal

Im Jahr 1935 bat ein junger Mann N.N., ihm den Haushalt zu führen; seine Frau war nach der Geburt des fünften Kindes gestorben. Lohn könne er nicht zahlen, doch er habe ein Haus gemietet, das sich für eine Familie mit vielen Kindern bestens eigne. „Komm, sieh dir meine Kinder an!“ – Im Waisenhaus sah N.N. dann das schwer kranke Baby; der Zweijährige saß auf dem Töpfchen und ließ sich nicht ansprechen; den ungebärdigen Vierjährigen hatten die Nonnen an ein Tischbein gebunden; die beiden „Großen“, sechs und acht Jahre alt, mussten erst noch Kartoffelsäcke in den Keller schleppen, bevor sie zu ihrem Vater kommen durften. – N.N. nahm an.

Ein Jahr später haben N.N. und der Vater der fünf Söhne geheiratet. Beide haben der wachsenden Schar ihrer Kinder eine Jugend bereitet, bei der sie Freuden nachholten, die ihnen selber nicht vergönnt gewesen waren. Welcher Aufstieg von der Straße in Wanne zu der Arbeitersiedlung zwischen Wald und See; aus der dunklen Wohnung in ein Haus mit vier Zimmern, Küche, Keller, Speicher, Stall, eigenem Garten und weiter draußen sogar einem kleinen Acker! „Papa“ freute sich, wie einfach N.N. mit ihrem Glauben lebte, fröhlicher als seine streng katholische Mutter, der schon das Wort „Thomasesel“ wie eine Sünde vorkam. Jetzt konnte er Späße aus dem Kolpingsverein nachspielen; N.N. ertrug sogar die „Teufelsgeige“, mit der er an Fastnacht die Kinder lärmend durchs Haus führte.

Stiefmutter und zweite Ehefrau zu sein war gewiss nicht leicht; in den „Erinnerungen“ ist davon jedoch nie die Rede. Man fragt sich allerdings, wie N.N. es aufgenommen hat, dass ihre Erstgeborene auf den Namen der verstorbenen Frau getauft wurde und ihr zweites Kind den gleichen Namen trug wie sie selber. Bald zeigte sich, dass ihre zweite Tochter geistig behindert war. Enger als ihren anderen Kindern fühlte N.N. sich diesem Mädchen verbunden; wurde es verlacht, traf es sie, als sei sie selber gemeint. Ihre Tochter sollte von allen geachtet werden, auch wenn sie „anders“ war.

Mehr als „anders“ wagten Geschwister, Verwandte, Freunde aus politischen Gründen nicht zu sagen. Bis zum Ende des nationalsozialistischen Regimes war das Mädchen durch die „Euthanasie“ bedroht. Auch damit könnte sich erklären, dass N.N. ihr behindertes Kind nie hat loslassen können. Als alte Frau, die immer noch diese Tochter bei sich hatte, hat sie jedoch manchmal geseufzt: „Lieber Gott, lass mich doch sterben!“

Solange sie die kräftige Frau war, die eine große Kinderschar durch schwierige Zeiten brachte, hat sie auf Überforderungen eher mit Schimpfen reagiert. „Papa“ hat seine heftige Frau stets verteidigt. Weit öfter als es hier möglich ist, müsste von ihm die Rede sein. Zum Nachlass von N.N. gehört ein „Gebet- und Gesangbuch der Erzdiözese Köln“; Ledereinband und Goldschnitt sind abgenutzt. Handschriftlich ist ihr Name eingetragen, darunter stehen schlichte Verse: *Trifft dich ein Schmerz, so halte still / und frage, was er von dir will. / Die ewge Liebe schickt dir keinen / nur darum, dass du mögest weinen. – Weihnachten 1952. Dein Papa.* Für dieses Geschenk hat er bestimmt auf viele Zigarillos verzichtet.

Allein mit sieben Kindern

Im April 1943 verlor N.N. durch einen Bombenangriff ein Kind. Bis dahin hatte sie sich gegen die Evakuierung aufs sichere Land gewehrt, wusste sie doch, dass man die Größeren dort in Heime stecken und zu „Hitlerjungen" machen werde. Nun aber wollte sie ihre Kinder vor den Bomben retten. Nach heftigen Auseinandersetzungen mit den Behörden kam sie mit all ihren sieben Kindern in einem Dorf in Franken unter, im Klassenraum einer aufgegebenen Schule.

Sie waren die ersten „Preußen" im Dorf; und die, so hieß es dort, waren schuld am Krieg. Einen Trost hatte N.N. schon beim Einzug entdeckt: Durch eins der Fenster blickte man auf die Kirchentür; stand sie offen, sah man das ewige Licht. Sie hat ihre Kinder oft hinübergeschickt. *Betet für Papa! Kindergebet dringt durch die Wolken!* Der Vater und die beiden Ältesten arbeiteten auf einem großen Güterbahnhof im Ruhrgebiet; wenn irgendwo, dann würden dort Bomben fallen! Sie konnte nicht wissen, dass die Drei gerade dort sicherer waren, weil die Alliierten es vorzogen, Wohngebiete zu bombardieren.

Schwer war das Leben als Fremde im Dorf. Eines Tages kam die kleine behinderte Tochter schreiend ins Haus; mit der Peitsche hatte ein Bauer sie blutig geschlagen! N.N. nahm ihr Kind auf den Arm, lief zuerst zum Pfarrer und dann zur Krankenschwester. Am Sonntag bekam die Gemeinde eine Drohpredigt zu hören; danach blieben die „Preußen" vor bösartigen Übergriffen verschont. Doch Freunde hatte N.N. sich nicht gemacht.

Anfang September 1943 kam ihre älteste Tochter stolz vom ersten Schultag nach Hause. Sie reckte den rechten Arm und verkündete, was sie gelernt hatte: *Heil Hitler, Mama!* N.N. springt auf, schlägt den Arm des Kindes herunter: *Was hast du da gesagt! Was ist denn bei uns noch heil?* Das Mädchen weint; N.N. nimmt es auf den Schoß und weint ebenfalls. So hatten Mutter und Tochter in den letzten Monaten schon öfter zusammengesessen. Am Abend hat N.N. ihre Kinder einen neuen Familienritus gelehrt. *Wenn ihr ins Haus kommt, sagt ihr „Gelobt sei Jesus Christus!" Und wer zuhause ist, antwortet: „In Ewigkeit. Amen".* Hat sie den Kindern erklärt, warum sie das verlangte? Die „Erinnerungen" berichten nur noch, dass die Familie diesem Gruß bis weit in die Nachkriegszeit treu geblieben sei.

Zweimal hat N.N. in jenem Dorf für eine ganze Schar junger Menschen gesorgt. Im Sommer 1944 sah sie, dass Zwangsarbeiterinnen aus der Ukraine sich nur draußen am Brunnen waschen konnten, zum Gaudi der Dorfjugend. Sie zeigte den jungen Frauen ihren Waschkessel und ihre Feuerstelle. Bald war das Feuerholz verbraucht, das sie mit ihren Kindern im Wald gesammelt hatte, doch sie schenkte den Ukrainerinnen auch noch Waschpulver, das man nur gegen „Marken" in der sechs Kilometer entfernten Stadt zu kaufen bekam. *Frauen brauchen saubere Wäsche!*

Im März 1945 musste N.N. mit den Kindern in den Keller ausweichen, weil die Wehrmacht in ihrer Wohnung eine Verbandsstation eingerichtet hatte. Mancher junge Mann, der oben laut gestöhnt hatte, kam hinterher in den Keller; N.N. gab ihm zu trinken, und er konnte erzählen. Als der Kampflärm näher kam, flüchteten sich die Bauernfamilien in den Wald; N.N. blieb im Keller. Im Waschkessel wurde längst gekocht, und bald wussten die jungen Soldaten, dass es bei der „Mutter" immer warme Suppe gab. Sie brachten Eier mit, die sie „gefunden" hatten, Gemüse, Kartoffeln, manchmal sogar ein totes Huhn. N.N. fragte nicht, woher die Schätze kamen; sie dachte an ihre beiden Ältesten, die irgendwo im Krieg waren.

Unversehrt haben N.N. und ihre Sieben die letzten Wochen des Krieges überstanden. Im Sommer 1945 konnte der Vater sie zurückholen; ihr Haus stand sogar noch. Gesund kehrten der

Zweitälteste von der Wehrmacht und der Älteste aus der Kriegsgefangenschaft heim. Die Eltern erlebten mit Freuden, was ihnen versagt geblieben war: Drei ihrer Kinder legten die Gesellenprüfung ab, vier die Reifeprüfung am Gymnasium.

Kummer und Streit brachte jener Sohn ins Haus, den schon die Nonnen im Waisenhaus nicht hatten bändigen können. Die Wirren nach Kriegsende waren für den 14-Jährigen das große Abenteuer; auf dem Schwarzmarkt verdiente er gutes Geld. Er verachtete die Seinen, die sich für ein bisschen Essen abrackerten; manchmal wusste die Familie wochenlang nicht, wo er steckte. In dieser Zeit hat der Vater seiner Frau das kostbare Gebetbuch mit der handschriftlichen Erinnerung an die „ewige Liebe" geschenkt. Schließlich hörten auch die Sorgen um diesen Sohn auf. Er hatte eine liebe Frau für sich gewonnen, an deren Seite er ein Familienvater wurde, der mit bescheidenen Mitteln zufrieden war. Seine kecke Fröhlichkeit hat er behalten.

Eine schwere Last blieb die behinderte Tochter. Sie war verwöhnt, und mit zunehmendem Alter ihrer Mutter wollte sie immer mehr bestimmen, was im Hause zu geschehen habe.

Zeugin des Glaubens

Es ist an der Zeit, unseren Lesern zu erklären, woher der Untertitel zum letzten Abschnitt unseres Buches stammt. Er ist der „Offenbarung des Johannes" entnommen (Offb 7,9f). Als Kaiser Domitian (81-96 n. Chr.) sich den Titel „Herr und Gott" zulegte, hatte der Prophet von Patmos eine Vision; er erblickte die unzählbare Schar der Märtyrer und hörte sie laut rufen: *Die Rettung kommt von unserem Gott, der auf dem Thron sitzt, und von dem Lamm.*

Ist N.N. eine Frau aus dieser Schar? Sie hat die himmlische Demonstration gegen einen Gewaltherrscher, von der die „Offenbarung des Johannes" erzählt, aus der Lesung vom Fest Allerheiligen gewiss gekannt. Der Familienritus, den sie an die Stelle des „Führergrußes" in ihrem Hause durchsetzte, war eine ebenso deutliche Demonstration. N.N. selber wäre dieser Vergleich freilich nie in den Sinn gekommen.

Zur Zeit der nationalsozialistischen Diktatur haben zahlreiche Märtyrer ihr Zeugnis für Christus mit dem Leben bezahlt. Das Ökumenische Heiligenlexikon enthält allein für die Jahre 1942 bis 1945 einundsiebzig Kurzbiographien von heiligen Männern und Frauen. Zu diesen gehören vier Frauen; alle vier waren Nonnen, eine davon ist Angela Autsch, die in Auschwitz ermordet wurde, weil sie Hitler eine „Geißel für Europa“ genannt hatte.

N.N. hat Glück gehabt. Dem aufsässigen Sohn wäre es zuzutrauen gewesen, dass er den Lehrer beim Betreten des Klassenzimmers mit dem Gruß „Gelobt sei Jesus Christus!“ ärgerte. „Meine Mutter will nicht, dass wir so grüßen, wie Sie es verlangen.“ Der Lehrer hätte sich kaum mit einer Tracht Prügel begnügt.

Großes Glück hatte N.N. auch im März 1945. Der 14-Jährige hatte sich „freiwillig“ zum Kriegsdienst gemeldet und stand schon mit anderen in Reih und Glied, als N.N. ihn fand, am Arm packte und herauszog. „Was hast du hier zu schaffen?!“ Wegen „Wehrkraftzersetzung“ sind in den letzten Tagen des „Dritten Reiches“ Hunderte am nächsten Baum erhängt worden; N.N. ist davongekommen. Ihr widerborstiger Sohn hat dann freilich dennoch Panzergräben ausgehoben und die Panzerfaust geworfen; wie hätte er sonst vor den anderen Jungen im Dorf bestehen können?

Wer weiß, ob N.N., wenn sie von einem regimetreuen Richter auf die Probe gestellt worden wäre, so standgehalten hätte wie Angela Autsch? Die Ordensfrau hat ihr klares Wort gegen die nationalsozialistische Gewaltherrschaft „nur“ mit ihrem eigenen Leben bezahlt; N.N. hätte allen Grund gehabt zu fürchten, dass ihre Kinder in die Hände gottloser Erzieher gerieten.

Man könnte es auch bloß ein „Glück“ nennen, dass N.N. als 32-jährige endlich bei Menschen angekommen war, die nicht so einfach auf sie verzichten konnten. Doch woher nahm sie den Mut, einen Vater von fünf verwaisten Söhnen zu ehelichen? Woher die Kraft, in bösen Zeiten für die wachsende Familie und zusätzlich für Menschen aus ihrem Umfeld da zu sein? Die Sonntagsmesse hat sie auch deswegen geliebt, weil sie dann eine Stunde lang die Hände ruhen lassen konnte.

In ihren letzten Monaten hat N.N. mit einem Wort gelebt, das ihr auch deswegen kostbar war, weil es von Papst Johannes XXIII. stammte: *Gott weiß, dass ich da bin, und das genügt mir.* – Sie war eine Tochter Gottes. Zum Schluss ihres Lebens war sie ein Kind, das sich beim Vater geborgen wusste; in den Jahren ihrer Kraft war sie eine Frau, die sich dafür einsetzte, dass dort, wo sie handeln konnte, das Reich Gottes nicht daran gehindert werde, zu den Menschen zu kommen.

Schlusswort

Haben Frauen das Christentum geprägt? In welchem Licht erscheinen sie nach der Lektüre der hier vorgelegten 20 Kurzbiographien? Wer die Kirchengeschichte nur als die Abfolge der Entfaltungen und Absicherungen von Glaubenslehren versteht, wer nur auf die damit zusammenhängenden Lehrstreitigkeiten und die Entstehung von „Kirchen“ je eigenen Charakters zurückschaut, wird die Frage nach der Bedeutung der Frauen verneinen. Solche Entwicklungen wurden von Männern angestoßen. Die Amtskirche, wenn dieser Begriff in Ermangelung eines besseren hier einmal erlaubt sei, hatte im Glaubensleben der hier vorgestellten Frauen geringe Bedeutung. Ihr Glaube speiste sich vor allem aus ihrer persönlichen Hinwendung zu Gott, aus ihrem Gebet, aus dem, was sie als Wegweisung und Hilfe für ihr Leben in der Heiligen Schrift und der Liturgie entdeckten.

Seitdem es das Christentum gibt, haben Milliarden von Menschen es angenommen. In der Nachfolge Christi, der vom Gottesthron zu den Niedrigen hinabgestiegen ist, haben sich ungezählte Christinnen und Christen für das Recht und die Würde der Machtlosen eingesetzt. Auch Menschen, deren „Machtbereich“, zumal weil sie Frauen waren, sehr eingeschränkt war, haben auf vielfältige Weise das Christentum geprägt. Die Frauen, denen wir in diesem Buch begegnen, stehen stellvertretend für viele andere, für bekannte und für noch weit mehr unbekannte, durch die das Christentum seine Lebendigkeit bewahrt hat.

Das Papsttum hat seit dem 10. Jahrhundert ein Verfahren ausgebildet, um bestimmte Verstorbene „heilig“ zu sprechen. Bis in die Neuzeit kam unter den in der katholischen Kirche verehrten Heiligen auf fünf Männer gerade eine Frau; erst in jüngerer Zeit hat sich das Zahlenverhältnis ein wenig zugunsten von Frauen verschoben. Grundlage päpstlicher Heiligsprechung waren von Anfang an sorgsam geprüfte Zeugnisse. Bei der Erarbeitung des

Buches wollten wir uns auf zuverlässige Quellen stützen, manche davon sind dank eines Verfahrens der Heiligsprechung entstanden; Überlieferungen zu Wiberat, Klara, Elisabeth, Birgitta und Jeanne gehören dazu. Gern haben wir aber auch die noch wenig bekannten Zeugnisse zum Leben und Wirken der Mary Ward entdeckt, haben weithin unbekannte Frauen wie Dhuoda und Bathilde gleichsam aus dem Dunkel gehoben.

So wie wir vorgegangen sind, ist es nicht verwunderlich, dass am Ende keine zusammenfassende These steht. Unser Buch lädt vielmehr ein zu Wanderungen durch ganz unterschiedliche Perioden des Christentums und durch oft genug fremdartige Zeiten und Orte. Gegensätze fallen auf. Da zeigt sich etwa, wie segensreich Kaiserin Helena an dem Umschwung beteiligt war, bei dem das soeben noch verfolgte Christentum zur staatlich unterstützten Religion wurde; und welch glückliche Fügung es war, dass fünfzehnhundert Jahre später die fromme katholische Kaiserin Maria Theresia erste Schritte zur Trennung von Kirche und Staat unternahm.

Da wir quellennah arbeiten wollten, ergab es sich, dass unser Buch fast ausschließlich von hoch gestellten Frauen erzählt. Welcher Geschichtsschreiber hätte die Bauerstochter erwähnt, wäre Jeanne d'Arc nicht die Heldin, die dem König von Frankreich zur Krönung verhalf? Die Sichtung der Überlieferungen aus dem Leben von Herrscherinnen und Adeligen führte zu manchem Ergebnis, mit dem wir nicht gerechnet hatten. Einige seien genannt.

Trotz edler Herkunft oder ihres Aufstiegs zu hohem Ansehen und weltlicher Macht ist fast keine der hier vorgestellten Frauen auf ebenen Wegen durch ihr Leben gekommen. Frauen, die aus harter Erniedrigung – etwa als Kriegsgefangene, verschleppte Sklavin, Tochter einer Flüchtlingsfamilie – in ein reiches Herrscherhaus eingetreten sind, haben ihren Glanz nicht als Entschädigung für bittere Erfahrungen ausgekostet. Königinnen wussten sich um ihres Glaubens willen verpflichtet, auch dann dem Wohl ihres

Reiches zu dienen, wenn ein schlimmes Geschick sie an diesen Platz verschlagen hatte.

Wohl noch überraschender ist eine zweite Beobachtung. Infolge beruflicher Überlastung versinken heute nicht wenige Menschen in unüberwindliche Niedergeschlagenheit, fühlen sich ausgebrannt. In diesem Buch haben wir von Frauen erzählt, die nicht in Verbitterung verfallen sind, obwohl sie schwersten Belastungen ausgesetzt waren und gar fürchten mussten, alles sei umsonst gewesen. Die eine oder andere, die mit dem Unrecht in der Welt nicht zurechtkam, fügte sich in harter Askese eher selber Schmerzen zu, als anderen ihr Leiden zu zeigen. Ebenso unbegreiflich bleibt es, wie liebenswürdig manche gescheiterte Frau annahm, was nicht zu ändern war und selbst in übler Lage Freude zu empfangen und zu verschenken verstand.

Man könnte den Untertitel auch umdrehen: Das Christentum hat Frauen geprägt. Der Glaube hat ihnen ein Selbstbewusstsein geschenkt, mit dem sie sich auf schwere Wege wagten und trotz aller Widerwärtigkeiten nicht davon abwichen. Das Christentum ist erwachsen aus der langen Geschichte des Judentums, und es wurde ausgestaltet in der Welt der Völker. Damit weckt es das Verlangen nach Wissen und Bildung. Kenntnisse christlicher, aber auch heidnisch-philosophischer Schriften haben Frauen geholfen, Enttäuschungen anzunehmen und Demütigungen zu ertragen, ohne das Wissen um ihren eigenen Wert zu verlieren.

Insbesondere seien hier vier Frauen genannt, die Wissen und Können mit Eifer weitergegeben haben. Im vierten Jahrhundert hat die Pilgerin Egeria für ihre daheim gebliebenen „Schwestern" aufgeschrieben, dass sie vieles von dem, was die Bibel berichtet, dank eigenen Augenscheins bestätigen könne. Im achten Jahrhundert war Bonifatius überzeugt, dass durch die in Liobas Klöstern ausgebildeten Frauen das verwilderte Christentum neu aufblühen werde. Im zwölften Jahrhundert hat Heloisa nicht nur bewiesen, wie sicher eine Frau sich höchste, damals Männern vorbehaltene Gelehrsamkeit aneignen kann; sie hat daraus auch die Stärke gewonnen, die sie brauchte, um einer Gemeinschaft verstoßener Nonnen Ansehen und Selbstständigkeit zu sichern. Im siebzehnten Jahrhundert hat Mary Ward sogar kirchlich verhängte Kerkerhaft hingenommen, um ihr Werk, den Aufbau eines katholischen Instituts anspruchsvoller Mädchenbildung, nicht zu gefährden.

Mary Ward ist eine der Frauen, die von kirchlichen Amtsträgern verleumdet und ungerecht behandelt, von Nachfolgern jener üblen Richter aber hoch gerühmt worden sind. Im Jahr 1431 starb Jeanne d'Arc als Häretikerin auf dem Scheiterhaufen, 489 Jahre später hat ein Papst sie feierlich heilig gesprochen. Hätten zu solcher Rehabilitation nicht auch Worte des Bedauerns, mehr noch der Scham über das schuldhafte Versagen der Vorgänger im kirchlichen Amt gehört?

Eindrucksvoll bezeugen mehrere der hier versammelten Biographien, dass Frauen es fertig brachten, auch dann eigensinnig weiter zu gehen, wenn sie auf bösartigen, klerikalen Widerstand stießen, um trotzdem ihrer Kirche treu zu bleiben. Birgitta hat Missstände der zu ihrer Zeit heillos zerrütteten Kirche klarsichtig und krass benannt; doch ihren neuen Orden wollte sie nicht ohne päpstliche Zustimmung, nicht außerhalb der Kirche gründen. Klara nahm hin, dass ihrer Schwesterngemeinschaft das Betteln auf Straßen verboten wurde, verzichtete aber nicht auf die vollkommene Armut.

Fast in allen Kapiteln war von Frauen zu erzählen, die sich hart durchgesetzt haben, gegen ihre Familie, gegen gesellschaftliche, aber auch kirchliche Vorurteile. Manchmal fällt es schwer, ihren Eigensinn zu verstehen. Perpetua fuhr ihren geliebten Vater scharf an, als dieser sie vor hässlichem Tod bewahren wollte. Wiberat ließ sich in ein Häuschen einmauern, um am Wallfahrtsort als Beterin und Ratgeberin für andere da zu sein. Radegunde und Elisabeth haben Aussätzige, vor denen ihren Mitschwestern grauste, zärtlich geküsst; Florence Nightingale eignete sich selber die Kenntnisse an, die sie für den in ihren Kreisen unschicklichen Beruf der Krankenschwester brauchte.

Diese und andere Frauen haben sich mit solch eigensinnigen Entscheidungen nicht als Vorbild verstanden. Die Stärke, mit der sie auf unüblichen Wegen weitergingen, speiste sich aus dem Bewusstsein, dass sie einem an sie persönlich ergangenen Ruf Gottes zu gehorchen hatten. Bis ins späte Mittelalter hinein haben Frauen von ihrer Berufung durch „Stimmen", „Visionen", „Träume" erzählt; Florence Nightingale sagt nur noch: *God spoke to me.*

Weitere Entdeckungen, die beim Rückblick auf die hier zusammen gestellten Biographien zu machen sind, möchten wir unseren Leserinnen und Lesern überlassen. Vielleicht finden sie in diesen Berichten auch selber Antworten auf die Frage, welcher Platz Frauen in der Kirche zusteht. Doch ein gewichtiges Wort sei in Erinnerung gerufen: Der Apostel Paulus hat das Ehepaar Prisca und Aquila zu seinen „Mitarbeitern" gezählt. Wäre es nicht an der Zeit, dass kirchliche Amtsträger sich nicht länger „Diener" nennen und auf diese Weise suggerieren, dass sie es sind, die für die Frommen all die Arbeit in der Kirche tun? Braucht es heute nicht mehr denn je Menschen, die sich als „Mitarbeiter" im Weinberg Gottes verstehen, Gläubige, die aus eigener Einsicht, in selbstständiger Verantwortung und zugleich in treuer Verbundenheit miteinander tun, was nötig ist, damit die Reben gedeihen und Frucht tragen für die Welt?

Uns selber wurde im Laufe des Jahres 2011 schmerzlich bewusst, wie aktuell das Thema dieses Buches bleibt. Wir erlebten, dass es zu erbitterten Auseinandersetzungen über die Frage kam, welcher Platz Frauen in der Kirche zukommt. Langjährige Freundschaften gerieten darüber in die Krise. Unsere Arbeit zu den „Töchtern Gottes" hat uns geholfen, Zuversicht zu bewahren.

Quellen und Literatur

Von den vielen Sammelwerken und Handbüchern, die wir befragt haben, seien ausdrücklich erwähnt: Biographisch-Bibliographisches Kirchenlexikon (im Internet), Handbuch der Kirchengeschichte, Lexikon des Mittelalters, Reallexikon für Antike und Christentum. Wir sind dafür dankbar, dass wir Namensformen, Jahreszahlen und manche anderen Angaben im Internet überprüfen konnten.

Zu Prisca

Prisca und Aquila, Freunde des Paulus. In: Annemarie Ohler: Frauengestalten der Bibel. Würzburg 1988, S. 203-227.

Zu Perpetua

Habermehl, Peter: Perpetua und der Ägypter oder Bilder des Bösen im frühen afrikanischen Christentum. Berlin 1992.

Die Dissertation enthält auch den lateinischen Text und eine deutsche Übersetzung des Martyriums der Heiligen Perpetua und Felicitas.

Zu Helena

Ambrosius: Trauerrede auf Theodosius den Großen.
In: Des hl. Kirchenvaters Ambrosius von Mailand ausgewählte Schriften. Übers. von J. E. Niederhuber (Bibliothek der Kirchenväter, 32). Kempten 1917, S. 387-423.

Drijvers, Jan Willem: Helena Augusta. The Mother of Constantine the Great and the Legend of Finding the True Cross. Leiden 1992.

Eusebios: Über das Leben des glückseligen Kaisers Konstantin. De vita Constantini. Griechisch-Deutsch. Hrsg., übers. und komm. von Paul Dräger (Bibliotheca Classicorum, 1). Oberhaid 2007.

Helenas Reise nach Palästina in Buch 3, 42.

Zu Egeria

Egeria: Itinerarium / Reisebericht. Mit Auszügen aus Petrus Diaconus: De locis sanctis / Die heiligen Stätten. Lateinisch-Deutsch. Übersetzung und Einleitung von Georg Röwekamp unter Mitarbeit von Dietmar Thönnes (Fontes Christiani 1, 20). 2. verbesserte Auflage, Freiburg (u.a.) 2000.

In der Einleitung werden die in Jerusalem gefeierten Liturgien ausführlich erörtert.

Zu Radegunde

Radegunde. Ein Frauenschicksal zwischen Mord und Askese. Erfurt 2006.

„Sainte Radegonde", par l'Abbé René Aigrain, Maître de Chapelle de Sainte Radegonde à Poitiers. Paris 1924.

Zu Bathilde

Couturier, Mathieu J.: Sainte Bathilde, Reine des Francs. Histoire politique et religieuse. Paris 1909.

Zu Lioba

Briefe des Bonifatius [und andere zeitgenössische Dokumente]. Bearbeitet von Reinhold Rau. Lateinisch-Deutsch (Ausgewählte Quellen zur Geschichte des deutschen Mittelalters. Freiherr vom Stein-Gedächtnisausgabe, Band IV b). Darmstadt 1968.

Zu Lioba helfen im Register die Stichworte Leoba, Eadburg und Tetta weiter sowie Huetberhtus für den Gebrauch der Glocke.

Das Leben der heiligen Leoba des Rudolf von Fulda. Übers. von Michael Tangl (Geschichtsschreiber der deutschen Vorzeit, 13). 3. Auflage, Leipzig 1920, S. 83-102.

Muschiol, Gisela: Königshof, Kloster und Mission – die Welt der Lioba und ihrer geistlichen Schwestern. In: Bonifatius – Apostel der Deutschen. Hrsg. von Franz Felten zur 1250. Wiederkehr des Todestages des heiligen Bonifatius. Wiesbaden 2004, S. 99-114.

Zu Dhuoda

Dhuoda: Liber manualis / Ein Wegweiser aus karolingischer Zeit für ein christliches Leben. Eingeleitet, aus dem Lateinischen des 9. Jahrhunderts übers. und komm. von Wolfgang Fels (Bibliothek der mittellateinischen Literatur, 5). Stuttgart 2008.

Zu Wiberat/Wiborada

Berschin, Walter: Vitae Sanctae Wiboradae. Die ältesten Lebensbeschreibungen der heiligen Wiborada. Kritische Edition und Übersetzung. St. Gallen 1983.

Zu Margarete

Turgot: Vita Margaritae. Life of queen Margaret (Early Sources of Scottish History, collected and translated by Alan Anderson, 2). Edinburgh 1922, S. 59-88.
Wilson, Alan: St. Margaret, Queen of Scotland. Edinburgh 2001.

Zu Heloisa

Abaelard: Die Leidensgeschichte und der Briefwechsel mit Heloisa. Übertragen und hrsg. von Eberhard Brost. 2., erw. Auflage. Heidelberg 1954. 4. verb. Auflage mit Nachwort von Walter Berschin. 1979.
Abaelards ‚Historia calamitatum'. Text – Übersetzung – literaturwissenschaftliche Modellanalysen. Hrsg. von Dag Nikolaus Hasse. Berlin, New York 2002.
Dronke, Peter: Women Writers of the Middle Ages. A critical study of Texts from Perpetua († 203) to Marguerite Porete († 1310). Cambridge 1984. Mews, Constant J.: The lost love letters of Heloise and Abelard. Perceptions of Dialogue in twelfth-century France. With a translation by Neville Chiavaroli and Constant J. Mews. 1999, New York (u.a.) 2001.

Zu Klara von Assisi

Fontes Franciscani. Hrsg. Enrico Menestò, Stefano Brufani u.a. (Testi, 2). Assisi 1995, S. 2261-2507.

Leben und Schriften der Heiligen Klara. Einführung, Übersetzung und Anmerkungen von Engelbert Grau (Franziskanische Quellenschriften, 2). 4. verbesserte Auflage Werl 1976.

Zu Elisabeth von Thüringen

Ohler, Norbert: Alltag im Marburger Raum zur Zeit der heiligen Elisabeth. In: Archiv für Kulturgeschichte 67 (1985) S. 1-40.

Ohler, Norbert: Elisabeth von Thüringen. Fürstin im Dienst der Niedrigsten (Persönlichkeit und Geschichte, 114/115). Göttingen 1984 und öfter.

Sankt Elisabeth. Fürstin, Dienerin, Heilige. Katalog zur Ausstellung Marburg 1981/82. Sigmaringen 1981.

Zu Birgitta

Schiwy, Günter: Birgitta von Schweden. Mystikerin und Visionärin des späten Mittelalters. Eine Biographie. München 2003.

Die Visionen der Hl. Birgitta von Schweden. Hrsg. von Elmar zur Bonsen. Augsburg 1989.

Zu Jeanne d'Arc

Krumeich, Gerd: Jeanne d'Arc in der Geschichte. Historiographie – Politik – Kultur (Beihefte der Francia, 19). Sigmaringen: Thorbecke, 1989.

Der Prozess Jeanne d'Arc. Akten und Protokolle 1431–1456. Übers. und hrsg. von Ruth Schirmer-Imhoff (dtv dokumente, 24). München 1961 (u.ö.).

Shaw, Bernard: Saint Joan. A Chronicle Play in six scenes and an epilogue. London 1957 (und öfter).

Zu Caritas Pirckheimer

Caritas Pirckheimer. Quellensammlung. Hrsg. Josef Pfanner. Landshut.

2. Heft. Die „Denkwürdigkeiten" der Caritas Pirckheimer. 1962.

3. Heft. Briefe von, an und über Caritas Pirckheimer (aus den Jahren 1498-1530). 1966.

Krabbel, Gerta: Caritas Pirckheimer. Ein Lebensbild aus der Zeit der Reformation. Münster 1947.

Vogler, Günter: Nürnberg 1524/25. Studien zur Geschichte der reformatorischen und sozialen Bewegung in der Reichsstadt. Berlin 1982.

Zu Mary Ward

Ellis, Pamela: „They are but Women": Mary Ward, 1585-1645. In: Women, Gender and Radical Religion in Early Modern Europe. Ed. by Sylvia Brown (Studies in Medieval and Reformation Traditions, 129). Leiden / Boston 2007, S. 243-263.

Mary Ward und ihre Gründung. Die Quellentexte bis 1645. Hrsg. von Ursula Dirmeier CJ. Teile 1-4 (Corpus Catholicorum, 45, 46, 47, 48). Münster 2007.

Sr. Ursula Dirmeier CJ sei auch an dieser Stelle herzlich gedankt für Bedenken, Ergänzungen und Korrekturen.

Zuber-Hinkel, Reinhild: Eine Kulturgeschichte der Privatschulen für Mädchen. Vom Ordenskolleg der Maria Ward zur Bildungsalternative (Wissenschaftliche Beiträge aus dem Tectum Verlag; Reihe Pädagogik, Bd. 7). Marburg 2008.

Zu Maria Theresia

Der Josephinismus. Ausgewählte Quellen zur Geschichte der theresianisch-josephinischen Reformen. Hrsg. von Harm Klueting (Ausgewählte Quellen zur deutschen Geschichte der Neuzeit. Bd. XII a). Darmstadt 1995.

Maria Theresia. Briefe und Aktenstücke in Auswahl. Hrsg. von Friedrich Walter (Ausgewählte Quellen zur deutschen Geschichte der Neuzeit. Bd. XII). Darmstadt 1968.

Schmal, Kerstin: Die Pietas Maria Theresias im Spannungsfeld von Barock und Aufklärung. Religiöse Praxis und Sendungsbewusstsein gegenüber Familie, Untertanen und Dynastie. Frankfurt/M. 2001.

Zu Florence Nightingale

Bostridge, Mark: Florence Nightingale. The Woman and Her Legend. London 2008.

Ever Yours, Florence Nightingale. Selected Letters. Ed. by Martha Vicinus & Bea Nergaard. Cambridge/Mass. 1990.

Florence Nightingale and the Crimea, 1854-55. Ed. by Tim Coates. London 2000.

Nightingale, Florence: Letters from the Crimea 1854-1856. Ed. by Sue M. Goldie. Manchester 1997.

Zeittafel

Die Tafel soll es erleichtern, die Biographien in größere Zusammenhänge einzuordnen.
Manche Lebensdaten – zumal Geburtsjahre – sind unsicher.

Seit 33	Ausbreitung des Christentums		
49	Vertreibung der Christen aus Rom	seit 52	**Prisca,** Mitarbeiterin des Paulus
49–311	Christenverfolgungen im Römischen Reich, zunächst vereinzelt, seit 249 systematisch	203	**Perpetua** erleidet den Märtyrertod.
seit 312	Kaiser Konstantin erlaubt und begünstigt das Christentum.	327–329	**Helena,** Mutter Konstantins, bereist Palästina.
380	Kaiser Theodosius erhebt das Christentum zur Staatsreligion.	Ende 4. Jh.	**Egeria** reist zu biblischen Stätten.
seit 497	Die Franken, die große Teile des römischen Gallien erobert haben, nehmen das römische Christentum an.	518–587	**Radegunde.** Bemüht um den Aufbau des Christentums im Frankenreich.

seit 591	Irische Mönche gründen Klöster im Frankenreich.	635–680	**Bathilde** fördert fränkische Klöster und den Frieden in Kirche und Reich.
672–754	Der Angelsachse Bonifatius missioniert, und er reformiert die fränkische Kirche.	700–782	**Lioba,** Mitarbeiterin des Bonifatius.
841	Schlacht bei Fontenoy. Infolge davon Teilung des Frankenreiches.	im 9. Jh.	**Dhuoda** behält dank ihrer christlichen Bildung in familiär-politischen Nöten hohes Selbstbewußtsein.
9./10. Jh.	Raubzüge von Ungarn nach Mitteleuropa.	926	**Wiberat** lässt sich eher erschlagen, als von ihrem frommen Leben zu lassen.
1054	Das morgenländische Schisma verstärkt die Entfremdung von West- und Ostkirche.	1045–1093	**Margarete** erneuert das schottische Christentum durch Anbindung an die „allumfassende“ Kirche.

Seit dem 12. Jh.	Gründung von Schulen, aus denen sich Universitäten entwickeln.	1100–1164	**Heloisa,** eine hoch gebildete Frau, wird zu einer tatkräftigen Äbtissin.
Seit dem 13. Jh.	In der radikalen Nachfolge Christi geben Frauen und Männer Antworten auf sich verschärfende soziale Spannungen.	1193–1253	**Klara** gründet einen Bettelorden nach dem Vorbild des Franz von Assisi.
		1207–1231	**Elisabeth von Thüringen** nützt ihre fürstlichen Freiheiten für den Dienst an den Armen.
1309–1378	Niedergang des Papsttums: Päpste in Avignon	1303–1373	**Birgitta**, Predigerin in der zerrütteten Kirche und Ordensgründerin
1378–1417	Das große abendländische Schisma.	1378	Päpstliche Anerkennung ihrer Regel
1337–1453	Der Hundertjährige Krieg zwischen England und Frankreich.	1412–1431	**Jeanne d'Arc** festigt die französische Monarchie und drängt die Engländer in Frankreich zurück.

Seit 1517	Reformation und katholische Reform (Konzil von Trient, 1545-1563) lassen ‚Konfessionen' entstehen.
1618–1648	Der Dreißigjährige Krieg verheert Mitteleuropa.
17./18. Jh.	Absolutismus, Aufklärung und Revolutionen stellen überkommene Ordnungen in Frage.
1853–1856	Krimkrieg;
1863	Gründung des Roten Kreuzes.
20. Jh.	I. und II. Weltkrieg (1914–1918, 1939–1945).
1962–1965	Zweites Vatikanisches Konzil.

1467–1532	**Caritas Pirckheimer** behauptet ihr Kloster gegen den Rat der Stadt Nürnberg.
1585–1645	**Mary Ward** gründet Mädchenschulen.
1717–1780	**Maria Theresia** leitet hilfreiche Trennungen von Kirche und Staat ein.
1820–1910	**Florence Nightingale** kämpft für die würdige Pflege verwundeter Soldaten.
1903–1986	**N.N.,** eine einfache Frau, in harter Zeit von gläubiger Treue zu ihrer Kirche geleitet.

Moderne Ordensfrauen im Porträt

Petra Altmann
Starke Frauen aus dem Kloster
Ordensschwestern im Porträt
176 Seiten · gebunden
mit zahlreichen s/w-Abbildungen
€ 19,95 · Best.-Nr. 4213
ISBN 978-3-87630-213-3

Die Faszination des Klosterlebens hat die Autorin Petra Altmann in zahlreichen Büchern für ihre Leser erschlossen. In ihrem neuen Buch lädt sie ein zu einer Entdeckungsreise durch Frauenklöster in Deutschland – von Berlin bis München, von Koblenz bis Waldsassen.